국제 마케팅

International Marketing

국제 마케팅

International Marketing

강민효 지음

감사의 글

현재 세계경제는 세계적 질병 대유행Pandemic: 팬데믹으로 인해 매우 큰 타격을 받고 있는 상황이다. 현재와 같은 불확실성이 높은 상황에서 기업들은 효과적인 해외시장 관리와 진출을 위해 혁신적 국제 마케팅이 반드시 필요하다. 해외시장에 진출하고자 하는 기업은 현지시장에 적합한 전략을 구사하는 것이 핵심이다. 현재의 팬데믹 상황에서는 최첨단의 디지털화와 실시간 쌍방향 소통이 더욱 강조된다.

이러한 중요한 시점에서 저자는 다국적 기업에서 해외 영업을 직접 수행한 20여 년간의 경험을 바탕으로 최신의 마케팅 트렌드를 소개하고 이론적인 내용을 위주로 국제 마케팅을 서술하였다. 이 책을 통해 기업의 실무진과 예비창업자들에게 변화되는 디지털 국제 마케팅과 효과적 마케팅 수립 절차를 소개함으로써 실질적인 도움을 줄 것으로 예상된다.

이 책은 필자가 국제시장에서의 실전 경험을 바탕으로 이론적인 내용을 최대한 알기 쉽게 서술하였다. 또한 국내외 국제 마케팅 관련 사례를 언급하여 독자들의 이해를 돕고자 노력하였다. 글로벌 경제의

4

불확실성이 날로 높아지는 상황에서 국제 마케팅의 혁신적 운영이 중요한 시점에서 실전과 이론을 겸비한 책을 내게 되어 무한한 영광으로 여깁니다.

이 책이 나오기까지 편집과 조언을 아끼지 않으신 경진출판 양정섭 사장님께 다시 한 번 감사의 인사를 올립니다. 또한 전심으로 늘 곁에서 응원해 주는 가족들에게 지면을 빌어 감사의 말씀을 전합니다.

著者識

머리말

글로벌사회에서 기업이 살아남기 위해 국내시장의 마케팅만으로는 부족하다. 좁은 국내시장보다는 넓은 세계로 나아가 영업하는 것이 더욱 기업의 장기적 관점에서 생존 능력과 지속 가능한 경쟁우위를 향상시킨다. 또한 COVID-19의 팬데믹과 같은 상황에서 기업은 비대면 상황을 극복하기 위해 새로운 디지털 방식으로의 혁신적 마케팅 전환이 필요하다.

세계적 흐름으로 글로벌화 사회는 더욱 디지털화와 실시간 공유되는 형태로 점차 변모해 가고 있다. 이러한 점에서 세계경제를 이해하고 글로벌사회로 나아가기 위해 기업은 국내 마케팅을 넘어 혁신적 방식의 국제 마케팅을 더욱 가속화할 필요가 있다.

국제 마케팅을 통해 기업은 규모의 경제를 누릴 수 있으며 앞서 생산한 기술과 마케팅 경험을 다른 지역의 생산 및 판매시설로의 이전도 가능하다. 또한 국제 마케팅을 활용하여 현지 진출국가에서 운영의 효율성과 자원 활용의 극대화를 이룰 수 있다.

기업은 점차 확대되고 있는 복잡하고 다변화된 해외시장으로 효과적으로 진출하기 위해 해외시장 진입 전략을 시장에 맞게 구사하는 것이 필요하다. 이것이 가능하기 위해서는 현지시장의 경제적·사회 문화적·정치적·법률적 환경을 정확하게 분석해야 한다.

이것을 바탕으로 시장을 세분화하고 목표시장을 선정한 후 포지셔닝 전략을 시장에 맞게 수립해야 한다. 또한 글로벌 마케터Global marketer 는 마케팅 전략 수립을 위해 연관된 정보를 잘 분석하고 시장에 맞는 적합한 전략을 구축하게 된다.

따라서 날로 글로벌화가 가속되는 현재의 비즈니스 환경을 볼 때 국제 마케팅을 이해하고 학습하는 것은 기업 또는 예비창업가에게는 핵심적인 사항이다. 이러한 지점에서 이 책은 기업의 실무진 또는 창업을 꿈꾸는 예비창업가에게 큰 도움이 될 것이다. 또한 이 책은 실무적인 내용을 바탕으로 마케팅의 일반적 이론까지도 같이 포함하고 있어 대학에서도 교재로서 활용될 수 있다.

이 책의 구성은 1부에서는 국제 마케팅의 이해를 다루고 있으며 2부에서는 국제시장에 대한 환경 분석을 설명하였다. 3부에서는 국제 마케팅 조사 분석을 서술하였으며, 4부에서는 국제시장 세분화와 해외 진입 전략을 구체적으로 설명하였다. 5부에서는 국제 마케팅믹스를 다루었으며, 마지막 6부에서는 국제 마케팅 조직과 감사에 대해 서술하였다.

이 책이 다른 책과의 차별성은 아래와 같다. 첫째, 각 부에 맞는 실제 사례를 제시하여 난해한 이론에 대해 독자들이 이해가 쉽게 되도록 구성하였다. 둘째, 국제 마케팅의 최신 트렌드와 혁신적 마케팅을 소개하였으며 해외 시장조사에서의 일반적 통계의 개념을 서술하였다. 셋째, 체계적이고 종합적인 국제 마케팅의 개념을 설명하였으며, 실제 국제 마케팅 전략을 순차적으로 서술하여 이해가 더욱 용이하도록 노력하였다. 넷째, 각 부의 마지막에는 토의 문제와 중요한 부분을 요약·정리하여 독자들의 이해를 도울 것이다.

위와 같이 이 책에서 서술된 종합적이고 실질적인 내용을 통해 실무적으로 기업의 글로벌 마케터에게 도움이 될 것으로 예상된다. 또한 마케팅 이론과 각 핵심 내용에 대한 개념 설명으로 학문적인 공헌을 할 것으로 예상된다.

이 책에 영향을 미친 저서는 Green, M. & Keegan, W.(2020), *"Global Marketing Management"*; Hill, C. W. L. & Hult, G.(2016), *"Global Business Today"*; Wisner, J. D., Tan, K. and Leong, G.(2019), *"Principles of supply chain management: A balanced approach"*; Kumar. V.(2000), *"International marketing research"*; Wu. S. Pantosa, F. and Krey, N.(2020), *"Marketing opportunities and challenges in a changing global marketplace"*; Harvey, J.(2019), *"Localizing global marketing strategies: emerging research and opportunities"* 등이다. 또한 많은 인터넷, 신문, 기업자료 등에서 관련 사례를 언급하였다. 따라서 이 책은 학문적인 이론과 분석 방법 등도 내포하고 있어 대학교재로서도 사용이 될 수 있을 것으로 기대한다. 또한 국제 마케팅의 일반적 이론과 핵심사항에 대해 연관된 내용과 함께 서술되어 있기 때문에 독자들에게 효과적이고 효율적인 지식전수가 될 것으로 예상해 본다.

이 책에서 언급된 국제 마케팅의 개념, 절차 및 전략을 기업의 실무진과 예비창업자가 정확하게 학습함으로써 열려진 해외시장을 효과적으로 진출하는 데 실질적인 도움이 되기를 기대한다. 또한 신규시장을 개척하는 데 있어 고려해야 하는 사항과 분석 방법을 효과적으로 습득하여 글로벌 비즈니스에서 성공하기를 응원해 본다.

금정산 기슭에서 저자 강민효

차 례

제2부 국제시장 환경 분석

제3부 국제 마케팅 조사 분석

제4부 국제시장 세분화 및 진입 전략

제5부 국제 마케팅믹스

제6부 국제 마케팅 조직과 검사

부록

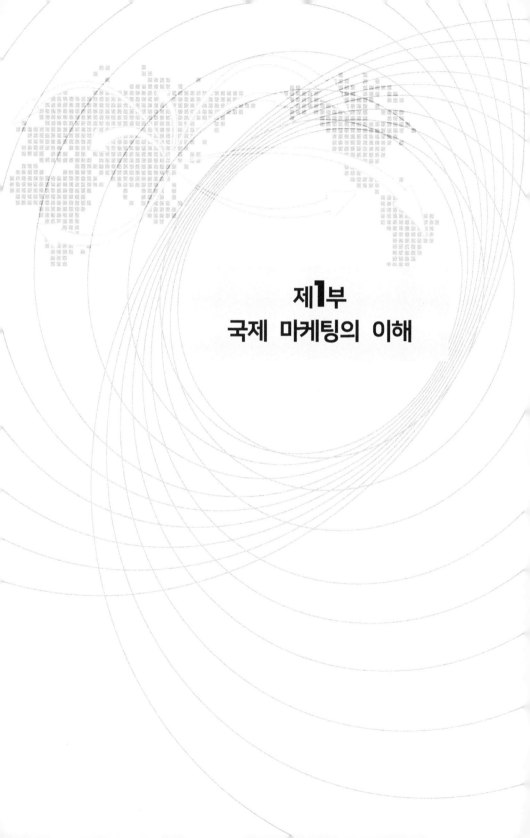

제**1**부
국제 마케팅의 이해

제1장

국제 마케팅 개념

1. 국제 마케팅의 정의

국제 마케팅을 이해하기 위해서는 마케팅의 정의부터 파악하는 것이 중요하다.

마케팅의 정의는 미국 마케팅협회AMA*에서 "Marketing is the activity, set of institutions, and processes for creating, communicating, delivering, and exchanging offerings that have value for customers, clients, partners, and society at large."라고 하였다. 이것을 한국말로 번역하면 "마케팅은 넓은 의미에서 고객들, 의뢰인들, 파트너들과 사회 전체에 가치를

---

* AMA: American Marketing Association의 줄임말로서 미국에서 가장 대표적인 마케팅 전문가 그룹이고 비영리단체이다. 76개의 전문가지부와 250개의 대학지부로 구성되어 있으며 모두 약 4만 명이 가입되어 있는 미국 최대 마케팅협회이다.

부여하는 제품과 서비스를 창출하고 소통하고 전달 및 교환하는 모든 활동과 절차를 말한다."라고 할 것이다.

국제 마케팅은 두 국가 이상의 기업들이 마케팅 활동을 전개하는 것으로 국가 간 문화적·정치적·법률적인 측면에서 여러 가지 상이한 면이 많아 매우 복잡하고 다양한 양상으로 나타난다.

2. 국내 마케팅과 국제 마케팅

국내 마케팅은 같은 국가 내 영업, 물류 및 홍보활동 등이 진행되기 때문에 비교적 고려해야 할 사항이 국제 마케팅에 비해 상대적으로 적다. 국제 마케팅은 환경적인 면에서 다른 측면을 면밀하게 분석해야 하는데 아래와 같은 사항에서 국내 마케팅과 비교 가능하다.

첫째, 정치적인 환경에서 진출하고자 하는 국가는 상대적으로 크게 다른 양상을 보이기도 한다. 예를 들면, 한국 기업이 중국 시장에 직접 투자로서 공장 건립을 추구한다면 중국의 정치적 위험성을 고려해야 한다. 중국은 대표적인 사회주의 국가로서 경제 전반에 걸쳐 국가의 통제를 받는 점에서 중국 공산당의 허가와 감시를 지속적으로 받아야 한다는 것을 기억하고 직접 투자를 진행해야 한다.

둘째, 경제적인 환경에서 진출국가의 상황은 확연히 다를 가능성이 높다. 진출국가의 1인당 국민소득, GDP~Gross Domestic Product~, 무역수지 및 외환보유고 등의 다양한 주요 경제적 변수들이 한국과는 크게 다르다는 점이다. 따라서 한국에서 통하는 제품을 그대로 진출국가에 적용하는 것은 상당히 위험한 전략이 될 수 있으므로 주의를 요한다.

셋째, 사회·문화적 환경에 있어 진출국은 크게 다르다는 것을 국제 마케팅을 운영하는 경영자는 기억해야 하고, 자신의 문화적 인식을 바탕으로 진출국가의 문화를 예단하는 것은 실패를 가져오는 지름길이다. 진출국가의 종교, 문화 및 사회 계층은 국가별로 다른 점이 확연하고 이를 정확하게 파악하지 못하고 마케팅 전략을 진행하는 경우에는 기업의 성공을 기대하기는 어렵다. 이러한 점에서 국제 마케팅 담당자는 자기준거기준Self-reference criterion에서 벗어나 진출국가의 문화와 사회적 환경을 열린 마음으로 이해하는 노력이 선행되어야 한다.

넷째, 진출국가의 법률적 환경도 한국 국내법과의 큰 차이가 있다. 국가의 법률체계는 대륙법 계열大陸法系列, 영미법 계열英美法系列 등으로 상당한 차이가 있으며, 국가별로 역사와 문화의 변화로 인해 시대별로 그 변화는 변화무쌍하다. 그러므로 국제 마케팅 경영자는 진출국가의 법체계와 관련 산업법규를 명확하게 연구해서 법적인 소송에 의해 비즈니스가 손해를 받지 않도록 하는 것이 매우 중요하다.

3. 마케팅 혁신 과정

마케팅 혁신 과정은 시대별로 크게 변화해 왔는데, 아래의 4가지 시대로 나눠서 설명이 가능하다.

1) 제품중심시장

1769년 1차 산업혁명이 일어난 후 1900년대 초까지는 시장의 수요가 공급을 초과하였던 시기이다. 이러한 상황에서 기업의 생산과 동시에 소비가 이어져 생산능력이 가장 중요한 요소로 자리 잡은 시대라고 할 것이다.

제품중심시장은 소비자의 요구보다는 기업의 생산능력이 우선시되고 기능의 개선이 더욱 필요한 시기이기에 소비자들을 위한 마케팅은 부족한 시대라고 할 수 있다. 이 시기에는 기업들의 목표는 최대한 생산성을 높여 생산량을 늘리는 것이었다.

2) 마케팅 콘셉트 등장

에디슨Edison의 전기 발명(1879년)으로 제2차 산업혁명은 시작되었으며 기업들의 생산 능력이 늘어나게 되고 공급 과잉과 경쟁이 치열해지는 상황을 마주하게 되었다.

생산만을 강조하던 시대에서 판매를 강화하는 시대로 전환이 되었다. 이로 인해 1945년 제2차 세계대전 이후 세계적으로 경제가 회복되어 국민 소득이 증가하게 된다. 이에 소비자들은 다양한 소비 욕구를 보이게 되면서 기업들은 치열한 경쟁으로 제품들을 시장에 판매하게 되었다. 이로 인해 소비자지향시장으로 변모하였으며 고객 중심의 마케팅 전략이 나오기 시작했다. 1950년대에 마케팅 콘셉트Marketing concept*가 나왔으며 1980년대까지 지속적으로 강화되어 기업들은 소비자지향적 마케팅을 더욱 적용하게 된다.

---

* Marketing concept에 대해 학자들마다 다양한 정의를 내리고 있다. 마케팅 콘셉트는 기존의 생산자 중심의 마케팅에서 벗어나 고객 중심으로 전환하는 마케팅 전략을 우선시하는 것이다. 특히 Kotler and Zaltman은 아래와 같이 정의하고 있다. "The marketing concept ⋯ calls for most of the effort to be spent on discovering the wants of a target audience and then creating the goods and services to satisfy them."(『Journal of Marketing』, Vol. 35, 1971, pp. 3~12).

3) 가치주도시장

3차 산업혁명은 1990년대 시작되어 인터넷 정보화시대를 이끌었다. 소비자들은 인터넷을 통해 구매가 가능해졌으며 평가와 리뷰를 통해 힘을 더 가지게 되었다. 이로 인해 블로그와 인터넷 댓글을 통해 제품에 대해 적극적으로 평가와 정보공유를 하기 시작했다.

기업들은 SNS*, 온라인 커뮤니티를 중심으로 소비자와 소통하고 광고의 영역을 확대하면서 고객 관계 관리를 시작했다. 이로 인해 고객충성도를 높이기 위해 최선의 노력을 다했다. 또한 기대 이상을 제공하기 위해 가치주도시장을 창출하였으며 고객과의 소통을 통한 제품의 부족한 부분을 채우기 시작했다. 이러한 정보통신의 발전으로 소비자들의 힘은 더 커지고 있다. 기업의 성패는 소비자들의 충성도를 높이고 품질이 높은 제품을 만들어 소비자와 소통을 원활하게 하는 기업들이 성공하게 되었다.

4) 디지털기술시장

제4차 산업혁명The 4th Industrial Revolution으로 디지털 기술의 혁신은 가속화되었으며 기업들은 앞 다투어 플랫폼을 구축하고 소비자들이 편하게 소비할 수 있도록 지원하는 마케팅으로 점차 진화하기 시작했다. 이는 마케팅이 이제 소비자의 소비를 더 편하게 도와주고, 기업들에게도 더 효율적인 방식으로 Win-Win 방식으로 성장하도록 하는 것이다.

---

* Social Network Service

디지털 혁신은 날마다 성장을 거듭하고 있으며 기업과 소비자가 온, 오프라인에서 서로의 필요와 요구를 실시간 공유하는 방식으로 변모하고 있다. 이는 한정적인 제품이 아니라 전방위적인 제품의 영역으로 확대되고 있다.

글로벌시장에서는 이러한 시대적 추세를 제대로 파악하고 글로벌 소비자들의 욕구를 충족하는 디지털 기술과의 접목을 통해 마케팅을 펼치는 기업들이 더 큰 성장을 하는 시대는 이미 와 있다. 제4차 산업 혁명을 살아가는 기업들은 시장의 변화를 철저히 파악하고 디지털기술을 이용한 국제 마케팅에 대비해야 하는 것이다.

제2장

국제 마케팅의 중요성

1. 국제 마케팅 장점

한 기업이 국제 마케팅을 수행함으로써 여러 가지 장점이 있는데 아래와 같이 4가지 주요한 사항을 열거할 수 있다.

1) 규모의 경제

한 기업이 해외에 진출함으로써 공장 설립을 한다고 할 때 대규모 생산을 통해 해외 현지 수요와 자국의 수요까지도 감안하여 원자재 및 연간 생산량에 있어 대량 생산체제를 운영함과 동시에 큰 규모의 산업단지에서 여러 기업과의 클러스터cluster를 형성함으로써 단위당 생산원가를 줄여 규모의 경제scale of economics를 달성하게 된다.* 이를 통해 판매 가격에 있어서도 경쟁우위를 확보하게 되어 시장점유율을 높이게 된다. 해외 현지시장과 본국 시장에 있어 공통적으로 이러한 혜택을 극대화하게 되므로 국제 마케팅을 통한 이점은 상당히 많다.

2) 경험의 이전

해외 직접투자 또는 다른 해외 진출 전략에 의해 공장 설립 또는 합작투자를 하는 경우 본국에서 수년 동안 획득한 생산 또는 판매 운영 경험 및 독보적 기술력을 이전하여 해외 현지 기업의 운영효율성을 극대화하게 된다. 이를 통해 해외 진출국가에서 비즈니스 성공을 얻게 되는 원동력이 되는 것이다.

단순한 생산 및 재고관리 능력뿐만 아니라 독창적 기술력, 마케팅 운영능력 및 인적 자원관리에 이르기 까지 그 본국에서의 경험은 다양한 분야에 걸쳐 이전이 가능하다. 이것이 기업의 경쟁우위가 되어 해외 진출국가에서 다른 경쟁자를 넘어설 수 있는 경쟁력이 된다.

3) 글로벌 전략 활용

기업이 국제 마케팅을 진행하게 될 경우에는 관리 효율성과 경제성이 담보된다. 왜냐하면 기업이 개발한 인적 자원관리 또는 ERP 시스템을 개발하여 본국과 해외 진출국가의 기업까지 동시에 적용하여 시간과 비용적인 면에서 획기적으로 줄일 수 있는 것이다. 또한 마케

---

* Mohtadi, S.(2020), "New trade theories"에서 외적·내적 규모의 경제를 달성하여 기업은 경쟁우위를 점하고자 한다. 이를 통해 시장지배력과 점유율을 달성할 수 있다.

팅 분야에서도 본국의 판매 촉진 계획이나 광고를 창출하여 그대로 해외 진출국의 기업에도 적용이 된다고 하면 적은 비용으로 효율적인 면에서 극대화가 가능한 것이다. 하지만 광고나 홍보 차원에서 전 세계적으로 동일하게 적용하는 경우에는 문화적·정치적 환경 등의 차이로 인해 해석과 인식의 차이 등이 발생할 가능성이 높다. 따라서 이에 대한 조심스런 접근이 필요한 부분이다.

4) 자원 활용 최적화

기업이 국제 마케팅을 적용함으로써 공장, 물류창고 또는 영업소 등의 유·무형의 자원(장비, 자금 또는 인적 자원 등)을 이전배치가 가능하기 때문에 해외 현지 기업의 영업활동 또는 생산 활동에서 모든 자원의 활용으로 가장 효율적으로 최적화가 가능하다. 이러한 점에서 기업의 국제 마케팅 적용으로 자원 활용의 최적화Resource utilization는 장점으로 인식되고 있다.

2. 국제 마케팅 필요성과 혁신

1) 개념

기업이 단지 본국에서만 영업활동을 한다면 좁은 시장에서 성장을 기대하기는 쉽지 않다. 특히 내수 시장이 작은 국가에 있는 기업들은 그 한계에 봉착하게 된다. 따라서 기업이 더욱 큰 성장을 이루기 위해서는 해외시장으로 진출해야 판로가 개척되고 생산에 있어서도 효율성 극대화를 이룰 수 있다.

국내시장도 안심할 수 없는 이유로는 국제적으로 기업을 운영하는 다국적 기업들이 국내에도 진출하고 있다. 이들은 다양한 국가에서 생산 활동에 있어서도 규모의 경제와 생산성 극대화를 추구하고 있어 경쟁우위competitive advantage를 바탕으로 한 국내 진출로 국내 기업들에게 위협이 되고 있다.

국내 기업들도 이러한 다국적 기업들과 경쟁에서 뒤처지지 않기 위해서는 저임금 또는 원자재 수급이 용이한 국가에 해외 직접투자 또는 합작투자를 통해 기업의 운영효율성 극대화가 필요하다. 이를 통해서 국내 기업들이 경쟁력을 갖추게 되어 다국적 기업에 적절히 대응할 수 있게 된다.

또한 해외 진출로 새로운 시장을 개척이 가능하게 되어 생산뿐만 아니라 신규 판매처 확보가 가능하게 되어 기업의 생존 가능성을 높이게 된다. 이를 위해서는 기업들은 현지 국제전문가를 양성하고 임직원들의 역량을 키우는 것이 우선되어야 하고 세계시장에 눈을 돌리고 준비하는 기업만이 미래의 생존 및 성장 동력을 확보하게 되는 것이다.

2) 혁신적 국제 마케팅

급변하는 국제 비즈니스 상황은 기업들의 혁신적 국제 마케팅을 도입하도록 재촉하고 있다. 이제는 변화하지 못하는 기업은 도태할 수밖에 없다. 기업이 신규 시장을 개척하기 위해서도 경쟁사와는 차별화된 혁신적 마케팅이 필요하다. 왜냐하면 해외시장에 진출한 기업이 혁신적 마케팅을 성공적으로 도입하면 압도적인 경쟁우위를 확보하게 된다. 또한 그 성공으로 인해 브랜드 자산brand equity을 획득하게 되어 자연스럽게 마케팅 성과는 긍정적으로 나올 수밖에 없다.

미국의 켈로그Kellog社는 혁신적인 국제 마케팅을 적용한 대표적인 사례이다. 100년 이상의 역사를 자랑하는 켈로그社는 끊임없는 혁신적 아이디어를 바탕으로 한 마케팅을 해외 진출국가에서 적용하고 있다. 혁신적 마케팅이 가능했던 주요 요소는 다음과 같다. 첫째, 그 회사는 혁신적 마케팅을 수행하기 위해 조직 내에 마케팅과 새로운 아이디어를 총괄적으로 관리할 수 있는 팀을 조직하고 있다. 그럼으로써 비용을 줄이고 더 많은 혁신적인 업무를 기존 마케팅 프로그램과 전체적으로 조화롭게 적용하는 데 성공하였다.

둘째, 아이디어 수준에 그치는 것이 아니라 실행에 옮기는 데 영향력과 파급력이 검증된 기존 기술들을 활용하였다. 이로 인한 결과는 혁신적인 마케팅 프로그램이 효과적으로 실현되었던 것이다.

셋째, 광고에 있어서 아이디어를 광고 대행사에 전달해서 광고를 제작하는 데 같은 팀으로 느낄 정도로 긴밀히 협업하였다. 자신들의 제품에 대한 아이디어가 광고에도 적합하게 적용되도록 함께 만들어 나갔던 것이다. 이러한 방법을 통해 아이디어 창출자, 미디어매체, 전략, 최적화 사이의 장벽을 무너뜨릴 수 있었다.

넷째, 최대한 소비자의 입장에서 콘텐츠를 제작하여 미디어Media와 SNS에 쉽게 접속할 수 있도록 혁신적으로 마케팅 커뮤니케이션을 통합하였다. 모든 마케팅 캠페인을 통합적으로 운영하여 고객이 매장을 방문하도록 유도하는 신호, 디자인 및 광고에 집중하였다. 다시 말하자면 켈로그社는 계속적으로 변화하는 소비자들의 욕구와 행동들을 정확하게 파악하고 마케팅 전략에 적합하게 반영하여 마케팅 커뮤니케이션marketing communication을 재조정하였다.

3) 혁신 촉진의 기업문화

기업이 해외시장에서 혁신이 더 강화되는 기업문화가 되기 위해서는 다음과 같은 요건을 갖춰야 한다. 첫째, 협력Cooperation이 본사와 해외지사 간 또는 기업 내부의 임직원 간에 이뤄져야 한다. 이는 단기간에 형성되는 것이 아니며 장기간의 상호작용을 통해 협력의 정도가 높아진다. 협력은 혁신의 과정을 더욱 활성화시킨다. 그러므로 기업은 기업문화에 있어 상호간 긴밀한 협력이 가능하도록 노력해야 한다.

둘째, 신뢰Confidence가 뒷받침되어야 한다. 기업문화가 상호 신뢰 관계가 없다면 혁신이 진행되기는 어렵다. 만약 혁신의 과정을 진행하는 중에 기업 내부 구성원이 진정성을 의심하는 경우에는 오히려 혁신 과정이 원활하게 진행되지 않는다. 이것으로 인해 혁신의 성공을 담보하기 어렵다.

셋째, 기업문화로서 책임감Responsibility이 근본적으로 내재화되어야 한다. 혁신을 주관하는 부서와 전체 구성원들이 기업에 대한 책임감을 기본적으로 가지는 것이 무엇보다 중요하다. 만약 책임감 없는 태도로 기업 구성원들이 일관한다면 기업의 혁신은 장기적으로 성취되기 어렵다. 오히려 도태되는 기업이 나오기도 한다. 특히 국제 마케팅에서는 국가와 문화 등이 총체적으로 다르기 때문에 책임감을 조직에 부여하는 것은 우선적으로 추구해야 하는 선행요건이다.

글로벌 기업에 있어 혁신촉진적 기업문화는 일반적으로 세 가지 기능을 수행한다.* 첫째, 통합 기능Integration function의 역할을 하게 된다. 글로벌 기업은 해외시장에서 성공적인 기업의 목표를 달성하기 위해

---

* 박주홍(2019), 『글로벌 혁신경영』, 54쪽 이하 재인용.

혁신을 전사적으로 적용하고자 한다. 이를 위해 각 부문과 타국가의 기업과의 마케팅, 품질, 생산, 구매 및 기술개발 등의 전체 프로세스를 통합해야 제대로 된 혁신을 수행하고 완성할 수 있다.

둘째, 조정 기능coordination function이 있다. 글로벌 기업은 다양한 국가에 다른 생산시설과 마케팅, 기술개발 등의 개별 부문이 산재해 있는 것이 일반적이다. 이러한 결과 혁신의 목표, 계획 및 과정 등에 있어서 기존 업무와의 괴리 또는 마찰 등이 발생할 가능성이 매우 높다. 이러한 때 혁신촉진적 기업문화는 기업 혁신의 목표와 필요성을 공감하고 혁신이 가능하도록 조정해 준다. 갈등과 목표와의 괴리 등은 혁신촉진적 문화로 인해 그 간극을 메워준다.

셋째, 동기 부여의 기능motivation function이 있다. 만약 기업문화가 혁신촉진적이지 않고 현실안주적이라면 기업은 더 이상 혁신적인 성향을 가지기 어렵다. 왜냐하면 위험을 감수하지 않으려 하며 현재의 방식을 고수하기 때문이다. 기업문화가 혁신촉진적인 경우에는 기업의 혁신 과정, 목표 및 세부 계획이 공식화되면 적극적으로 그 과정에 임하게 된다. 또한 혁신촉진적 문화를 보유한 조직의 내부 구성원들은 자발적으로 혁신의 과정에 동참하게 된다. 따라서 혁신 촉진의 기업문화는 구성원들과 조직에게 동기 부여의 기능을 한다.

이처럼 글로벌 기업의 혁신적 마케팅의 선행 요인으로 혁신촉진적 기업문화가 있다. 이들의 기능은 중단 없이 혁신 과정이 지속되게 한다. 다시 말해서 동기 부여의 기능을 통해 조직 구성원들이 자발적으로 혁신의 목표와 필요성을 인식하고 동참하게 된다. 또한 혁신촉진적 기업문화는 통합과 조정의 기능을 하게 된다. 이를 통해서 마케팅 혁신은 더욱 강화되고 조직 내에 깊이 자리 잡게 된다. 즉, 전 분야의 혁신적인 프로세스가 각 조직의 행동 패턴에 내재화되는 것이다.

이것이 또한 더 강화된 기업문화로 성장하게 된다.

4) 디지털 혁신의 적용

해외 진출국가의 비즈니스 환경은 급속도로 변화되고 있다. 더욱이 세계적 추세는 디지털로 전환되고 있으며 글로벌 고객들은 전자상거래를 더 늘리고 있는 추세이다. 따라서 기업은 이러한 트렌드를 파악하여 새로운 플랫폼platform을 형성해야 한다.

해외시장에서 디지털 혁신digital innovation을 이끌어가는 방식을 이해하는 것은 이제 핵심적 마케팅 활동이 되고 있다. 성공적인 마케팅을 위해 디지털 혁신을 선도하는 방식은 다음과 같이 제시될 수 있다.*

첫째, 제품보다는 플랫폼을 창출해야 한다. 이제는 글로벌 고객들도 구매에 있어 오프라인보다는 온라인으로 주문하는 것을 더 선호한다. 왜냐하면 편리할 뿐만 아니라 다양한 구색을 갖추고 있어 용도에 맞게 선택할 수 있기 때문이다. 또한 전자상거래 방식은 빠른 배송이 구축되어 있어 더욱 간편한 쇼핑이 되고 있기 때문이다. Fischer, P. (2020)에 의하면 전 세계적으로 social media와 SNS 이용자 수는 폭발적으로 늘고 있기 때문에** 디지털 플랫폼과 social media 광고를 활용하는 마케팅은 기업의 필수가 되고 있다.

둘째, 데이터를 기업 자원으로 확보해야 한다. 구매로 이어진 관련 정보를 기업은 데이터베이스화시켜 분석해야 한다. 구매패턴이나 추

---

* 데이비드 로저스(2018), p. 37 이후 참조.

**Fischer, P.(2020)에 의하면 2018년 기준 미국인의 50% 정도가 facebook을 이용하는 반면에 TV 시청하는 비율은 39%에 불과하다고 하였다. 이에 따라 기업의 social media 광고를 매년 10.5%가량 늘리고 있다.

세의 변화가 없는지와 연동하여 변화해야 하는 전략적인 부분이 없는지 검토가 필요하다.

셋째, 전략의 적용에 있어 빠른 실험으로 진행해야 한다. 시장은 급속도로 변화되고 있고 경쟁이 치열하다. 그러므로 관련 디지털 플랫폼과 시험마케팅을 신속하게 진행하고 피드백을 확인해야 한다. 신속한 아이디어의 실행은 무엇보다 중요하기 때문이다. 그런 다음 실험의 결과가 우수한 경우에는 확대해서 실행해야 한다.

넷째, 시장의 새로운 가치를 이해하고 적응해야 한다. 비즈니스를 함에 있어 초심을 잊지 않고 시장의 변화에 민감하고 가치를 재해석하는 과정이 필요하다. 글로벌 소비자들global consumers의 욕구와 가치가 그 사회 안에서 변화되는 부분이 있는지 지속적으로 민감하게 대응해야 디지털 혁신을 이끌 수 있다.

마지막으로 고객과의 네트워크를 창출하고 이끌어야 한다. 즉, 디지털을 통한 고객과의 소통을 더욱 강화해야 한다. 고객이 직접 제품의 제품평가와 개선에 동참하게 하여 자연스럽게 네트워크가 생겨나게 되는 것이다. 기업은 끊임없이 고객과의 소통을 이어나가야 한다. 최근의 급변하는 트렌드를 이해하고 선도해 나가기 위해서는 SNS 또는 기업 플랫폼을 이용하여 고객과 함께하는 프로그램을 만들어 진행하는 것도 필요하다. 우선적으로 고객 네트워크의 핵심행동인 접근, 참여, 구매, 연결 및 협력을 철저하게 활용하여 전략을 구사해야 한다. 기업은 변화하지 않으면 도태될 수밖에 없다. 무엇보다도 기업은 글로벌 소비자에게 가치와 욕구만족을 목표하는 것이다. 이러한 점에서 기업은 글로벌 소비자와 디지털 기술을 활용하는 플랫폼을 구축하고 참여하는 프로그램을 만들어 자연스럽게 구매로 이어지도록 유도해야 한다. 이것이 디지털 혁신의 최종 목표인 것이다.

제3장

국제 마케팅에 관한 경영자 태도

1. 경영자 태도 유형

글로벌 기업으로서 국제 마케팅의 운영을 위해 경영자의 태도를 4가지로 구분한다(Perlmutter, 1969).

첫째, 본국지향형 경영 태도_{ethnocentric attitude}는 모든 글로벌 마케팅 활동이 본국 중심으로 진행되어야 한다는 것이다. 해외시장은 단지 보조적인 개념으로 설정하고 모든 의사 결정과 전략은 본국에서 정해서 해외 현지 기업에 전달되어야 한다고 인식한다.

둘째, 현지국지향형 경영 태도_{polycentric attitude}는 해외시장의 운영방식은 현지국에서 결정하도록 하는 것이다. 왜냐하면 해외 현지 국가의 특성은 현지에서 더 현실적으로 잘 파악하기 때문이다.

셋째, 지역시장지향형 경영 태도_{regiocentric attitude}는 하나의 지역시장

(EU, NAFTA 등)을 동일 시장으로 인식하고 동일한 마케팅을 실행하도록 하는 태도이다. 다시 말해서, 지역시장으로 분류된 시장은 비슷한 유형으로 해석 가능하기 때문이고 동일한 전략을 구사하는 것이 합리적이라고 경영자는 판단하는 것이다. 하지만 그 외 다른 지역은 본국 또는 현지국 지향적 태도를 보이기도 한다.

넷째, 세계시장지향형 경영 태도geocentric attitude는 전 세계를 한 개의 시장으로 인식하고 마케팅 의사 결정은 본국과 현지국의 공동참여를 통해 이뤄진다. 전 세계 이익의 극대화가 목표이며 본국과 현지 간 또는 현지시장 간 조정과 통합이 중요하게 인식된다. 이것의 기본 가정은 해외시장의 유사성과 차이점에 대해 파악할 수 있으며, 실제적으로 이러한 유사점과 차이점을 근거로 통합된 글로벌 마케팅 전략 수립이 가능하다는 것이다.

2. 경영자 태도의 중요성

이러한 글로벌 마케팅을 운영하는 경영자의 태도는 위와 같이 4가지의 유형으로 구분된다. 이는 국제 마케팅의 운영형태에 의해 경영자의 태도와 역할이 달라져야 하기 때문이다. 실용적으로 볼 때 수출export을 위주로 해외 마케팅을 하는 경우에는 국제 마케팅의 경영자는 오히려 본국지향형 경영자 역할을 해야 더욱 효과적으로 가격, 제품, 유통 및 홍보 전략 실행이 가능하다. 하지만 현지국가에서 공장을 운영하면서 현지 판매까지 이뤄지는 경우에는 본국에서 모든 의사 결정을 하기에는 한계가 있다. 즉, 본국에서는 전체적인 경영활동과 보고를 위주로 받고 나머지 활동은 현지국지향형 경영 태도ethonocentric

_{attitude}가 현지기업의 자율성을 바탕으로 오히려 성과를 더 높일 가능성이 크다. 한편, 세계시장지향형 경영 태도_{Geocentric attitude} 또는 지역시장지향형 경영 태도_{regiocentric attitude}를 가지고 하는 사업 형태는 다국적

〈참고자료〉

아래의 그림은 초기 조선시대 15세기(1402년)에 국가 주도로 그린 동양 중심의 세계지도(혼일강리역대국도지도)로서 비교적 자세하게 세계 각국의 모습과 지리를 잘 표현하고 있다. 15세기 초반에 이미 조선의 학자들은 국가 주도로 세계 지역을 연구하였으며 국제 무역을 통해 여러 나라와 통상 및 교류 활동이 있음을 간접적으로 유추해 볼 수 있다. 비록 중화적 세계관이라고 하더라도 조선 지역을 더 크게 그림으로써 주체적인 면을 강조하였다. 그림의 지역은 일본·중국·인도·유럽·아프리카까지 다양한 범위를 포함하고 있어 그 연구가치가 매우 높다.

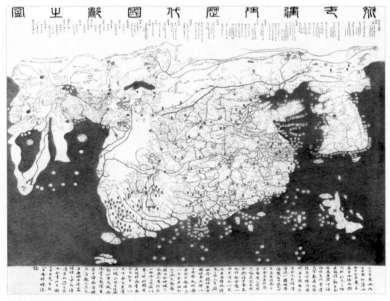

출처: 혼일강리역대국도지도, http://nationalatlas.ngii.go.kr/pages/page_419.php

기업multinational corporation으로 강한 브랜드 이미지를 바탕으로 동일한 서비스와 제품을 제공하는 사업을 통해 더 효과적인 시장이 분명히 있다. 이럴 때는 경영자의 역할로서 세계시장지향형 또는 지역시장지향형 전략과 마케팅 수행으로 매출의 신장과 경쟁력을 확보할 수 있다. 이러한 점에서 볼 때 기업의 경영자는 그 사업과 시장의 특성을 잘 고려하여 어떠한 경영 방식이 더 효율적인지를 판단하여 진행해야 사업의 미래 성장과 생존을 담보할 수 있는 것이다.

한국 철도 국제 마케팅 사례

한국 철도가 글로벌 마케팅을 통하여 전세계를 대상으로 K-철도의 마케팅을 적극적으로 펼치는 중이다. 국가철도공단에서는 서울과학기술대학교 글로벌 철도연수과정 학생을 대상으로 현장견학 등 연수를 개최하고 해외 정책결정그룹 인적 네트워크 구축을 위해 노력 중이다. 또 SR(수서발 고속철도 운영사)에서는 서포터즈 20명을 선발해 온·오프라인 철도메신저로 활동을 개시해 글로벌 마케팅을 강화하고 있다. 이를 통해 한국 철도의 글로벌 역량을 발전시키고 있다.

국가철도공단은 최근 해외시장 진출 대상 국가와 교류 강화를 위해 서울과학기술대학교 글로벌 철도연수과정 학생을 대상으로 현장견학 등 연수를 시행했다.

글로벌 철도연수과정은 국토교통부 주관 해외 철도시장 진출 지원정책 사업으로 매년 20여 명의 해외 발주처 공무원을 초청해 해당 국가의 철도인력을 양성하는 프로그램이다.

공단은 최근 신흥 철도시장으로 부각하고 있는 몽골·인도네시아·태국·코스타리카… 등 10개국에서 선발된 연수생을 대상으로 철도건설 현장견학 등 2박 3일 일정으로 연수를 진행했다.

4세대 철도통합무선망LTE-R과 한국형 열차제어시스템KTCS 등 우리나라 선진 철도기술과 활용사례를 소개하고 중앙선 도담~영천 구간 교량과 터널

건설현장을 견학했다.

　폐선부지 관광지 개발로 성공한 정동진 레일바이크 체험 등 다양한 프로그램을 통해 우리나라의 우수 철도기술을 선보였다. 김한영 이사장은 "이번 글로벌 철도연수과정을 통해 우리나라 철도기술이 각국에 전파돼 해외 사업 수주 밑거름이 되기를 희망한다"며 "앞으로도 우수한 철도기술을 기반으로 민간기업과 상생협력해 해외 철도시장에 적극 진출하겠다"고 말했다.

　SR은 콘텐츠 취재 등 서포터즈 활동 지원을 위해 SRTSuper Rapid Train 열차 이용, 활동비, 워크숍 등을 지원하며 우수활동자에게는 포상도 수여할 예정이다.

　이선영 SR 경영지원실장은 "6기 서포터즈들의 참신한 아이디어로 SR에 새로운 바람을 불어넣길 기대한다"며 "서포터즈들에게 다양한 경험을 쌓을 수 있는 기회를 제공하기 위해 정성껏 지원하겠다"고 밝혔다.

—출처: 2021년 5월 31일자 뉴스워치 참조

1부 국제 마케팅 이해 요약 정리

국제 마케팅은 국내 마케팅과는 차이점이 많다. 특히 정치적인 환경, 경제적인 환경이 상당히 다른 측면이 있다. 또한 사회·문화적 환경과 법률 환경도 국내와는 큰 차이를 보인다.

국제 마케팅의 장점은 여러 가지가 있으나, 4가지 장점으로 정리할 수 있다. 국제 마케팅을 통해 규모의 경제를 실현할 수 있으며 경험의 이전이 가능하다. 또한 기업의 운용 효율성을 극대화할 수 있으며 전 세계 공장과 보유자원을 활용할 수 있기에 효율성의 극대화가 가능하다.

사실 국내시장에만 영업을 한정하고 있는 기업에게 넓은 세계로 진입할 필요가 있다. 이러한 점에서 국제 마케팅은 반드시 필요하다. 해외시장에 진입하기 위해 필요한 해외 진입 전략을 현지 국가의 상황에 맞도록 적용해야 한다.

국제 마케팅에 대한 경영자의 태도 유형은 본국지향형 경영 태도, 현지국지향형 경영 태도, 지역시장지향형 경영 태도 및 세계시장지향형 경영 태도로 나눠진다.

이러한 경영자의 태도 유형은 각 시장의 특성에 따라 다르게 적용되어야 한다. 즉 어떠한 방식의 경영이 더 효과적으로 국제 마케팅을 현지 국가에서 적용할 수 있는지를 파악해야 한다. 기업은 현지 국가의 현 상황, 경쟁 상황 및 외부 환경에 대한 면밀한 분석과 적용이 중요하다.

토의 문제

1. 국내 마케팅과 국제 마케팅을 비교해 보라.

2. 국제 마케팅의 장점을 서술하라.

3. 국제 마케팅에 관한 경영자 태도로서 4가지 유형을 서술하라.

4. 국제 마케팅에서 경영자의 태도는 왜 중요한가?

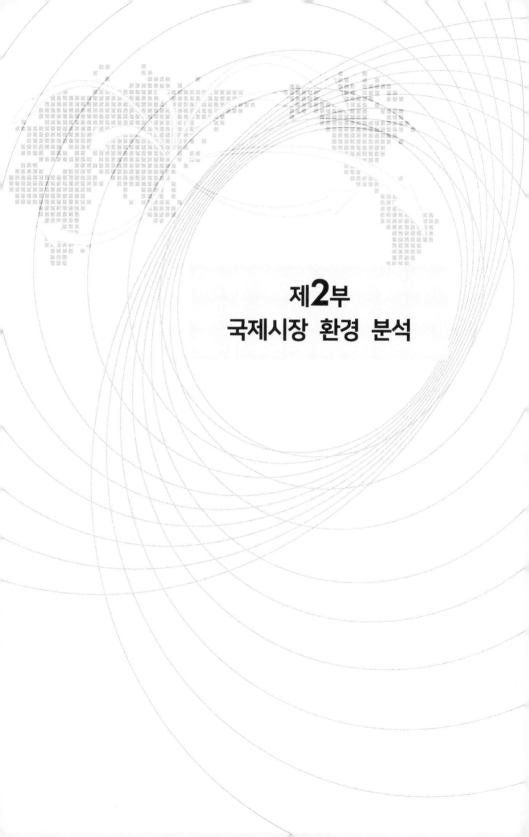

제2부
국제시장 환경 분석

제1장

정치적 환경

1. 정치적 환경 개념

진출하고자 하는 국가에 대한 정치적 환경을 파악하고 이해하는 것은 우선적으로 필요한 활동이다. 정치적 환경은 실로 광범위한 영역이 될 수 있으므로 국제 마케팅을 하는 데 있어서 필요한 범위로 한정하는 것은 무엇보다도 중요하다.

이러한 점에서 진출국가의 정치체제를 이해하고, 정치적 위험을 검토하고 평가하는 것은 큰 의미를 가진다. 만약 진출국가의 정치적 위험성을 파악하지 못하고 무작정 진출한 경우에는 심지어 재산 몰수와 사업 철수 등의 예상치 못한 결과를 가져오기도 한다. 그만큼 정치적 위험이 높은 국가인 경우에는 그것을 관리하거나 위험성을 줄이는 방법을 강구해야 하는 것이다.

2. 정치체제

현재 정치체제를 크게 두 가지로 민주주의 국가와 전제주의 국가로 나눠진다. 정치체제를 구분하는 다른 다양한 방법이 존재하지만 이 책에서는 단순하게 두 가지 형태로 구분하여 설명하고자 한다.

첫 번째, 민주주의 국가는 삼권분립을 핵심으로 한다. 행정부, 국회, 법원이 각각 행정권, 입법권, 사법권을 가지고 있다. 이로 인해 각 기관은 독립적으로 역할을 수행하고 상호 침범하지 않도록 엄격히 관리 및 감독이 되는 체제이다. 또한 모든 주권은 국민에게 있어 국민의 투표로서 정권이 교체도 가능하며, 정치권력은 주권자인 국민의 뜻을 실현하기 위해 노력하는 정치체제이다. 대표적인 국가로서는 미국, 한국, 유럽 국가를 들 수 있으며 주로 정치적 안정성을 가지고 있는 선진국가가 이러한 정치적 형태를 가지고 있다.

두 번째, 전제주의체제는 독재 국가의 전형으로서 한 국가의 지도자 또는 집단이 국가의 모든 권력을 소유하고 있어 법적 또는 정치적 안정성이 매우 떨어지는 특성을 가지고 있다. 주로 공산주의, 신정주의 또는 우익독재 등의 형태로 이루어지며 정치적 위험성이 높은 국가에 해당한다. 대표적인 국가로서는 쿠바, 북한, 일부 아프리카 및 남미국가 등이 있다.

3. 정치적 위험

1) 정치적 위험 개념

정치적 위험은 정치적 불안정과는 다른 개념이다. 상대적으로 정치적 불안정은 여당과 야당의 심각한 대립으로 입법 절차에서 차질이 빚어지거나 대통령 탄핵과 같은 정치적인 큰 이슈의 발생으로 인해 정치적 혼란이 발생하는 정도이다. 한편 정치적 위험은 쿠데타 혹은 독재정치의 출현으로 전제 국가로 변모해서 정치적으로 타국가의 기업을 탄압하거나 영업을 제한하는 등의 비상식적인 처분이 일어나는 정치적 행위로 발생하는 경우를 말한다. 그 정치적 위험은 아래와 같이 몇 가지 형태로 구분된다.

첫째, 정치적 위험은 거시적 위험과 미시적 위험으로 나누기도 한다. 거시적 위험은 그 국가에서 전체적인 비즈니스에 영향을 주는 형태로서 대표적으로 전쟁, 테러 및 쿠데타와 같이 한 국가 전체가 마비되는 상태가 되어 거시적으로 위험을 노출하는 경우이다. 반면에 미시적 위험은 일부 산업에 정치적으로 탄압하는 경우를 말하는데, 현지국가의 산업 보호를 위해 일정한 산업에서 외국기업의 철수, 영업제한 및 과도한 세금부과 등과 같은 비논리적 처분을 하는 것을 말한다.

둘째, 정치적 위험으로서 자산위험과 운영위험의 형태로 나눠서 설명 가능한데, 자산 위험은 현지국가의 정치적 처분으로서 자산의 동결, 몰수 및 철수조치 등이 가해지는 경우이다. 반면에 운영위험은 현지국가에서 다국적 기업의 판매를 제한하거나 수출의무화 조치 또는 내국민의 고용비율을 상향 조치하는 행위 등이 이에 해당한다.

셋째, 현지 진출 기업의 미래 현금 흐름에 악영향을 줄 수 있는 정치적 위험은 기업에게는 상당한 충격적 조치가 될 가능성이 높다. 만약에 내부의 문제를 외부로 돌리기 위해 현지 기업 또는 다국적 기업을 대상으로 민족주의적 발언으로 이익의 독점, 자국 산업의 붕괴의 원인으로 지목하는 정치적 발언과 행위는 당장 다국적 기업 또는 현지 기업의 영업에 방해가 되고 불매운동으로 이어지기도 한다. 이로 인한 영업 손실 및 현금 흐름의 불확실성을 부추기는 정치적 위험이 된다.

2) 정치적 위험의 종류

국제 마케팅에서 진출국가에서 직면하는 정치적 위험의 종류에 대해 다음과 같이 일반적으로 4가지로 구분한다(Leontiades, 1985).*

첫째, 경영관리의 내국화 위험성이다. 현지 기업의 경영권에 있어 내국인에게 이전되도록 유도하는 정부의 정책적 방침으로 임원 및 직원의 내국인 비율을 일정비율로 높이는 것이다. 또한 외국인의 주재원 수를 제한하는 방침도 같은 맥락이다.

둘째, 자본의 내국화 위험성이다. 현지 기업의 소유권에 있어 외국인 지분에 제약을 가하는 것이다. 또한 점진적으로 내국인에게 지분 이양을 하게 하거나 내국인과 합작투자 방식으로만 허용하는 등의 조치는 자본의 내국화 위험성이다.

셋째, 외국기업의 운영상 규제의 정치적 위험성이다. 외국 기업의 수익과 자산에 특별세를 매긴다거나 정부 구매정책에서 외국기업에

---

* Leontiades(1985), "multinational corporate strategy-planning for world market"에서 정치적 위험을 4가지로 구분하면서 국제 마케팅의 전략을 설명하였다.

게는 차별적으로 적용하는 것은 운영상 규제에 해당한다. 또한 외국 제품에 대한 가격 통제와 마케팅에 대한 정부의 행정적 규제 등도 운영상 규제에 해당하며 정치적 위험성에 포함된다.

넷째, 현지진출국가에서 정치적 위험성으로 자산손실을 들기도 한다. 현지국가에서 본국 또는 관계사에 자금이전을 불가하게 만들거나 제한하는 정책을 구사하기도 한다. 또한 국유화, 재산몰수, 강제 재협상 및 일방적인 계약 파기 등은 정치적 위험성 중에서 가장 과격하고 비상식적이다.

4. 정치적 위험의 측정

진출하고자 하는 국가의 정치적 위험은 상당히 다양하고 그 범위가 상상을 초월할 정도로 넓다. 만약 진출국가의 지역이 광범위한 큰 대륙의 국가라면 그 정치적 위험의 영역은 생각보다도 훨씬 복잡하다.

또한 정치체계가 본국과 다른 체제를 보유하는 경우에는 매우 이해하기 어려운 상황에 봉착할 수도 있다. 이러한 측면에서 해외 진출을 추진하는 기업들은 실제적으로 정치적 위험성에 대해 측정이 필요하며 미연에 방지하는 노력이 필요하다.

다음과 같이 정치적 위험성을 두 가지 방법으로 측정하는 방법을 소개하고자 한다. 그 방법은 대표적으로 델파이기법BERI system: Business Environment Risk Index system과 계량적 방법PSSI: Political System Stability Index로 나눠지며 다음과 같이 해석 가능하다.

1) BERI system

　　BERI 시스템은 매년 45개국을 선정하여 100명의 전문가로 구성된 심사위원회에서 특정국가의 정치적 변수에 대해 평가하도록 하는 것이다. 첫 번째 평가 단계 후에 각 심사위원들으로부터 평가가 종합된 보고서를 전달받아 이것을 기준으로 자신들의 초기 평가 자료를 수정한다. 이 후에 몇 차례 평가를 거친 후에 최종 단계에서 특정 국가의 정치적 위험을 최종 평가하는 것이다.

　　BERI 시스템의 평가 항목과 가중치는 아래와 같이 15가지로 구성되어 있으며 특정 국가의 정치적 위험성을 평가하는 척도로 사용된다. 〈표 2-1〉은 BERI 시스템의 평가항목 및 가중치를 보여준다.

〈표 2-1〉 BERI 시스템의 항목 및 가중치

평가 항목	가중치
외국인 투자에 대한 태도Foreign investment attitude	1.5
국유화Nationalization	1.5
정치적 안정성Political stability	3.0
물가상승Monetary inflation	1.5
국제수지Balance of payment	1.5
관료주의적 행정Bureaucratic delays	1.0
경제성장Economic growth	2.5
통화의 태환성Currency convertibility	2.5
계약의 강제성Contract enforceability	1.5
노무비/생산성Labor cost/productivity	2.0
전문적 지원 기능Professional support	1.5
통신, 수송 등의 하부구조Communications/transportations	1.0
내국인 경영진Local management	1.0
단기 신용Short-term credit	2.0
장기 자본Long-term capital	2.0

2) 계량적 방법

정치적 위험을 평가하는 방법은 여러 가지가 있는데, 현지 방문Grand tour, 전문가 집단으로부터 고문old hand을 활용하는 방법, 앞서 언급한 델파이 기법 등의 질적 조사 방법이 있다. 최근의 정치적 위험성을 평가하는 방법으로 계량적 방법PSSI을 사용하고자 하는 측정 방법들이 개발되어 많이 활용되고 있다. 따라서 해외 진출을 위해 질적 조사 방법과 계량적 조사 방법을 혼합하여 정치적 위험을 측정하는 것이 바람직하다.

PSSI는 크게 아래와 같이 사회경제적 지수, 사회적 갈등지수 및 정치 과정 지수를 계량화하여 15개의 독립변수를 통하여 시계열 분석을 통해 종합적인 정치적 위험지수를 도출하는 방식이다. 아래의 〈표 2-2〉는 독립변수로서 각 평가항목을 나타내고 있다. 이러한 평가항목

〈표 2-2〉 PSSI 평가항목

구분	평가항목	
사회경제적 지수	• 1인당 국민소득 증가율GNP growth rate per capita • 1인당 에너지 소비량Energy consumption per capita • 민족주의적 분파Ethnolinguistic fractionalism	
사회적 갈등지수	• 공공 불안정 Public unrest	• 폭등 사태Riots • 시위 사태Demonstrations • 정부 위기Government crisis
	• 내부적 폭력 행위 Internal violence	• 무장 공격Armed attacks • 암살 시행Assassinations • 쿠데타 발생Coup d'etat • 게릴라전guerrilla warfare
	• 공안통치 잠재 가능성 Coercion potential	• 인구 천 명당 내부 안전요원수 Internal security forces per 1000
정치적 과정지수	• 정치적 경쟁 상황Political competition • 입법 효율성Legislative effectiveness • 헌정 변화Constitutional changes per year • 비징싱직인 최고통치자의 교체Irregular chief executive changes	

을 통하여 최대한 객관적이고 계량적인 방법으로 정치적 위험성을 측정하고자 하는 방식이다.

위의 질적 측정 방법과 계량적 측정 방법으로 정치적 위험성을 진출국가에 대해 다양한 각도에서 살펴봄으로써 투자 가능성을 타진하고 최대한 정치적 위험성이 낮은 국가를 선정하는 데 의의가 있다. 또한 몇 개의 국가 중에서 상대적으로 정치적 위험성이 낮은 국가를 채택해야 할 경우 객관적인 평가로 선택이 가능하므로 여러 각도의 다각화된 방법은 정치적 환경을 이해하는 데 절대적으로 중요한 절차가 되는 것이다. 한 국가에 대한 정치적 위험을 도출하여 미연에 방지하는 측면도 동시에 있으므로 위험을 최대한 나열하는 것은 큰 의미가 있다고 본다.

제2장

경제적 환경

1. 글로벌 경제 환경

글로벌 경제는 서로 연관되어 있고 영향을 미치는 상황에 있으며 글로벌 경제에 밀접하게 연결되어 있는 국가 경제는 특별히 세계의 경제주체와 여건에 의해 영향을 더 크게 받는다. 즉, 글로벌시장에 수출을 많이 하는 국가인 경우에는 글로벌 경기침체와 감염병 세계적 대유행과 같은 상황에 더 취약하고 심각한 경제 상황에 직면하게 되는 것이다.

해외 진출국가를 선정하고 비즈니스를 진행하기 위해서는 글로벌 경제 환경을 이해해야 하고, 이러한 세계 공통의 경제 여건을 우선 파악하는 것은 큰 의미가 있고, 세계경제는 곧 특정 국가의 경제에 직·간접적으로 영향을 주기 때문이다.

1) 세계 경제 연계성

글로벌 가치사슬Global Value Chain의 개념은 최초로 맥킨지컨설팅에서 제안하고 하버드 대학교의 마이클 포터 교수가 발전시킨 개념으로서 대중에게 알려진 것이다. 지금의 기업 운영에 있어 독자적으로 운영하는 것은 불가능하고 기업의 전반적인 활동인 상품과 제품의 설계, 구매, 생산, 유통, 판매 및 폐기의 전 과정이 통신과 운송의 발전으로 긴밀하게 연결되어 있다고 보는 것이다.

글로벌 경제 운영에 있어 각 기업들은 더 나은 부가가치 창출을 위해 비교우위를 가지고 있는 공급업체를 전 세계적인 범위에서 찾으려고 노력하며, 좋은 제품과 서비스를 제공하는 기업들과 상호 연계되어 비즈니스를 영위하는 것이다. 이러한 관점에서 볼 때, 하나의 기업 활동이 붕괴 또는 지연현상을 보인다면 다른 공급받는 기업들도 직접적으로 영향을 받는 것이 일반적이다. 따라서 세계경제는 상당히 연계되어 있고 독자적으로 비즈니스 운영을 하기에는 불가능하며, 크고 작은 문제로 상호 영향을 주는 것을 이해할 필요가 있다.

2) 국제 지역블록화

세계경제 주체들은 이해 관계에 따라 경제적 통합을 통해 이익을 극대화하거나 경쟁우위를 확보하기 위해 노력한다. 경제통합의 형태는 그 정도에 따라 자유무역지역협정FTA: Free Trade Agreement, 관세동맹customs union, 공동시장common market, 경제연합economic union 등으로 나눠진다. 자유무역지역협정은 상호 합의하에 역내 국가 간 무관세협정 체결 또는 쿼터제quota 철폐 등을 하게 되는 것이며 경제통합 단계에서 가장 낮은 단계이다. 관세동맹은 자유무역지역협정에 더해서 공동의 대외 관세시스템을 구축하는 것으로 협정을 맺는 것을 말한다. 공동시장은 노동, 자본, 원재료 등의 생산요소의 이동에 대한 제한 및 규제를 철폐하는 것이다. 마지막으로 경제연합은 상호간 경제정책의 조정 및 통합까지도 합의하는 단계를 말한다.

현재 많은 국가들은 경제연합까지 체결하기에 이르렀는데, 대표적으로 EU European Union, NAFTA North American Free Trade Agreement 등이 있다. 이러한 경제통합의 목적은 자국 산업의 이익 극대화와 타국에 대비하여 상대적인 경쟁우위를 확보하기 위함이다. 지역 경제의 통합 regional bloc 은 현재 더욱 가속화될 것으로 전망된다. 진출국가의 분석에 있어 지역적 통합에 속한 것인지와 더불어 미래 전망도 같이 해 본다면 의미 있는 환경 분석이 될 것이다.

3) 글로벌 무역협정

글로벌 경제에서 다수의 국가가 참여하고 정부의 경제정책에 중대한 영향을 미치는 국제기구 및 협정 내용을 제대로 이해하는 것이 상당히 중요하다. 왜냐하면 진출하고자 하는 국가와 비즈니스 운영에 있어 절대적인 영향을 주기 때문이다.

대표적으로 세계경제 질서에 영향을 주는 기구는 세계무역기구 World Trade Organization 이다. WTO는 1995년에 최종적으로 오랜 협상 끝에 협상이 완료되었는데, 그 전에 GATT General Agreement on Tariffs and Trade: 관세 및 무역에 관한 일반협정를 대체하면서 세계적으로 자유무역을 지향하면서 시장개방과 무역장벽 해소를 목표로 하는 기구이다. 이는 세계 무역 질서를 만들고 운영하는 세계적 기구로서 권위가 있는 기구이며, 세계 무역

분쟁 등의 해결을 위한 기준점이 되는 다자간 협정을 이뤄낸 세계적인 기관인 것이다.

또한 현재 글로벌 경제에 있어 탄소를 줄이고 세계온난화를 방지하기 위한 환경협정인 Green round*, 파리협약(2021년 1월부터 적용) 등과 같이 세계적인 환경협정은 제품 생산, 포장과 판매 전반에 영향을 줄 수 있으므로 해외 진출 시 반드시 고려해야 할 경제적 환경이 되는 것이다.

2. 특정국가 경제 환경

진출하고자 하는 국가의 경제 전반에 대한 자세한 경제 환경 분석은 우선적으로 선행되어야 하는 요소이다. 일반적으로 아래의 경제 환경 분석이 이뤄지며 최대한 정확한 정보를 파악하는 것이 중요한데, 후진국의 경우에는 자료의 양이 부족한 단점이 있고 선진국의 경우 자료의 양을 방대하지만 자료 간 기준의 동일성이 확보되었는지를 반드시 확인할 필요가 있다.

1) 거시적 경제 분석

진출 국가의 거시적 경제를 분석하기 위해서 그 국가의 경제체제와 시장발전 단계 및 국제수지 등을 확인해 보는 것이 필요하다. 거시

---

* 제2의 우루과이라운드라고도 불리며, 미국 상원의원인 M. Maucus가 1991년에 최초로 연설에서 사용하였으며, 세계적으로 환경과 무역에 있어 연계되어 다자간 협상이 이뤄져 협정이 체결되었다.

경제를 진단하는 항목은 여러 가지가 존재하지만 이 책에서는 아래의 세 가지 측면에서 한정해서 소개하고자 한다.

(1) 경제체제 분석

국가의 경제체제는 크게 자본주의 경제체제, 사회주의 경제체제 및 혼합경제체제로 구분된다. 첫째, 자본주의 경제체제는 자원배분은 시장에 맡기고 자원의 소유권은 민간이 가지고 있다. 그러므로 경제 주체의 자발적인 운용으로 공급과 수요가 결정된다. 이러한 점에서 가격은 공급과 수요의 등락에 의해 시장에서 자유롭게 형성되는 점이 특징이다. 대표적인 국가로서 미국, 일본 및 선진 유럽국가 등을 중심으로 일반적으로 수용되는 경제체제로 발전되었다.

둘째, 사회주의 경제체제는 자원의 소유는 국가만이 가질 수 있으며, 국가가 모든 경제활동에서 국가 계획에 따라 분배하고 집행한다. 민간은 자원을 소유할 수 없으며 국가가 모든 경제 자원을 생산, 공급, 분배 등의 활동을 하고 있다. 대표적인 국가로서 북한·쿠바·구소련舊蘇聯 등이 있으며 현재 사회주의 경제체제는 자원 배분의 비효율성과 생산성면에서 크게 뒤쳐지면서 세계경제에서 실패한 경제체제로 증명되고 있다고 해석된다.

셋째, 혼합주의 경제체제는 시장경제의 폐단이 너무 크다고 판단되는 국가에서 일부 계획경제정책을 수용하여 운영하는 경제체제를 일컫는다. 많은 국가에서 일방적으로 자본주의 경제체제만을 고집하지 않고 일부 계획경제의 유리한 요소를 반영하고 있다고 보여진다. 이는 자본주의 경제체제가 가지고 있는 부분적인 모순과 폐단이 있어 불가피하게 도입하는 것으로 분석된다.

(2) 시장발전 단계 분석

진출국가의 현재 시장발전 단계를 세부적으로 명확히 파악하는 것은 기업의 전략 구축에 있어 매우 중요하다. 왜냐하면 후진적인 경제 단계에 있는 경우에는 고가의 제품과 품질로서는 성공하기 어렵다고 할 것이며 시장의 수준에 적합한 마케팅믹스가 필요하기 때문이다. 시장발전 단계는 1인당 국민소득GNI per capita을 기준으로 저소득 국가, 하위 중소득 국가, 상위 중소득 국가 및 고소득 국가로 구분할 수 있다.*

첫째, 저소득 국가는 1인당 국민소득 수준이 US $1,005 이하의 국가를 말한다. 산업의 중심은 대부분 1차 산업이며 문맹율이 상대적으로 높고 외국 원조 의존도가 심하며 정치적으로 불안정하다. 대표적으로 아프리카 국가가 여기에 속한다.

둘째, 하위 중소득 국가는 1인당 국민소득 수준이 US $1,006에서 US $3,955에 속한다. 산업화 초기에 해당하는 국가로서 노동집약적인 산업이 대부분을 이루고 있다. 소비자 시장이 초기 단계로서 성장하고 있는 시장이라고 할 것이다.

셋째, 상위 중소득 국가는 1인당 국민소득이 US $3,956에서 US $12,235에 속한다. 산업은 주로 제조업이 일반적이며 노동임금이 급격하게 상승하는 국가이며 낮은 문맹율을 보이며 수출지향적인 국가의 특성을 보인다. 고등 교육에 대한 수요가 높아지며 인구는 급속하게 도시로 유입되는 특징이 있다.

---

* 시장발전 단계의 Income group 기준은 OECD 자료를 참조하였다. 여기에서 GNI는 Gross National Income의 줄임말이다. GNI per capita는 1인당 국민소득을 말한다.

넷째, 고소득 국가는 1인당 국민소득이 US $12,236 이상에 해당하며 서비스 산업의 비중이 높고 신제품과 혁신이 산업에 있어서 중요하게 인식된다. 특히 정보와 지식이 경쟁의 원천이라고 본다.

(3) 국제수지 이해

경상수지經常收支는 무역수지, 무역외수지(서비스수지와 소득수지) 및 경상이전수지를 반영한 한 국가의 수지를 나타내는 것이다. 한 국가의 경상수지를 이해함으로써 해당 국가의 현재 무역량과 무역의 형태를 파악할 수 있다. 수출 지향적인 국가인지 아니면 수입량이 지나치게 많은지 확인 가능하다. 이는 한 국가의 거시적 관점에서 경제 규모와 시사점을 알려준다. 그러면 더 구체적으로 무역수지, 무역외수지(서비스수지와 소득수지) 및 경상이전수지(이전소득)에 대해 설명해 보고자 한다.

첫째, 무역수지는 상품의 수출액에서 수입액의 차이를 통해 한 해 동안 해당 국가가 얼마나 벌어들였는지를 나타낸다. 만약 수출이 수입보다 많은 경우에는 무역수지 흑자를 기록하였다고 하는 것이다. 반대로 수입이 수출보다 많은 경우는 무역수지 적자가 되는 것이다.

둘째, 무역외수지(서비스수지와 소득수지)는 외국과의 서비스 거래로 수취한 돈과 지급한 돈의 차이를 일컫는다. 무역외 수입은 외국관광객이 국내에서 지출한 여행경비로서 외화, 해외 투자로 이자수입, 운송료로서 받은 운임료, 거주자가 외국에 단기간(1년 이내) 머물면서 일한 대가로 받은 임금 등이 해당된다. 무역외 지급은 한국이 외국에 지급한 운임, 차입한 자금에 대한 외채이자, 해외여행으로 지출한 경비, 단기로 고용된 비거주자에 대해 지급한 임금 등이 대표적이다.

한국은 무역외수지에서 만성적으로 무역외수지 적자를 겪고 있다. 외국투자자들에 대한 배당금 지급, 해외 선박회사에 지급하는 운임, 해외여행으로 지급한 여행 경비 등은 지출이 수입을 통상적으로 초과하고 있어 무역외수지 적자를 기록하고 있다. 만약 지출보다 수입이 많은 경우에는 무역외수지 흑자라고 할 것이다.

셋째, 경상이전수지는 거주자와 비거주자 사이에 아무런 반대급부 없이 주고받은 거래의 수지차이를 말한다. 주로 해외에 거주하는 교포가 친척에게 송금하는 돈, 자선단체 및 종교기관의 기부금, 정부 간의 무상원조 등이 해당된다.

2) 시장 규모와 소비자 분석

특정국가에 대한 경제 환경을 파악하기 위해 시장정보와 소비자의 규모와 소비자 행동을 분석해야 하는 것이다. 거시적 경제 환경만 가지고는 시의적절한 의사 결정을 내리기에는 부족한 면이 상당히 크다고 할 것이다. 따라서 시장의 규모를 알기 위해서는 인구수, 인구분포 및 인구증가율을 추세적으로 파악해야 한다. 또한 소비자의 소득수준과 구매력을 파악한다면 현재 소비자의 수준과 예상 수요를 도출할 수 있다.

(1) 인구수와 인구분포

진출국가의 인구수 대비하여 제품의 종류에 따라 시장의 규모를 가늠할 수 있다. 소비재의 경우 인구수가 많고 경쟁자가 제한적이라면 진출국의 시장잠재력은 매우 크다. 인구분포가 중요한 것이 연령

대별로 선호도가 높은 제품은 다르게 나타나기 때문이다. 예를 들어, 10대와 20대 연령층이 전체 인구수 대비하여 높은 시장이라면 화장품, 문구류, 아이스크림 등과 같은 소비재 시장의 전망이 밝다고 본다.

(2) 소비자 소득수준과 구매력

진출국가의 소비자들의 소득수준을 알기 위해서는 1인당 국민소득을 알면 평균적으로 한 국가의 소비성향을 파악하는 데 도움이 된다. 만약 소득 수준이 낮다고 하면 자동차의 소비에 있어서도 저가의 제품을 팔거나 중고 자동차의 수요가 많다는 것을 예상할 수 있다. 반면 소득 수준이 매우 높은 시장은 가격이 낮은 것보다는 고급 제품과 품질을 선호한다고 할 것이고 고급브랜드를 시장에 진출시키는 것이 필요할 것이다.

또한 소비자의 구매능력을 파악하기 위해서는 구매력지수인 PPP Purchasing Power Parity: 구매력평가지수를 통해 실제적으로 구매할 능력을 알 수 있다. 왜냐하면 물가지수 및 생필품, 주거 비용을 감안하여 조정한 지수가 구매력평가지수이고 실제 구매 가능한 재화의 양을 나타내어 생활수준을 더욱 정확하게 표현해 주기 때문이다.

3) 사회 인프라 구축 수준

진출국가의 사회 인프라 구축 수준을 선행적으로 아는 것이 필요하다. 왜냐하면 비즈니스를 수행함에 있어 인프라의 수준에 따라 물류비용의 차이가 발생하고 이에 따라 원가가 달라지기 때문이다. 또한 진출하는 산업에 따라 인프라 구축산업에 직접적으로 참여할 수도 있기 때문이다. 예를 들어 건설업이나 건설장비 관련 산업이라면 인프라의 구축이 필요한 국가라고 하면 좋은 시장의 요건이 되는 것이다. 그러므로 시장 경제 환경의 파악에 따른 미래 전망으로서 예상되는 요구사항과 필요한 부분을 시장과 업계에 적절하게 제시하는 경우에는 진출국가에서 성공할 가능성을 크게 높인다.

3. 경제 환경 분석의 중요성

진출하고자 하는 국가에 대한 경제 환경 분석을 통해 기업은 정확한 마케팅 전략 수립이 가능해진다. 이어진 절차에서 마케팅믹스를 활용함에 있어 경제수준에 맞는 제품 개발을 가능케 한다. 또한 판매 촉진 전략에 있어서도 시장의 소비자 수준과 요구에 맞는 판촉활동을 진행할 수 있다.

만약 시장 진출 시 경제 환경을 제대로 분석하지 않고 자국 내 일반적인 방법으로 그대로 마케팅 전략을 구사한다면 성공을 담보하기 어렵다. 다시 말해서, 진출국의 경제 상황을 고려하지 않은 방식으로 마케팅믹스 적용으로 소비자의 요구사항을 맞출 수 없을 뿐만 아니라 소비자가 구매하기 어려운 수준의 제품으로 시장에서 판매함으로써 소비자로부터 외면 받을 수 있을 가능성이 크게 높아진다. 이러한 이유로 진출하고자 하는 국가에 대한 거시적 관점과 특정 국가의 소비자 특성을 면밀하게 파악하고 진출하는 것이 우선적으로 선행되어야 하는 것이다.

〈그림 2-1〉 Wall street

설명: 일명 월가(wall street)는 자본주의를 대표하는 주식 및 금융시장이 밀집한 곳이며 세계적으로 경제적인 영향이 큰 대규모 금융기관이 즐비하다.

제3장

사회·문화적 환경

1. 사회·문화적 환경 개념

진출국가의 사회·문화적 체계와 구성은 독특한 의미를 가지고 다른 형태로 나타나는 경우가 대부분이다. 이것은 진출하고자 하는 기업이 해외시장의 문화와 사회적 특성을 반드시 파악해야 하는 이유이기도 하다.

사회·문화적 환경을 이해하기 위해서는 다음과 같이 문화, 준거집단, 사회계층 및 가족을 파악해야 한다. 이것은 사회·문화적 환경을 이해하는 일반적인 개념체계이므로 제대로 이해하는 것이 필요하다.

국가별로 사회·문화는 다양하며 인식체계를 형성하는 기준점이 될 정도로 중요한 요소이다. 간혹 진출국가의 문화적 요소를 배제한 채 일방적인 방식으로 대중에서 어필하다가 좋은 결과를 얻지 못한 경우는 상당히 많다. 예를 들어 어떤 글로벌 기업이 영국 시장에 진출하면서 통조림 스프를 판매하기 위해 광고를 하였으나 시장에서 좋지 않은 반응을 받았다. 왜냐하면 광고 가운데 가족 간 대화에서 아들이 어머니에게 통조림 스프를 조르는 상황을 연출하였다. 하지만 영국에서 아이들이 부모에게 조르는 것을 허용하는 것은 매우 버릇없는 것으로 인식한다는 점을 간과하였다. 또한 영국은 어머니가 통조림으로 스프를 제공하는 것은 가족에게 건강한 음식을 제공한다는 생각을 하지 않는다는 점을 알지 못하여 그 제품의 성공을 가져오지는 못하였다*.

2. 사회·문화적 환경의 종류

1) 문화

진출국가의 문화Culture를 설명하기 위한 다양한 방법이 있으나 다음과 같이 언어와 숫자, 종교, 미적 감각, 물질에 대한 태도 등의 차이를 파악함으로써 문화에 대한 개념을 알 수 있다.

첫째, 언어와 숫자의 기호학적인 쓰임새는 국가별로 상이한 양상으로 나타난다. 영미문화권에서 좋은 의미로 사용한 단어가 다른 문화권에서는 굉장히 불쾌한 의미로 해석되는 경우도 있다. 그 예로서 중국사회에서 선물로서 book書,** umbrella傘, clock鐘을 주는 것은 매우 부적절

---

* 이철(2020), 『글로벌 마케팅』, 사례 참조(필자 재작성).
**책은 중국어로 통상적으로 书로 표기한다. 번체자인 책(書)의 간체자이다.

하다. 왜냐하면, book書은 중국어 발음으로 'shu'이어서 마치 'I hope you lose(have bad lcuk)너가 지면 좋겠어(또는 나쁜 운을 갖게 되기 바래' 등과 같이 인식될 수도 있기 때문이다. Umbrella傘는 발음이 'san'으로 되어 영어로 'to break into pieces or fall apart산산조각을 내다' 등으로 여겨질 수도 있다. 마지막으로 clock鐘은 발음으로 볼 때 'zhong'이기 때문에 영어로 'death or the end죽음 또는 종료' 등으로 해석되기도 한다. 그러므로 선물을 하거나 제품을 해외시장에 출시할 때에는 언어와 숫자의 기호적인 쓰임새를 잘 파악해야만 한다.

또한 숫자를 인식하는 방식도 문화권별로 다르다. 예를 들어 중국에서는 '8'이라는 숫자는 행운을 불러온다고 생각하지만, 중국어에서 '4'는 죽는다는 '死'와 읽는 소리가 유사해 불길한 숫자로 인식한다. 영미권 문화에서는 숫자 '13'은 불운을 상징하는 숫자로 인식한다. 이와 같이 진출국가의 기호에서 언어와 숫자의 주의해야 하는 것은 없는지 미리 파악해 보는 것은 중요한 의미를 내포하고 있다.

둘째, 종교는 각 국가의 국민의식과 생활양식을 지배하는 거대한 인식체계로서 문화를 이해하는 수단으로 충분하다. 진출국가의 종교를 존중하고 비즈니스상 주의사항을 확실히 인식하는 것은 매우 중요하다. 왜냐하면 종교에 따라 금기로 여기는 음식이나 용어가 존재하기 때문이다. 진출국가에서 영업하는 중에 현지인과 식사를 하는 경우는 일상적인데, 현지인에게 절대 먹지 않는 음식을 접대하거나 농담이라도 현지에서 숭배하는 신, 용품 또는 동물 등을 모욕하는 행위는 상당히 위험하다. 물론 영업활동에도 도움 되지 않는다. 예를 들어 인도에서는 힌두교가 국교이고 인도인들은 절대 소고기를 먹지 않는데, 한국에 초대한 후 최고급 '한우'를 접대하는 것은 절대로 해서는 안 되는 사항인 것이다.

셋째, 미적 감각에 대한 부분에서 국가별로 차이가 크다. 색깔에 대한 의미하는 바가 국가별로 인식하는 정도는 신기할 정도로 다르다. 예를 들어 유럽의 스페인에서는 '빨간색'은 열정을 의미하며 플라멩고춤을 추는 집시는 주로 빨간색을 입고 스페인 사람들은 이를 당연한 것으로 여긴다. 하지만 중국인에게 빨간색은 복을 불러오는 행운의 색이라고 해석한다. 하지만 어떤 나라는 빨간색이 피를 연상시켜 부정적인 색으로 생각한다.

넷째, 물질에 대한 태도는 국가와 민족에 따라 다르게 해석한다. 물질은 쉽게 이야기하면 돈과 자본에 연계되었다고 보는 것이 타당한데, 힌두교의 카스트제도에서 세 번째 계급인 바이샤 계급은 물질을 다루는 임무를 띠고 태어났다고 생각해서 사업가로서 물질에 대한 긍정적이고 적극적인 자세로 살아간다. 반면에 불교문화권의 민족들은 무소유를 최고의 선으로 생각하며 물질에 대한 부정적인 인식이 강하다. 또한 기독교와 유대교 문화에 있어서 건전한 부의 형성을 긍정적으로 생각하고 제품의 포장에 있어서 깨끗하고 반짝이는 포장을 좋은 제품으로 인식하고 구매하고자 한다.

2) 준거집단

한 국가의 문화를 이해하기 위해 준거집단reference group을 파악해야 한다. 각 국가별로 선망하는 집단이나 생활에 있어 기준으로 여기는 사람들의 무리가 있기 마련이다. 종교적인 부분이 강한 사회는 종교집단의 최고 권위자들이 준거집단이 되기도 하고, 어떤 사회에서는 전문가 집단이 그러한 기준점이 되기도 한다.

이러한 준거집단의 소비행동은 대중들에게 강하게 어필하게 되는

데, 이들의 소비 성향과 가치를 잘 이해하는 것은 성공적인 진출 전략의 구축에 중요한 시사점을 주기도 한다. 그 사회의 전문가 집단이 가치를 두는 지점에서 유의미한 기업의 활동을 통해 좋은 이미지 구축과 판매 확대를 꾀할 수 있는 것이다.

3) 사회계층

진출국가의 사회계층social class을 정확하게 분석함으로써 마케팅믹스를 구성하는 데 결정적인 실마리를 주기도 한다. 특정국가를 형성하는 사회계층은 특별한 소비의 형태를 보여주기도 하는데, 경제적인 면에서나 종교적인 면에서 구분된다.

인도의 카스트제도는 4가지 신분으로 나눠지는데 브라만, 크샤트리아, 바이샤, 수드라 계급으로 구분된다. 이들은 신분적으로 구분되어져 운명적인 것으로 받아들인다. 이러한 카스트제도는 문화적으로 깊이 자리 잡고 있어 인도 문화의 핵심적인 요소가 되는 것이다. 또한 자본주의 사회에서도 자본 소유의 규모에 따라 하위 계급, 중간 계급, 고소득 계급으로 구분되기도 하는데, 그 비율의 극단성에 따라 사회의 건전성을 좌우하기도 한다.

이러한 관점에서 사회·문화적으로 그 국가의 사회계층의 구성과 비율을 연구함으로써 신제품 개발, 가격의 정도, 유통 방식 및 광고의 수준 등을 결정할 수 있다. 사회계층은 글로벌 마케팅의 문화 환경을 설명해주는 주요한 기준이 될 정도로 필요한 분석 항목이 되는 것이다. 만약 이러한 사회계층을 분석하지 않은 채 마케팅믹스를 자기준거기준에 의해 실행하는 경우에는 마케팅의 성공을 확신하기에는 무리가 있다. 사회·문화적 환경 파악에 있어 사회계층 파악은 선행적으로 이뤄져야 하며 면밀한 분석이 필요하다.

4) 가족

각 국가별로 가족의 구성과 인원수는 시대별·지역별로 크게 차이가 있다. 한국도 과거 근대기까지는 대가족제로 일반적으로 구성되어 있었다. 하지만 1960~1970년부터 시작된 급속한 도시화·산업화로 인해 가족 구성은 빠르게 변화되었고 핵가족화되기에 이르렀다. 이처럼 한 국가의 가족 구성과 인원수는 기업의 향후 마케팅믹스를 구축하는데 있어 중요한 내용을 알려 준다.

진출국가의 현재 및 미래 가족의 변화에 대한 전망도 필요하다. 왜냐하면 현재의 가족 구성이 그대로 미래에도 이어질 것인지는 예단하기 어렵다. 그러므로 현재의 도시화의 정도와 교육, 산업의 변화 속도에 따라 가족의 변화 가능성도 동시에 연구할 필요가 있다.

또한 가족 내 구성원 간 의사 결정 과정과 결정권자가 누구에게 있는지도 확인할 필요가 있다. 사회·문화적으로 소비의 주체와 의사 결정권자는 국가별·민족별로 상이한 측면이 강하다. 소비의 의사 결정 과정에 여성의 참여 정도와 영향력도 사회적으로 크게 차이가 있어 진출국가의 현재 상황과 변화하는 속성에 대한 정확한 분석이 필요하다. 만약 이러한 부분을 간과한다면 성공적인 마케팅 전략 수립이 어렵다. 가족은 개인의 소비 습관과 태도에 중요한 영향을 미치는 요소가 되며 가족에 대한 심도 있는 연구를 통해 마케팅믹스의 적절한 구성과 조합을 완성할 수 있다.

제4장

법률적 환경

1. 법률적 환경 개념

진출국가에서 기업을 운영하는 데 있어 해당 국가의 법적 체계와 내용의 차이를 인식하는 것은 핵심적인 사항이다. 법은 그 국가와 민족의 역사와 생활양식을 규정한다. 법적 보호는 최소한의 조치이므로 국가별로 다양한 내용을 담고 있어 비즈니스를 해당 국가에서 할 때 주의 깊고 명쾌한 사전 지식을 바탕으로 해나가야 한다. 이를 통해 법적 보호조치를 받을 수 있으며 분쟁에 휘말리지도 않는 것이다.

1) 국제법의 특성

근대적 의미의 국제법은 독일의 30년 전쟁 이후에 체결된 유럽의

17세기 베스트팔렌조약(1648년)이다. 그 조약의 내용은 각국을 주권 국가로서 인정하고 종교의 자유원칙 등을 기반으로 근대에 체결된 최초의 국제법으로 큰 의의가 있다. 이로 인해 신성로마제국과 교황 은 몰락하게 되고 유럽 각국은 각자 주권국가로서 동등한 입장에서 협상을 진행하게 되어 현재의 국제 관계 질서가 성립된 것이다. 그러 므로 베스트팔렌 조약은 근대 국제 관계를 규정하는 최초의 국제법으 로 보는 것이다.

현재 국제사법재판소는 네덜란드 헤이그에 있으며 UN 사법기관으 로 1946년에 설치되어 운용되고 있다. 국가 간 첨예하게 대립되는 분쟁들이 국제사법재판소에서 처리된다. 분쟁국들이 일반적으로 인 정하는 국제조약과 법으로 인정하는 국제관습, 문명국가들이 인정하 는 통상적인 법의 원칙 및 판례와 국제적으로 저명한 학자들의 글 등을 종합적으로 적용하여 판결하는 것이다.

2) 법 체계의 특성

각 국가별로 적용하는 법은 상당히 다양하며, 일반적으로 법의 체 계를 아래의 3가지로 나눈다.

(1) 성문법

성문법成文法, statute law 체계는 로마법에 기초하여 발전되어 온 것으로 대표적으로 독일, 프랑스 등이 적용하고 있다. 성문법은 문서화된 법 규정으로 법적으로 해석되고 집행된다. 다시 말해서, 이 법체계는 모 든 내용이 법전에 기록이 되어야 법정에서 인정되고 적용이 가능하다고 보는 것이다.

(2) 관습법

관습법慣習法, common law은 법전에 기록된 법규를 따르는 체계가 아니고
관례·전통·판례 등에 따라 판결을 내리는 법체계이다. 대표적으로
영국·미국·캐나다 등의 영미문화권 국가에서 채택하고 법 적용을 하
고 있다. 지적 재산권 보호의 측면에서 관습법에서는 최초 등록의
개념보다는 최초로 누가 '사용'했느냐에 따라 법의 보호를 받을 수
있다. 즉 등록우선주의보다는 사용우선주의를 적용하는 것이다.

(3) 이슬람법

이슬람법Islamic Law은 이슬람종교를 믿고 있는 국가에서 이슬람 경전
인 코란Koran을 법적 규범으로 채택하여 법의 해석과 집행을 수행하는
체계라고 할 것이다.

대표적으로 이슬람법을 채택하고 있는 국가는 중동국가이며 이들
의 종교는 주로 이슬람이다. 다시 말하자면 법은 인간이 만들었다고
보는 것이 아니라 신이 인간에게 부여했다고 보는 것이다.

이슬람법의 독특한 점은 여러 가지가 있는데, 이자 지급에 있어서
이슬람법에서는 개인 간에 이자 지급이 허용되지 않는다. 다만 이자
의 지급이 아닌 대출자와 차입자의 수익이든 손실이든 서로 공유의
원칙에 입각하여 거래하는 경우에는 허용된다. 하지만 이러한 이자
지급의 금지는 금융업과 관련 기업들의 비즈니스에도 악영향을 주기
때문에, 해당 분야의 해외 진출에 있어 이슬람법에 대한 깊이 있는

연구를 해야 한다. 도박이나 알코올 사업도 이슬람법으로 철저하게 규제되기 때문에 해당 사업의 진행이나 투자에 있어 해당 법규를 잘 이해하고 접근하는 것이 필요하다.

3) 법 관할권 명시화

글로벌 마케팅에 있어서 사소한 분쟁부터 심각한 법적 다툼이 발생할 가능성은 매우 높다고 할 것이다. 따라서 글로벌 마케팅을 진행하고자 하는 기업들은 사업 초기 또는 계약 체결 시에 반드시 계약서 작성에 있어 해당 법적 분쟁이 발생하는 경우에 어느 국가의 법적 관할권에 포함시킬 것인지를 명확하게 기재해야 한다. 만약 투명하게 법적 관할권 표시를 하지 않는 경우에는 법적 분쟁 발생 후 서로에게 유리한 법으로 적용하기 위해 분쟁의 발생 가능성이 크기 때문이다.

이러한 법적인 관할권 문제를 양 당사자 간 합의를 통해 정확하게 문서로서 계약서나 양해각서의 형태로 법적 문제가 발생하는 경우(를 대비하여) 어떤 법과 법정에서 할지를 계약서에 기재해야 하는 것이다.

2. 법률 분쟁 해결

비즈니스를 하다 보면 의도치 않게 분쟁이 발생할 수도 있다. 법적 분쟁에 앞서 최대한 상호 간 합의를 통해 문제 해결을 하는 것이 가장 현명하고 빠른 해결의 지름길이 된다. 상호 합의 하에 문제 해결을 하는 경우에 장기적인 신뢰 관계와 비즈니스 관계를 형성할 가능성이 상당히 높다. 하지만 부득이하게 법적으로 분쟁을 해결해야 하는 경우가 있다면 소송에 앞서 중재를 통해 원만하게 문제 해결을 하는 방법도 있다. 소송은 사실 시간적·비용적인 면에서 상당한 손실이 쌍방 간 크다고 할 것이며, 장기적인 거래로 이어지는 것은 어렵다고 본다. 또한 소송으로 가는 경우에는 비즈니스상 이미지가 실추되어 다른 사업에도 악영향을 줄 수도 있어 주의가 상당히 필요하다. 그러므로 상호 합의가 되지 않는다면 최대한 중재기관을 통해 신속한 처리가 더 나은 방법이 되기도 한다.

1) 중재

국제 진출로 해외 마케팅을 하는 중 발생할 수 있는 크고 작은 분쟁이 있을 수 있다. 이런 상황을 마주하고 모든 문제를 법적 소송으로 가기에는 너무 시간적인 면에서나 비용적인 면에서 부담이 크다. 그래서 제3의 기관인 중재기관에서 중재 절차를 통해 해결하는 경우가 많다. 여러 가지 면에서 이점이 많기 때문이다. 왜냐하면 중재로 진행하는 경우에 소송보다 신속하고 비용이 적기 때문이다.

국제 중재에 핵심적인 협약은 1958년의 UN에서 체결한 뉴욕협약*으로 해외 중재판정의 인정과 집행에 관한 협약이다. 이 협약은 전세계 107개 국가에서 협약에 가입하였으며 주요 내용은 아래와 같다.

뉴욕협약의 주요 내용
① 중재가 발생되고 판정이 난 경우에는 그 판정을 인정하고 집행해야 한다.

---

* 뉴욕협약(UN convention on the Recognition and Enforcement of Foreign Arbitration Awards)은 1958년 UN에서 제정된 협약이다. 국제중재에서 기본협약이 되는 것이다.

② 조약국들은 중재판정에 불복의 사유로 제한적 사항으로 국한한다는 것에 합의해야 한다.

③ 조약국들은 국제협약으로서 중재조항을 합의한 경우에 당사자들은 중재를 이용하겠다는 약속을 지켜야 한다.

지식재산권의 이해

최근 들어 글로벌 비즈니스에서 크게 이슈화되는 것은 지식재산권 분쟁이라고 할 것이다. 날로 기업들이 각 국가별로 진출하는 것이 늘어나면서 각국의 상이한 지식재산권의 해석으로 피해를 보는 경우가 늘어나고 있다. 또한 간혹 해외시장에 진출하면서 지식재산권법을 대수롭지 않게 생각해서 산업 진출 후 큰 피해를 입어 사업을 철수해야 하는 경우도 발생하고 있다. 그러므로 지식재산권에 대한 명확한 개념과 주의사항 등을 인지할 필요가 있다.

1. 지식재산권의 개념

지식재산은 맨 처음 원작자가 무형의 자산을 만들고 그것이 유형의 제품처럼 가치를 갖게 되는 기술, 발명품, 음악 및 영화 등을 일컫는다. 여기에서 지식재산권은 이러한 지식재산이 권리를 발생하게 되는 예술, 공연, 영화, 발명, 방송 등의 지식활동에서 발생하는 모든 권리를 말한다. 최근 들어 전통적인 지식재산권 범주를 넘어서 반도체 설계, 캐릭터산업, 유전자 기술 등의 다양한 지식재산권을 '신지식재산권'으로 규정하고 있다.

2. 지식재산권 성격

지식재산권은 권리자에게 독점 배타적 권리를 인정하는 것이 특징이다. 지식재산권의 다른 성격으로 공공재의 특성과 비배제성의 성격을 보인다. 왜냐하면, 공정한 대가를 지불하지 않고 소비하는 사람들을 배제하기 어렵고 공유하기가 매우 쉽기 때문에 공공재의 성격을 동시에 가지기 때문이다. 또한 비경합적인 성격을 가지고 있어서 일단 공개되면 쉽사리 대중에게 동시 소비가 된다.

3. 지식재산권 종류

1) 저작권

저작권은 크게 아래와 같이 저작재산권, 저작인접권으로 구분한다.
① 저작재산권: 예술·문학 분야 창작물의 재산권을 말한다.
② 저작인접권: 음반제작가, 방송사업자, 실연가의 권리를 말한다.

2) 산업재산권

산업재산권은 특허, 실용신안, 디자인, 상표로 구분 가능하다.
① 특허: 기술적인 사상의 창작인 원천, 핵심기술을 의미한다.
② 실용신안: 라이프 사이클이 짧고 실용적 개량기술을 말한다.
③ 상표: 다른 상품과 구별되는 문자, 도형, 기호를 의미한다.
④ 디자인: 제품의 심미감을 느낄 수 있는 모양 및 형상을 일컫는다.

3) 신지식재산권

신지식재산권은 최근에 새롭게 대두된 지적 재산권 중에 하나이며 전통적인 지식재산권으로 보호가 되지 않는 측면이 있어 보완적으로 나온 권리이다. 따라서 그 형태는 상당히 다양한 양상으로 나타나고 있다. 예를 들면, 설계와 관련하여 반도체집적회로배치설계를 신지식재산권으로 인정하고 있다. 또한 IT업계에서 개발된 데이터베이스 및 컴퓨터프로그램도 마찬가지로 신지식재산권으로 본다. 이외에도 영업비밀, 도메인네임 등의 다양한 영역에서도 독점 배타적인 권리를 인정하는 추세이다. 이러한 점에서 글로벌 마케터로서 현지 진출국의 지식재산권법을 이해하는 것은 매우 중요한 사항 중 하나이다.

중재 판정 사례

최근 한국법원의 판결이 중국에서 승인 및 집행되었다. 이는 중국 민사소송법에 근거한다. 그 내용은 한국법과 거의 비슷하다. 외국 판결의 승인 및 집행 규정이 있다. 먼저 중국법원에 관할권이 있어야 한다. 그리고 상호 국제조약이 있어야 한다. 없으면 호혜 원칙에 의하여 인정된다. 중국의 기본 사회질서 등에 반하지 않으면 승인 및 집행된다. 그 관할 법원은 중급인민법원이다.

수원지법 확정판결이 중국에서 집행된 것이다. 칭다오 중급인민법원은 먼저 관할권이 있다고 보았다. 피고가 그 지역에 10년 전부터 거주하여 왔기 때문이다. 그 다음은 국제조약의 여부이다. 그러나 아쉽게도 한국과 중국 간에 외국 판결의 승인. 집행관련 조약은 없었다. 이에 따라 상호보증 즉 상호 이를 인정하는 지를 심사하였다. 다행스럽게 1999년경 한국에서 중국 판결을 승인한 사례를 발견하였다. 그 당시 중국 산동성 웨이팡시 중급법원의 판결의 기판력을 한국법원이 인정한 사례였다. 이에 상호보증이 있다고 본 것이다. 이에 따라 한국판결이 중국에서 집행할 수 있게 되었다.

그간 중국은 국제조약이 없는 국가의 판결을 인정한 경우가 드물었다. 실제로 2011년에는 거부한 사례도 있었다. 중국 광동성 심천시 중급인민법원에서는 한국 판결의 승인. 집행을 거부한 것이다. 따라서 이번 판결은 중국에서 한국 판결의 집행을 선언하는 첫 사례로 기억될 것이다.

글로벌 및 디지털 시대에 국제 거래 및 교류는 더한층 활발해지고 있다. 따라서 해외 자산에 대한 집행 문제는 현실적으로 매우 중요하다. 특히 중국과의 교역량이 많은 한국으로서는 이번 판결의 의미가 크다. 재판은 한국에서 하고 그 집행은 중국에서 할 수 있기 때문이다. 물론 이번 판결이 중국의 모든 법원을 구속하지는 아니한다. 그러나 다른 지역의 중국법원에서 이 판결에 의하여 쉽게 집행판결을 내릴 가능성이 높아졌다. 혹시 가능하면 한국과 중국 간에 사법공조 국제 조약을 체결할 필요가 있다.

이번 판결은 최근 중국의 "Belt and Road Initiative" 정책에 기인하는 면이 크다. 이는 아시아, 아프리카 그리고 유럽에 일대 지역공동체를 구성하려는 야심찬 글로벌 프로젝트이다. 이를 수행하는 과정에서 많은 국제적인 분쟁이 발생하는 것은 피할 수 없다. 이런 경우에 경제적으로 나아가 효율적으로 이를 처리하는 것이 중요하다. 그런 차원에서 중국정부가 선제적으로 개방정책을 편 것으로 보인다.

물론 법원 판결이 아닌 중재판정의 경우는 완전히 다르다. 무엇보다도 중재는 강한 장점이 있다. 즉 중재판정의 승인과 집행은 철저하게 보장되기 때문이다. 뉴욕협약이 있기 때문이다. 이에 따라 중재판정의 승인과 집행은 협약국 내에서는 완전하게 보장된다. 한국과 중국 모두 가입국이다. 따라서 중재판정은 그 집행에 대하여 달리 크게 신경을 쓸 필요가 없다.

그리고 보니 국제 분쟁에서는 법원의 판결보다는 중재가 장점이 많다. 무엇보다도 중재는 단심이다. 따라서 비용도 시간도 적게 든다. 다만 문제가 하나 있다. 당사자 간의 중재 합의가 필요하다. 그것도 서면 합의를 요구한다. 이런 서면 합의가 없으면 중재로 갈 수가 없다.

따라서 국제 교역을 하는 경우에 계약서에 반드시 중재 합의 내용을 넣을 필요가 있다. 가능하면 중재기관은 한국의 대한상사중재원으로 특정할 필요가 있다. 이에 대하여 상대방이 거부할 경우도 있을 것이다. 그럴 경우는 청구를 당하는 당사자의 국가에 있는 중재 기관으로 정하기로 하면 상호 무리가 없다. 실제 신뢰도 면에 있어서도 중국 현지 법원보다는 중재가 낫다. 중재 절차에서는 적어도 1인의 중재인을 선정할 권리가 있기 때문이다. 그리고 절차도 유연하다. 너무 권위적이지 않다는 말이다.

실무차원에서 보면 이번 중국법원의 승인 및 집행 판결은 의미가 크다. 판결을 받아도 이를 집행할 수 없다면 판결문은 그저 휴지 조각에 불과하다. 그런데 이번 판결로 중국에서의 집행이 용이하게 되었다.

가능하면 법원보다는 중재 절차를 통하여 국제간의 분쟁을 해결하는 것이 바람직하다. 무엇보다도 해외에서의 집행에서 달리 문제가 없기 때문이다. 다만 서면 합의 등이 여의치 아니한 경우가 있을 수 있다. 이 경우에는 법원으로 갈 수밖에 없다. 중국이나 외국 법원에 가서 판결을 받고자 하면 시간과 비용이 너무 많이 든다. 따라서 한국에서 판결을 받을 수 있으면 편리하다. 그리고 이의 집행은 자산이 있는 중국 등 다른 나라에서 하면 된다.

선진국과의 외국판결의 승인 및 집행은 그리 문제가 아니 된다. 그러나

이를 좀 더 명확하게 보장하기 위하여 범정부 차원에서 사법공조 조약체결을 확대할 필요가 있다. 전 세계의 거의 모든 국가와 체결을 할 수 있으면 더 좋다.

미래의 먹거리는 해외에서 찾아야 한다. 해외로 진출하게 되면 외국에서 집행할 상황이 많이 발생될 것이다. 따라서 이를 원활하게 하는 노력이 필요하다. 먼저 국내 법원에서 적극적 개방을 해야 한다. 즉 해외 법원 판결에 대한 승인 및 집행이 들어오면 가급적 이를 인정할 필요가 있다. 그렇게 함으로써 해당국 역시 한국법원의 판결이 자국 내에서 집행될 수 있게 조치할 것이기 때문이다.

이를 '상호보증'이라고 한다. 그런 면에서 법원과 정부차원의 적극적인 자세가 필요하다. 가능하다면 전 세계의 각국과 사법공조 국제조약의 체결을 서두를 필요가 있다. 아울러 차제에 중재에 대한 관심도 높일 필요가 있다. 중재를 활성화하여 시간, 비용 및 노력 면에서 좀 더 효율성을 높이는 것이 바람직하다.

—2019년 5월 24일자 ChosunPub 참조

2) 소송

법적인 분쟁 해결하는 방법으로 앞서 중재의 방법을 살펴보았다. 당사자 간 합의 또는 중재의 과정을 통해 해결하는 것이 가장 바람직한 방법이지만, 양 당사자의 의견이 크게 첨예하게 대립하는 경우에는 해결할 방법이 마땅치 않아 법적 소송 절차를 통해 해결하는 수밖에 없다.

국제 마케팅에 있어서 한 국가에서 일어나는 법적 분쟁의 경우에는 한 국가안의 법정에서 해결하면 되지만, 만일 한 국가 내의 문제가 아닌 여러 국가에서 일어나는 법적인 소송인 경우에는 여러 나라 법률의 규정에 따라 판단을 해야 하기 때문에 사실 복잡한 법적인 절차와 해석의 과정을 거쳐야 한다. 이는 각 국가별로 상이한 법의 해석이 걸림돌이 되기도 하며, 국가 내 정치적인 판정에 휘둘리기도 한다. 법의 절차에 있어서도 처리 속도가 각 법정의 사정에 의해 크게 상이하다. 그러므로 국제 마케팅에서 법적인 문제를 법적 소송으로 끌고 가기보다는 최대한 양 당사자 간 합의를 통해 원만하게 해결하기 위해 노력하는 것이 절대적으로 필요하다.

해외 소송 사례(인도시장의 Starbucks vs Sardarbuksh Coffee 소송)

인도 지식재산권과 관련해 한국 기업들이 가장 우려하는 문제점 중 하나로 과연 인도에서 실효적으로 권리가 보호될 수 있을 것인지 특히 소송을 통한 침해 구제가 실질적으로 가능한 것인지를 손꼽을 수 있다. 인도의 사법체계가 효율적이지 않고 신속한 재판이 이뤄지지 못하는 경우가 비일비재해 이러한 우려가 실제 현실인 점을 부정하기는 어려울 수 있고 지식재산권 분야는 전통적인 소송 분야가 아닌 점에서 그러한 우려가 더 높을 수 있겠으나 최근 인도 법원의 지식재산권 침해 구제 판결 동향을 살펴보면 이미 인도의 제도 개혁이 실효성을 갖고 실질적으로 침해 구제가 현실화되고 있기도 하다는 점을 발견할 수 있다. 그 중에서도 한국 기업에 널리 적용될 수 있는 2018~2019년 최근 상표권 침해 구제 소송사례를 소개함으로써 글로벌 기업들이 인도에서 현지 기업으로부터 상표권을 침해당한 경우 어떻게 대응했고 이에 대해 인도 법원은 어떻게 침해 상태를 해소하고자 했는지 살펴보고자 한다.

최근 미국 스타벅스사는 인도에서 델리에 본사를 둔 커피 체인점 '사다벅쉬'를 유사한 이름과 로고를 사용했다는 이유로 소송을 제기했다(Starbucks Corporation vs Sardarbuksh Coffee & Co. & Ors. CS(COMM) 1007/2018). 문제된 침해 상표가 상호명분만 아니라 로고도 유사하다는 점이 주요 쟁점으로 제기됐고 해당 상표가 음운적으로나 시각적으로 스타벅스의 상표와 고의적으로 소비자를 속이기 위한 정도로 유사한지 여부가 상표권 침해를 판단하는 핵심 요소였다. 인도 상표법은 두 상표를 함께 비교해 볼 때 소비자를 기만하는 정도로 유사한 경우에 기존에 등록돼 있는 상표와 유사한 상표는 등록될 수 없도록 규정하고 있다.

글로벌 커피 유통 체인 회사인 스타벅스사는 2001년 인도에서 스타벅스라는 단어와 '긴 머리에 왕관을 쓴 여성'을 묘사한 로고를 등록한 바 있고 사다벅쉬사는 2015년 벤처기업 '사다벅쉬 커피앤코Sardarbuksh Coffee & Co'로 시작해 2018년 5월 Sardar Buksh Private Limited라는 주식회사를 설립해 커피 체인점 영업을 해오고 있었다. 두 개사가 제공하는 상품 및 서비스가 동일 또는 유사한 카테고리Class에 속하며 조마토Zomato, 저스트다이얼JustDial 등과 같은 소비자 구매 서비스 플랫폼에서 소비자들을 혼란스럽게 할 가능성이 매우 높았다.

결국 2017년 스타벅스사는 사다벅쉬사에 상표권 침해에 대한 통고장을 보냈고 그 뒤 사다벅쉬사는 로고를 일부 수정하는 등 노력을 기울이기도 했다. 하지만 근본적인 상표권 침해 상태는 해소되지 못했고 결국 스타벅스사는 상표권 침해에 대해 소송을 제기하게 됐다. 이에 대해 델리 고등법원은 사다벅쉬사는 SardarBuksh라는 이름을 Sardarji-Bakhsh로 변경하고 둥근 로고 사용을 중지했다. 또한 마케팅 자료에서 녹색 기타 스타벅스의 주 상표 색상을 사용하는 것을 자제하도록 결정함으로써 글로벌회사인 스타벅스에 대한 인도 로컬회사의 상표권 침해 상태가 어느 정도 해소될 수 있게 됐다.

스타벅스 소송처럼 인도 현지기업이 글로벌 자동차 및 운송회사인 볼보사의 'VOLVO'의 상호명을 이용해 소비자를 기만할 수 있는 동일 또는 유사 상표를 사용했다. 볼보사는 전 세계에 VOLVO라는 상표로 제품을 제조하고 관련 서비스를 제공하고 있으며, 이러한 핵심사업 이외에도 해당 상표는 기타 관련 제품, 서비스 및 사업에서 광범위하게 사용되고 있으며, 해당 상표권은 인도에도 등록돼 있다.

그런데 인도 현지회사인 R. S. Yadav Volvo Bus Services Pvt Ltd는 여객운송사업 버스에서 VALVO라는 상표를 사용했던 것으로 밝혀졌다. 이에 대해 볼보사는 피고들이 'VOLVO' 또는 'VALVO'라는 상표를 기만적으로 사용하는 것을 제지하기 위해 상표 사용 금지 가처분 소송을 제기하게 됐다(AKTIEBOLAGET VOLVO & ORS. vs. BHAGAT SINGH & ORS. CS(COMM) 109/2019).

델리 고등법원은 이에 대해 볼보사가 주장한 내용을 받아들여 이 인도 회사는 영구적으로 VOLVO라는 상표를 사용하지 않도록 금지 명령을 내리고 VALVO 등 유사한 상표를 기만적으로 사용하는 것도 금지했다. 아울러 20만 루피의 금전 보상과 함께 R. S. Yadav Volvo Bus Services Pvt Ltd 법인명에서도 'VOLVO' 단어를 삭제하도록 하는 등 인도 법원이 적극적으로 상표권 침해를 해소하고자 한 사례로 볼 수 있다.

이 사건은 침해 기간이 상당히 길었으나 이에 대한 상표권 침해 주장이 없었고 상표가 사용된 사업 카테고리가 다르다는 점에서 스타벅스나 볼보 사안과는 조금 다른 형태의 상표권 침해 소송 사례로 볼 수 있다. 인도 법원은 이 사안에서도 적극적으로 상표권 침해 상태를 해소하기 위한 결정을 내려 지식재산권을 실효적으로 보호하고자 했다.

스즈키사Suzuki Motor는 글로벌 사업을 하고 있는 자동차회사로 세계적으로 약 169개국의 상표 등록이 되어 있으며 1972년에 인도에서 상표권을 등록한 바 있다. 인도 회사 Suzuki(India) Limited는 이미 글로벌회사인 스즈키사가 인도에 알려져 있던 당시에 사업을 시작해 금융사업을 해 오고 있었다. 이에 대해 스즈키사는 피청구인 회사가 이러한 글로벌 회사의 명성을 이용해 악의적으로 법인 상호명을 등록했고 간접적으로 스즈키사와 관계회사인 것으로 소비자를 기만하고 오도했다고 주장했다(Suzuki Motor vs Suzuki (India) Limited CS(COMM) 235/2018 & I.A.8507/2019). 이에 대해 피청구인 인도 회사는 스즈키사의 상표에 대해 알고 있지 못했으며, 상표는 설립자 성과 관련이 있으며, 스즈키사가 25년 동안 이러한 상표 사용에 대해 침묵하다가 이제서야 이러한 주장을 한다는 점은 받아들여져서는 안 된다고 반론했다.

이에 대해 델리 고등법원은 25년 전 당시에도 글로벌 다국적 기업인 스즈키사의 상표는 인도에 널리 알려져 있었으며, 침해사실이 인정된다면 오랜 기간 상표권 침해에 대해 적극적으로 주장하지 않았다고 하더라도 문제되지 않는다는 점을 명확히 했다.

매매계약 체결 시 또는 사업 초기에 양해 각서를 작성함에 있어서 클레임이나 법적 갈등이 발생할 때 처리 절차와 어떤 법률과 국가(장소)에서 처리할지를 명확하게 규정하는 것이 필요하다. 향후에 혹시 모를 분쟁의 소지를 미연에 방지하기 위해서 반드시 합의해야 할 사항이다.

3. 국제 마케팅 관련 법적 문제

1) 라이센싱 부여

국제 마케팅에서 있어서 해외 진출 전략 중 라이센스license를 제공하는 것으로 수출보다는 좀 더 적극적인 전략이다. 라이센스 제공자licensor가 라이센스 수혜자licensee에게 상표, 특허, 기술 또는 무형자산 등을

사용하는 권한을 주는 것으로서 반대급부로서 로열티loyalty을 받는 것
이다. 다시 말해서 라이센스 제공자가 수혜자에게 자신의 상표나 기술
을 이용하여 영업을 하도록 허용하고 그 사용료를 받는 형태이다.

라이센스를 제공하는 데 있어서 법적인 보호를 받기 위해서는 아래
와 같은 내용에 있어 명확하게 관리할 필요가 있다.

라이센싱 계약상 주의사항

① 단순한 제조 권리만 제공 여부 또는 제조 포함하여 이용 및 판매 권리까지
   제공 여부를 명확하게 기재해야 함.
② 이전되는 자산의 가격 결정 방법 포함.
③ 라이센싱 계약에서 제공되는 구체적인 자산 기재.
④ 제공받은 기술을 제3자에게 다시 라이센싱 가능 여부 합의.
⑤ 독점적 권리 제공 여부 포함.
⑥ 기술 수혜자의 판매 범위 결정 언급.
⑦ 제품과 제조 과정의 이용 분야도 명확히 기재.

위와 같이 라이센싱 과정에 필요한 사항은 여러 핵심적인 사항이
있어 세심한 계약 체결이 우선적으로 선행되어야 한다.

2) 지적 재산권 보호

지적 재산권은 여러 가지 형태로 있는데, 특허patent, 상표권trademark
및 저작권copyright 등이 대표적이다. 특허特許는 발명품, 기술, 절차 등을
개발한 특정인의 권리를 보호하기 위해 일정한 법률적 권리나 능력,
포괄적 법률 관계를 설정하는 것이다. 상표권은 등록상표를 특정물품

에 사용하는 권리를 말하는데, 등록된 상표권은 법상 10년까지 보호를 받으며 10년 주기로 갱신이 가능하다. 상표권을 침해하거나 도용하는 경우에는 상표법에 의해 형사상 처벌을 받거나 민사소송으로 손해배상청구를 받을 수도 있다. 저작권은 인간의 사상이나 감정을 표현한 창작물에 독점적이면서 배타적 권리를 의미한다. 저작권은 저작권자의 생존 기간뿐만 아니라 사후 70년까지 법적으로 보호된다.

지적 재산권 보호를 위한 법은 국제협약으로 1883년 최초로 파리조약인 산업재산보호에 관한 국제협약이다. 이 협약에 이은 1886년 베른 조약이 국제협약으로 체결되어 민·형사상 책임과 형사 처분이 가능하게 되었다. 지적 재산권 보호를 위해 더 강화된 법안이 필요한 분위기가 유럽 사회에 조성되어 1978년 유럽특허협조조약EPC: European Patent Convention이 체결되었다. 이 조약의 특징으로 한 번 특허 신청으로 모든 가맹국에 적용되어 20년간 유효하다는 것이다. EPC는 1963년에 체결된 스트라스부르크Strasburg 조약이 모태되어 조약이 최종 체결되었다. 현재 국제사회에서 통용되는 국제법은 1995년에 WTO에서 최종 체결된 TRIPS Agreement on Trade-Related Aspects of Intellectual Property Rights가 있다. TRIPS의 특징으로 특허권의 최소 20년 이상 보장과 저작권의 50년 이상을 보장하는 내용을 골자로 하고 있다.

진출국가에서 자신의 상표를 가지고 해외 진출 시 반드시 상표권을 현지 국가에서 획득 가능한지를 체크해야 한다. 또한 가능한 빨리 진출국가에서 상표 등록을 하도록 실행에 옮겨야 하며 법적인 절차와 내용에 대해 심도 있게 파악해야 한다. 또한 특허와 저작권에 대한 보호가 필요한 경우 현지국가의 법률에 대한 이해를 충분히 한 상태에서 진행하는 것이 합리적이며 철저한 대비가 급선무이다.

3) 독과점 금지

국제시장에 진출하는 데 있어서 한 기업의 시장점유율이 너무 과도하게 높아 시장에서 독점적 지위를 획득하는 경우에 대비하여 각 국가별로 독과점 규제법을 제정하는 것이 일반적이다. 그 정도의 차이는 있으나 근본적으로 Antitrust법으로 한 기업의 독점적 권한 남용을 막기 위해 각 국가별로 법적으로 규제하고 있다.

국제 마케팅으로서 해외 진출을 하고자 하는 기업은 반드시 독과점 금지법이 진출국가에서 어떠한 가이드라인과 규제를 담고 있는지 확인할 필요가 있다. 또한 시장점유율과 독과점 형태에 있어 특정한 규제의 적용이 되는지 여부를 확인하는 것이 필요하다. 반드시 법적 환경에서 독과점 금지법에 대한 연구와 규제조건 등의 세부사항을 확인해야 하는 것이다.

독과점 관련 소송의 예

해외에서도 소프트웨어 및 인터넷기업들의 독과점 문제는 뜨거운 감자다. 가장 널리 알려진 것은 1998년 미국정부가 마이크로소프트를 상대로 제기한 독점금지법 위반에 대한 소송이다. 재판의 핵심 이슈는 시장지배력 전이 문제였다. 마이크로소프트가 운영체제(OS) 윈도우에 인터넷 브라우저 프로그램 익스플로러를 끼워 팔았던 게 문제가 됐다.

가장 최근에는 검색시장에서 구글의 독과점 행태가 논란이 됐다. 현재 구글은 EU와 미국에서 규제기관으로부터 독점 및 불공정거래에 관한 조사를 받고 있는데 그 결과에 전세계 이목이 쏠리는 있다. 네이버 역시 구글과 유사한 사업을 영위하고 있다는 점에서 방통위 및 공정위에게 유의미한 참고자료가 될 것으로 보인다.

현재 구글의 미국 온라인 검색시장 점유율은 67%, 검색광고 시장점유율

은 75%으로 추정된다. 대부분 인터넷 이용자들이 구글을 통해서 정보활동을 하는 셈이다. 여기서 크게 두 가지 문제점이 제기되고 있다.

첫 번째는 가격 남용과 중립성에 대한 이슈다. 일례로 가격비교 쇼핑 서비스인 넥스태그는 트래픽이 줄어들자 원인이 찾고자 했다. 곧 구글 검색에서 사이트가 뜨지 않아 이용자 접점을 좁아졌다는 것을 깨달았고, 어쩔 수 없이 검색광고 비용을 높여 방문자 수를 유지해야만 했다.

검색정책에 중소 사업자들의 생존이 달렸지만 구글이 플랫폼으로서 책임감을 느끼고 상생하기보다는 독점력을 이용한 수익성 극대화의 길을 택했다는 게 넥스태그 측의 설명이다.

마이크로소프트처럼 '끼워팔기'에 대한 불만의 목소리도 크다. 구글은 이커머스, 사회관계망서비스(SNS) 등 다양한 사업을 영위하고 있는데 검색시장에서의 지배력을 이용해 이들의 노출도를 높이고 있다는 것이다. 경쟁업체들은 "공정하지 못하다"며 불만을 표하고 있다.

실제 네이버도 이와 비슷한 문제를 안고 있다. 우선 최근 몇년간 검색광고 정책을 끊임없이 변경하며 단가PPC: Pay Per Click를 인위적으로 높이려 했다는 의혹이다. 특히 지난해 키워드 숫자를 제한한 것에 대해 많은 광고주들이 "납득이 되지 않는 기준으로 입찰경쟁을 심화시켰다"며 크게 반발하기도 했다.

또 시장지배력 이전 문제도 여전히 풀리지 않고 있다. 네이버는 예전 파트너사들과 등 돌리면서까지 사업 다각화에 나섰고, 시작페이지 및 검색결과 연동 등으로 시장점유율 확대를 꾀하고 있다.

하지만 해외에서도 구글을 제재하는 것에 대해 논란이 많다. 반대하는 입장에서는 아무리 구글이라 하더라도 새로운 서비스를 앞세운 도전자들과의 위협에서 벗어날 수 없다고 말한다. 자칫 섣부른 규제는 역차별로 작용할 수 있다는 이야기다.

아울러 혁신을 통해 정보의 제공 및 공유 측면에서 이용자에게 많은 가치를 선사한 기업에게 칼을 대는 것 또한 올바르지 않다는 주장도 나온다. 서비스 확장을 통해 업계가 혼탁해지기도 했지만 이용자 만족도와 편의성은 대체로 올라갔다는 설명이다.

따라서 전문가들은 무조건 규제하기보다는 구글의 잘못을 명확히 인지시키고 독점력 활용보다는 혁신을 계속할 수 있도록 도와주는 게 최선이라고 말한다. 이는 네이버에게도 유용한 조언이 될 것으로 보인다.

—출처: 2012년 12월 17일 토마토 뉴스

제5장

경쟁 환경

1. 경쟁 환경의 개념

기업이 진출국의 진입에 앞서 해외시장의 현재 경쟁사는 어떤 기업이며 현재 상황을 제대로 파악해서 대응하는 것이 사업의 성패를 좌우한다고 해도 과언이 아니다.

마이클 포터Michael Porter 교수가 제시한 파이브포스모델Five Force model은 산업구조에서 경쟁의 상황과 산업매력도를 평가하는 평가수단이다. 경쟁구조를 파악하는 것은 산업에서 기업의 수익 정도를 알려주는 핵심사항이라고 할 것이다. 아래의 〈그림 2-1〉은 five force model를 간단하게 나타낸 것인데, 기업이 진출하고자 하는 시장에 신규진입자, 산업 내 경쟁, 구매자의 교섭력, 공급자의 교섭력 및 대체제의 위협이 경쟁요소이며, 이를 제대로 파악해서 산업매력도를 평가해야 한다.

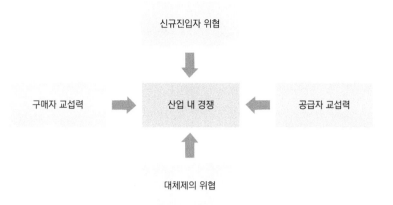

〈그림 2-2〉 Michael Porter의 five force model

　현지시장에서 영업을 하고 경쟁사에 대한 면밀한 분석은 필수이고, 예상되는 신규진입자는 어떠한지를 예측해 봄으로써 향후 잠재적인 경쟁사를 가늠해 볼 수 있다. 더욱이 제품을 납품하고 있는 공급사도 미래 잠재적인 경쟁자로 보는 것이 필요하다. 이들은 계속적인 공급으로 시장정보와 제품정보 및 고객층에 대한 실제적인 고급정보를 얻을 가능성이 높다. 또한 구매사도 해당 제품에 대해 계속적인 구매에 의해 얻게 된 업계정보와 고객업체에 대한 핵심사항을 이용하여 다른 공급업체를 만들어 고객에 납품한다면 미래 잠재적 경쟁자로 예상해 볼 수 있다. 공급하고 있는 제품에 대하여 대체제가 시장에 출시되면 시장에서 위치를 잃게 되어 공급량이 줄어드는 경우도 있으므로 대체제의 출현도 경쟁으로 고려되어야 한다. 마지막으로 산업내 경쟁의 정도를 명확하게 파악하는 것은 무엇보다 중요하다. 가장 유사한 제품과 서비스, 품질로 만들 가능성이 높고, 산업내 소비자층이 겹칠 수 있어 잠재적, 실질적으로 가장 위협이 되는 경쟁상대가 될 가능성이 매우 높다고 할 것이다.

2부 요약 정리

해외시장 진출을 위해 환경 분석은 매우 중요하다. 환경 분석은 일반적으로 정치적 환경, 경제적 환경, 사회·문화적 환경, 법률적 환경 및 경쟁 환경으로 구분된다.

첫째, 정치적 환경은 해외시장의 정치적 위험을 측정하는데, 델파이기법인 BERI system Business Environment Risk Index system과 계량적 방법인 PSSI Political System Stability Index이 일반적으로 사용된다. 이러한 정치적 위험을 측정한 결과를 바탕으로 국제 마케팅 전략에 반영하게 된다.

둘째, 경제적 환경은 해외시장을 둘러싸고 있는 글로벌 경제 환경, 지역적 경제통합, 다자간 무역협상 등의 현 상황을 진단하는 것이다. 이러한 진단 결과를 바탕으로 필요한 전략을 수립하는 것이다.

셋째, 사회·문화적 환경을 이해하는 것은 국제 마케팅에서 매우 중요하다. 문화, 준거집단, 사회계층 및 가족은 개인의 소비에 큰 영향을 미치는 요소이다. 따라서 현지 진출국가의 각 사회·문화적인 현상을 이해해야 적합한 마케팅 전략 구축이 가능하다.

넷째, 법률적 환경은 해외시장에서 계속적 영업 행위에 있어 절대적인 영향을 미친다. 또한 다른 법체계를 구성하고 있는 국가의 경우 상당히 면밀하게 분석할 필요성이 있다. 만약 법률적 체계를 제대로 파악하지 않는다면 비즈니스 전체가 위협에 봉착할 수도 있다.

다섯째, 해외시장에 존재하고 있는 경쟁사에 대해 파악하는 것은 여러 가지 전략 구사에 있어 핵심적인 요소이다. 따라서 기업은 해외시장에서 경쟁사의 제품, 서비스 및 마케팅 전략에 대해 세부적으로 파악해야 한다.

토의 문제

1. 국제 마케팅에서 해외 진출국의 정치적 위험을 측정하는 방법은 무엇이 있는지 서술하라.

2. 경제적 환경을 파악하는 것은 매우 중요한데, 대표적 경제적 환경은 무엇이 있는가?

3. 사회·문화적 환경을 파악하기 위해 일반적으로 분석하는 요소는 어떠한 것이 있는가?

4. 법률적 환경은 파악하는 것은 왜 중요한지 서술하라.

5. 경쟁 환경을 분석하는 방법으로 마이클 포터의 5-Force 모델이 있는데, 이 모델의 개념과 요소를 설명해 보라.

제**3**부
국제 마케팅 조사 분석

제1장

국제 마케팅 조사 개념

국제 마케팅 조사는 기업이 해외시장 기회와 문제를 발견하고 정의하기 위해 해외 현지시장의 정보를 얻고자 하는 모든 활동을 의미하며, 마케팅 조사를 통해 얻은 정보를 활용하여 마케팅 실행과 평가가 가능하고 마케팅 성과를 파악할 수 있다.

마케팅 조사는 크게 두 가지로 나눌 수 있는데 '문제의 발견/확인'과 '문제 해결'이 있다. 여기에서 문제의 발견/확인은 시장잠재력 조사, 시장점유율 조사, 시장특성과 매출 분석 조사 등이 있다. 문제 해결은 문제의 확인을 통해 도출된 내용을 바탕으로 해결책을 제시하는 것이기에 시장세분화 조사, 제품·가격·유통·홍보 조사 등을 예로 들 수 있다. 즉 신제품 출시를 위해 실행되는 제품의 품질수준, 가격, 판촉활동, 유통에 있어 가장 적합한 해결책을 제시하는 것을 의미한다.

제2장

국제 마케팅 조사 절차

1. 국제 마케팅 조사 문제의 확인

국제시장에 대한 조사를 실시하기에 앞서 관리자와 조사자 간의 조사 문제에 대한 명확한 정의를 확인하는 과정이 필요하다. 그리고 조사의 목적이 어떻게 되는지 투명하고 정확하게 설정함으로써 마케팅 조사를 통해 효과성 극대화가 가능하다. 목적이 방향성과 구체성을 상실한 경우에는 마케팅 조사에 따른 결과가 전혀 다른 방향으로 치우치거나 내실없는 것으로 끝나 버릴 가능성이 높다.

2. 국제 마케팅 조사 계획 수립

1) 조사 유형과 자료 유형 결정

현지시장조사를 위해서는 조사 유형을 선정해야 한다. 전체적인 조사 유형은 탐험적 조사exploratory research, 기술조사descriptive research, 인과 관계 조사causal research로 구분된다.

첫째, 탐험적 조사는 마케팅 조사의 문제가 불명확하거나 기본적 사실이나 통찰을 획득하기 위해 실시하는 것이다. 다시 말해서 조사 자가 현지 시장정보에 대해 잘 모르는 상황에서 행하는 조사이다. 탐험적 조사의 종류는 표적 집단 인터뷰, 심층면접 등의 정성조사가 일반적이다. 탐험적 조사 이후 기술 조사나 인과 관계 조사가 통상적 으로 이루어진다.

둘째, 기술조사는 표적모집단 또는 시장의 특성에 관한 자료를 수 집, 분석하여 최종 결과를 도출한다. 기술조사는 서베이survey, 관찰 observation 또는 실험experiment 등의 방법으로 이뤄지며, 소비자의 태도, 구매행동, 시장점유율 등의 자료를 산출해낸다. 기술조사에 의해 의 사결정권자는 고객에 관한 정보, 경쟁자의 주요사항 및 기타 관심사 항에 대해 알게 된다.

셋째, 인과 관계 조사는 종속변수와 독립변수를 조사 목적에 맞게 설정하고 독립변수가 종속변수에 영향을 통계적으로 유의하게 주는 지 검증하는 조사이다. 즉, 두 개 이상의 변수 관계를 통계적으로 검증 하여 마케팅현상에서 인과 관계 조사에 의해 원인을 밝힌다. 추가적 으로 어떠한 경영상 조치로 어떤 결과를 나타낼 것인지를 예측하게 해 준다.

마케팅 조사에서 자료의 유형은 크게 1차 자료와 2차 자료로 나눠진다. 여기에서 1차 자료는 설문지, 인터뷰 등과 같이 조사자가 직접 수집한 자료를 말한다. 2차 자료는 기존에 있는 자료 구조를 말하며, 조사자가 다른 연구기관이나 개인에 의해 작성된 자료를 활용하는 것이다. 2차 자료는 1차 자료에 비해 수집이 용이하고 관련 내용에 부합한 경우에는 상당히 유용한 자료가 될 수 있다. 필요한 자료를 2차 자료에서 수집한 이후에 1차 자료를 수집하는 것이 더 효과적이다. 하지만 너무 오래된 자료이거나 조사목적에 부합하지 못한 경우에는 그 사용에 있어 주의해야 한다.

2) 자료수집 방법 결정

자료를 수집하는 방법은 크게 1차 자료수집 방법과 2차 자료수집 방법으로 구분 가능하다.

첫째, 1차 자료수집 방법은 관찰법, 표적집단면접법, 실험법, 서베이법으로 나눠진다. 관찰법은 조사자가 조사대상을 관찰하여 자료를 수집하는 방법이다. 이는 마트에서 진열된 경쟁 브랜드, 상품 등의 정보를 관찰을 통해 확보함으로써 서베이 조사법보다 정확한 자료 수집이 가능하다. 표적집단면접법은 8명 내외의 집단을 구성하여 한 장소에 한 주제를 가지고 토론함으로써 자료를 획득하는 방식이다. 표준집단면접법은 가설의 도출이나 탐험조사 등에 주로 쓰이는 방식이다. 실험법은 인과 관계 조사를 위해 원인이 되는 변수를 다른 집단에 각각 적용하여 다른 결과를 나타내는지 조사함으로써 인과 관계를 규명하는 방식이다. 이때 주의할 점은 외생변수가 발생할 가능성이 높아 이를 통계적으로 적합하게 통제해야 한다. 마지막으로 서베이법은 설문지를 이용하여 조사자가 조상대상자를 만나거나 전화, 전자우편 등으로 설문자료의 결과를 수집하는 방식이다. 관찰법에 비해 폭넓은 자료수집이 가능하고 응답자의 의도와 태도 등을 확인 가능하므로 1차 자료로서는 가장 많이 활용되는 방법이기도 하다.

둘째, 2차 자료는 인터넷 자료를 이용한 자료 수집 방법 또는 문헌집, 학술지 및 책을 통한 자료 수집 방법 등이 있다. 국내 통계청 및 각 기관에서 발표한 공식적인 자료가 있으며, 해외 공식 기구에서 발행한 내용도 중요한 자료가 된다.

3) 조사대상 결정

위의 자료 유형과 자료수집 방법에 따라 조사 대상을 결정하게 된다. 조사 목적에 따라 모집단을 선정해야 한다. 모집단 전체를 조사하는 것은 전수조사*라고 부른다. 일반적으로 모집단 전체를 조사하는 것은 현실적으로 어렵다. 따라서 조사자는 모집단을 대표할 수 있는 표본 집단을 선정하게 된다.

모집단에서 표본 집단을 선정함에 있어서 확률적 방법과 비확률적 방법으로 나눠지게 된다. 확률적 방법은 단순무작위표본, 체계적 표본, 층화표본, 군집표본으로 구분되며, 비확률적 방법은 편의표본, 판단표본, 할당표본, 눈덩이표본으로 나눈다.

아래의 〈표 3-1〉 확률적 및 비확률적 방법에 대해 간략하게 정리한 것이다.

---

* 전수조사: census

〈표 3-1〉 표본추출 방법

구분	표본추출 방법	개념 설명
확률적 표본추출	단순무작위표본	• 개념 및 장점: 단순하게 무작위로 추출하는 것으로 표본추출이 쉽고 자료 분석 결과가 대표성을 나타내는 장점이 있다. • 한계: 모집단 전체목록을 구하기 어렵고, 모집단이 소규모인 경우 적합하다.
	체계적 표본	• 개념 및 장점: 표본추출간격을 모집단 크기를 표본크기로 나눠서 추출간격을 정한다. 이로 인해 무작위성이 확보되는 장점이 된다. • 한계: 추출간격이 동일하여 패턴이 나타내는 경우 오류가 발생할 수 있다.
	층화표본	• 개념 및 장점: 모집단이 다수의 그룹들로 구성된 경우 각 그룹에서 무작위로 추출하는 경우이다. 장점으로서 모집단에 대한 표본의 높은 대표성을 가진다. • 한계: 잘못된 기준변수를 선정하는 경우 대표성은 현저하게 떨어진다.
	군집표본	• 개념 및 장점: 모집단이 유사한 그룹으로 구성되어 있는 경우 각 그룹은 대표성이 높다. 무작위로 한 그룹을 선정하는 방법이다. 이로 인해 비용이 경제적이며 실행의 편의성이 동반되는 장점이 있다. • 한계: 각 집단이 유사성을 보이지만 잘못된 집단을 선정하는 경우 모집단을 대표하지 못하는 단점이 있다.
비확률적 표본추출	편의표본추출	• 개념 및 장점: 조사자가 편리한 장소와 시간을 선정하여 표본추출하는 것이다. 적은 비용과 시간사용은 장점이다. • 한계: 표본의 모집단 대표성이 떨어진다.
	할당표본추출	• 개념 및 장점: 모집단에서 인구 통계적 특성 또는 거주지를 사전에 정해진 비율로 할당하는 방법이다. 이로써 편의표본보다는 대표성이 높다. • 한계: 모집단에 대한 사전 지식이 필수이다.
	판단표본추출	• 개념 및 장점: 조사자의 조사목적에 적합할 것이라는 판단으로 표본을 선정한다. 해당 분야 전문가인 경우 유용한 추출 방법이다. • 한계: 판단표본추출이 편의표본추출보다 더 대표성이 높다고 판단하기는 어렵고, 기대에 지나지 않는다.

4) 자료 분석 방법 결정

자료 분석 방법은 정성조사와 정량조사로 구분된다. 정성조사에는 투사법, 표적집단면접FGI: Focused Group Interview, 심층면접법 등이 있다. 정성조사에 의해 얻은 정보는 주로 비계량적 방법으로 조사자의 주관을 포함하여 연구를 실시하는 것이다. 반면에 정량조사에는 서베이법, 관찰법, 실험법 등으로 구분된다. 정량조사는 계량적 방법으로 조사된 자료를 통계 프로그램을 이용하여 통계적으로 분석하는 것이다.

3. 국제 마케팅 조사 실시

1) 자료 수집

국제 마케팅 조사의 가장 중요한 것은 적절한 실행을 하는 데 있다. 조사의 목적을 달성하기 위해 조사 계획에 따른 자료 수집은 핵심적인 사항이며, 조사 계획대로 실행이 어려운 경우에는 자료수집 방법이나 조사 대상의 전환을 고려해야 한다. 자료 수집에 있어서 조사원에게는 필요한 교육이 선행되어야 하며, 조사원이 설문조사에 지나치게 개입하지 않도록 해야 한다. 또한 실험법을 할 때 최대한 외생변수가 개입되지 않도록 주의해야 하고, 관찰법에 있어서 관찰자의 과도한 주관과 상황 개입이 되지 않도록 주의하고 최대한 현상 그대로를 관찰하도록 해야 한다. 즉 객관적 관찰이 무엇보다 중요하다는 것을 의미한다.

2) 자료 분석

조사 계획대로 수집된 자료에 대한 분석을 실시해야 한다. 자료의 종류는 1차 자료와 2차 자료가 될 것이다. 1차 자료는 관찰, 설문, 실험 등의 방법으로 수집한 자료로서 통계적 방법으로 자료를 분석하는 것이다. 또한 2차 자료는 공식기관 또는 세계기구에서 발표한 자료인데, 시계열 분석time series analysis 또는 패널자료 분석Panel data analysis을 통해 객관적이고 유용한 분석 자료를 창출해 내기도 한다.

인과 관계 분석에서는 독립변수가 종속변수에 유의미한 영향을 미치는지를 통계적으로 분석하여 연구 모형이 결과적으로 유효한지를 판단하는 것이다. 인과 관계 분석을 위해서는 문헌조사와 이론의 적용에 있어 신중하게 접근하는 것이 요구된다. 만약 이론적으로나 문헌적으로 검증되지 않는 모형은 그것을 증명하는 것이 쉽지 않아 더 많은 방법과 정교한 이론적 구성이 되어야 한다.

3) 정보의 추출

국제 마케팅 조사에서 연구된 분석 결과를 통해 알게 된 정보를 찾아서 현업에 적용 가능한 것을 도출하는 것은 국제 마케팅 조사를 하는 최종 목적이다. 연구 조사 결과 분석을 통해 정보를 추출하지 못하는 것은 의미 없는 것이며 현학적인 것에 불과하다. 다시 말해서 국제 시장 조사로부터 나온 결과를 바탕으로 정보를 만들고 적합한 전략을 도출하는 것은 핵심적인 활동이 되며 마케팅 조사를 하는 진정한 의미일 것이다.

4. 국제 마케팅 조사결과의 발표

국제 마케팅 조사의 마지막 단계로서 보고서를 작성해서 프레젠테이션을 하는 단계이다. 보고서는 전반적인 조사의 절차, 조사 방법, 결과 분석, 유의미한 정보의 도출 및 향후 전략 전환 또는 수립에 영향을 줄 수 있는 것으로 작성되는 것이다. 이는 보고서 작성에 따른 문서 제출 또는 구두로 발표하는 방식으로 이루어진다. 최대한 보고서는 간결하면서 객관적으로 작성되어야 하며, 유의미한 정보를 제시하는 것이 필요하다. 구두보고나 문서제출로 관리자와 조사자는 상호 의사소통으로 향후 전략 수립을 논의하는 과정도 필요하다. 특히 국제시장에 대한 현지를 방문하거나 전문가 그룹 인터뷰 또는 설문조사를 통해 심층 조사를 한 국제시장조사자는 글로 표현하지 못한 더 많은 정보가 있을 수 있기 때문에 기업의 관리자는 조사자의 의견과 주관적인 통찰력 등을 얻기 위해 토론의 과정이 필요한 것이다.

제3장

국제시장 수요 예측

국제시장에 대한 수요 예측 방법으로 아래와 같이 세 가지로 일반적으로 구분된다(Green & Keegan, 2020). 정확한 수요를 담보하기는 어렵지만 대략적인 수요 예측으로 기업 활동의 최소한 기준점이 되므로 유용한 방법이라고 할 것이다.

1. 국제시장 소득탄력성

진출국가의 소득이 얼마나 되며 해당 제품에 대한 소득의 변화에 따른 수요의 변화의 정도가 어떻게 되는지는 매우 중요하다. 여기에서 소득탄력성Income Elasticity Measurements은 소득의 증가에 따른 수요의 변화 정도를 나타내는 지표이다. 만약 해당 제품이 진출국에 없는 경우에는 유사한 제품의 소득탄력성을 조사하는 것도 한 방법이라고 할 것이다.

소득탄력성에 대한 정보는 미래 시장의 잠재력을 가늠할 수 있어 필수적인 정보이다.

국제 마케팅에서 해당 제품에 대한 올해 수요를 산출하기 위해서는 지난해의 수요금액이 필요하다. 지난해 수요금액에 소득탄력성지수와 소득증가율을 곱해서 올해 수요를 산출하는 방식이다. 소득탄력성은 해당 국가 자료에서 2차 자료로서 사용이 가능할 것이다. 만약 2차 자료에서 확인이 불가한 경우에는 최근 3년 또는 5년 치의 소득수준과 수요의 변화에 대해 소득탄력성 공식을 활용하여 평균값으로 사용하게 된다. 아래와 같이 간단하게 표현해 볼 수 있다.

2021년 제품 X의 수요금액
=
2020년 수요금액 x (소득탄력성 x 소득증가율 %)

수요는 단기간에 쉽게 변하는 것이 아니기 때문에 위의 방법으로 최근 수요 자료와 소득탄력성, 소득증가율로서 올해 수요를 예상할 수 있다.

2. 국제시장의 유추법類推法: analogy

국제시장에서 대략적인 수요를 예측하기 위해 아래의 두 가지 방법이 활용된다. 첫째, 유사한 국가에서 수요와 연관성이 있는 요인(예를 들어, 1인당 국민소득 등)에 대비하여 수요를 산출하고, 이 자료에 유추하여 진출국가의 수요를 알아보는 방식이다. 즉, 아래의 방법으로 유

사한 국가인 A국가의 수요를 유추하여 진출국가(B 국가)의 수요를
예상할 수 있다.

$$\frac{D_a}{I_a} = \frac{D_b}{I_b}$$

D_a: A국가의 수요, I_a: A국가의 1인당국민소득, D_b: B국가의 수요, I_b: B국가의 1인당국민소득

여기에서 진출하고자 하는 B국가의 수요를 산출하기 위해 A국가의
1인당 국민소득 대비하여 수요(D_a)의 값을 산출하여 B국가의 수요(D_b)
를 도출할 수 있는 것이다. 위와 같은 분석 방법을 횡단 비교법이라고
한다.

둘째, 수요를 예측하는 방법으로 시간 치환 유추법이 있다. 진출국
가의 수요를 산출하기 위해 다소 유사한 두 국가가 시장발전 단계를
비슷하게 거친다고 가정하여 산출하는 방식이다. 즉, A국가가 기간
2010의 수요라고 한다면 B국가는 시장발전 단계상 기간2021의 수요
와 유사하다고 가정하고 산출하는 것이다. 그 계산식은 아래와 같이
시간 치환 유추법을 활용할 수 있는 것이다.

$$\frac{D_a 2010}{I_a 2010} = \frac{D_b 2021}{I_b 2021}$$

$D_a 2010$: A국가 기간2010의 수요, $I_a 2010$: A국가의 1인당 국민소득,
$D_b 2021$: B국가 기간2021의 수요, $I_b 2021$: B국가의 1인당 국민소득

결국 시간 치환 유추법으로서 B국가의 기간2021의 수요는 시장발
전 단계로 예측하건대 A국가의 기간2010과 유사하다고 가정하여

D_a2010, I_a2010, I_b2021의 값을 알고 있으므로, B국가의 수요인 D_b2021
이 산출되는 것이다.

3. 국제시장의 수요 현황 분석_{Demand Pattern Analysis}

Green & Keegan(2020)[*]은 진출국가의 현재 국민총생산_{GDP: Gross Domestic Product}과 1인당 국민소득의 자료를 이용하여 수요 현황을 분석하고 패턴을 알아내어 미래의 수요를 예측 가능하다고 하였다. 국제 시장에서 1인당 국민소득의 변화에 따라 GDP의 산업비중이 달라지는 것이 일반적이다. 예를 들어, 일반적으로 전자산업과 IT산업의 비중은 산업화 초기에는 비중이 아주 낮지만 산업화가 크게 진전하면 전자산업 및 IT산업의 GDP 비중이 매우 높아지는 것이다. 따라서 국제시장에서 GDP 비중을 통해 진출국의 수요 예측이 대략적으로 가능하다.

---

[*] Green & Keegan(2020), "Global Marketing Management"에서 수요패턴 분석을 통해 미래 수요를 예측할 수 있다고 하였다.

제4장

시장조사 통계적 분석

1. 변수와 구성 개념

연구모형으로 구축하여 통계적 분석을 하기 위해 변수variable와 구성 개념construct에 대한 내용 파악이 필요하다. 변수는 측정결과가 측정대상에 따라 상이한 값으로 나타날 수 있는 속성을 말한다. 연구모형은 이러한 여러 변수의 조합으로 구성되며 변수 간의 인과 관계 및 연관성 분석으로 설명 및 표현된다.

구성 개념은 변수에 비해 다소 추상적인 성격이 강한 변수를 말한다. 구체적 변수는 객관적 측정도로서 측정이 가능하지만 추상적 구성 개념에 대한 객관적 측정도구는 없다. 예를 들어, '기업의 브랜드 이미지는 좋다'를 구성 개념으로 1~5점으로 설문조사를 한다면, 객관적인 측정도구는 없고 추상적으로 개념화하여 측정한 것으로 보아야 한다.

2. 척도

척도는 변수나 구성 개념을 측정하는 도구이며 주로 숫자로 표기된다. 척도는 담고 있는 정보의 양에 따라 명목척도, 서열척도, 간격척도 및 비율척도로 구분된다. 각 척도에 대한 설명은 아래와 같이 풀어서 나타낼 수 있다.

첫째, 명목척도*는 대상들을 상호배타적으로 분류하기 위해 각각 숫자로 임의적으로 부여하는 척도이다. 예를 들어 제품의 모델번호, 주민등록번호 등이 명목척도에 해당된다. 이러한 정보는 범주category 의 의미를 갖는다. 명목척도로 측정하는 대표적인 통계기법은 카이제곱 독립성 검증, 카이제곱 적합도 검증 등이 있다. 또한 판별 분석에서 종속변수는 명목척도가 이용된다.

둘째, 서열척도ordinal scale는 조사 대상들의 특징과 속성으로 서열로서 나타낸 것이다. 각 숫자 간의 차이는 단지 순서를 의미하고 절대적인 거리나 정도를 나타내지 않는다는 점에 유의해야 한다. 서열척도로 측정한 자료의 중심경향치를 나타내는 것은 중앙값이 가장 적합하며 최빈값도 가능하다. 대표적인 서열척도를 이용한 통계 기법은 스피어만 상관 분석spearman's correlation analysis, Kruskal-Wallis H test 등의 비모수통계기법이 있다. 추가적으로 다차원척도법도 서열척도를 활용하여 분석하는 방식이다.

---

* 명목척도: nominal scale

셋째, 간격척도interval scale는 조사 대상들의 거리와 순서를 나타내는 척도이다. 간격척도의 특징으로는 척도상 인접한 값들은 동등한 간격을 나타낸다는 점이다. 일반적으로 온도temperature의 값들은 간격척도이다. 하지만 여기서 온도에서는 섭씨 0도는 절대적 '0'의 의미는 아니며, 단지 물의 어는 온도를 임의적으로 나타내는 것이다. 한편 추상적 구성 개념에서 소비자의 태도, 브랜드 선호도와 같은 경우에는 선호도의 서열 정보를 나타내지만 그 간격을 동일하다고 할 수는 없다. 하지만 서열척도보다는 더 많은 정보를 담고 있다. 간격척도는 주로 자료의 중심경향치를 나타내기 위해 평균의 개념이 적절하다. 대표적으로 사용되는 통계기법은 분산 분석, 회귀 분석, 상관 분석 및 평균차이검증 등이 있다.

넷째, 비율척도ratio scale는 다른 척도(명목, 서열 및 간격척도)에 비율의 정보를 담는 척도이다. 비율척도는 척도 중에서 가장 많은 정보를 나타내 주는 것이며, 비율척도는 상호 사칙연산이 가능하다. 대표적인 통계기법으로는 모수통계기법 적용이 가능하며 명목 또는 서열척도로 전환하여 비모수통계기법으로 활용 가능하다.

위의 4가지 척도는 절대적으로 어떤 척도가 최고라고 할 수는 없다. 연구목적과 산출하려는 정보에 따라 그 사용되어야 하는 척도는 다르며 연구모형을 가장 잘 설명할 수 있는 척도를 사용하는 것이 연구성과와 소기의 연구목적을 달성케 해 준다.

3. 척도의 타당성과 신뢰성

척도에 따른 측정의 결과는 체계적 오류와 비체계적 오류로 인해 측정결과가 편향된 방향으로 나타나기도 한다. 이것을 방지하기 위해 척도의 평가가 타당성과 신뢰성을 확보되어야 한다. 다시 말하면 척도의 평가에 있어 타당성과 신뢰성이 갖춰져야 측정 결과를 통해 가설 검증을 받아들일 수 있음을 의미한다. 따라서 아래의 타당성과 신뢰성의 정확한 개념과 구체적인 사항을 확인할 필요가 있다.

1) 타당성

타당성은 측정 대상에 대한 척도가 얼마나 정확하게 측정하는지를 나타낸다. 하지만 조사자는 타당성에 대해 명확하게 판단하기 어려우며 몇 가지 단서를 가지고 판단하는 것이다. 그러므로 조사자는 타당성을 확인하기 위해 다음의 3가지 방식을 타당성의 단서로 사용한다. 타당성에는 기준 관련 타당성, 내용 타당성, 구성 개념 타당성이 있다.

첫째, 기준 관련 타당성은 두 가지 대상들 간의 상관 관계와 관련된 것으로 예측 타당성predictive validity과 동시 타당성concurrent validity으로 나누어진다. 예측 타당성은 척도가 미래에 발생할 기준변수를 얼마나 잘 예측하는지를 나타내는 것이다. 동시 타당성은 척도와 기준변수 간의 관계가 동시에 평가되는 경우의 기준 타당성을 의미한다.

둘째, 내용 타당성content validity은 척도가 측정하고자 하는 구성 개념의 전체 범위나 영역을 얼마나 대표하는지를 나타내는 것이다. 척도의 내용 타당성이 높으면 좋은 척도가 되는 것이다. 설문조사 진행 시 기존의 연구자가 척도로 사용한 것을 사용하는 경우에 일반적으로 내용 타당성이 높다고 본다.

셋째, 구성 개념 타당성construct validity은 구성 개념과 척도 간 일치성의 정도를 나타낸다. 척도가 측징하고자 하는 구성 개념의 방향과 크기를 보다 정확하게 측정할수록 그 척도는 구성 개념을 측정하기 위한 구성 개념 타당성이 높다고 본다. 그 종류로는 집중 타당성, 판별 타당성, 수렴 타당성으로 나눠지는데, 집중 타당성은 구성 개념에 대해 다른 척도를 사용한 경우에도 상관 관계의 절대값이 높은 것을 말하며, 판별 타당성은 두 개의 구성 개념의 측정값들에서 상관 관계가 너무 높지 않아야 하는 것을 의미한다. 또한 수렴 타당성은 가설의 검증결과가 나온 후에 독립변수가 종속변수를 설명하는 것이 통계적으로 유의한 경우에 수렴 타당성이 높다고 본다.

2) 신뢰성

신뢰성reliability은 하나의 조사대상을 유사한 척도를 이용하여 여러 번 측정 또는 한 가지 척도로 반복 측정했을 경우에 일관성을 보이는지를 나타내는 것이다. 쉽게 말해서, 일관성이 있는 결과가 도출될수록 신뢰성이 높다는 것을 말한다. 신뢰성을 나타내는 것으로 내적 일관성internal consistency, 반복 측정 신뢰성test-retest reliability, 대안항목 신뢰성alternative-form reliability이 있다.

첫째, 내적 일관성은 하나의 구성 개념을 다항목*으로 측정한 경우에 항목들이 일관성을 보이는지를 말한다. 일반적으로 cronbach's alpha가 0.7 이상인 경우에는 내적 일관성이 수용할만한 것으로 본다. 만약 크롬바흐 알파값이 낮은 경우에는 일부 항목을 제거함으로써 그 값을 높이는 방법이 있으며, 그러한 방법에도 그 값이 여전히 낮은 경우에는 통계적 분석으로 사용해서는 안 된다.

---

* 다항목: multi-item

둘째, 반복 측정 신뢰성은 한 구성 개념에 대해 측정을 2회 실시하여 측정값들 간의 상관 관계값으로 평가하는 것으로 척도의 안정성과 관련되어 있다. 설문조사 시 하나의 구성 개념에 대해 설문항목을 얻은 후에 다시 한 번 시간이 지나서 같은 항목에 응답하도록 해서 신뢰성이 확보되었는지를 보는 것이다. 만약 그 값을 비교하여 유사하게 응답할수록 신뢰성이 높다고 하는 것이다.

셋째, 대안항목 신뢰성은 주시험효과main testing effect를 예방하기 위해서 두 번째 측정 시 첫 번째 사용한 척도와 유사하지만 다른 척도를 사용하는 것을 말한다. 사실 반복 측정은 주시험효과가 발생하는 한계가 있다. 따라서 이와 같은 주시험효과를 방지하는 차원에서 대안항목 신뢰성을 실시하게 된다. 두 시점의 간격은 일반적으로 2주 정도가 권장하는 기간이 된다. 하지만 대안항목 신뢰성도 한계가 있는데 두 시점의 응답이 크게 다른 경우는 대안항목과 기존항목의 동등성이 낮기 때문일 가능성이 높다. 물론 매우 유사하면서도 다른 척도를 개발하는 것은 현실적으로 어렵다.

4. 표본추출

모집단에 대한 통계적 분석을 위해서 현실적으로 시간과 비용 면에서 전수조사는 어렵다. 그러므로 통계 분석을 위해 표본sample을 추출하여 분석하는 것이 가장 효과적인 방법이다. 따라서 표본추출의 과정은 어떻게 되는지 살펴보자. 표본추출의 일반적인 순서는 대략적으로 아래와 같다. 체계적인 연구조사를 위해서는 아래 절차 내용을 충실히 시행하는 것이 필요하다.

표본추출 과정

① 모집단 선정
② 자료수집 방법 결정
③ 표본추출 프레임 결정
④ 표본추출 방법 결정
⑤ 표본크기 결정
⑥ 표본추출 실행 계획 설정
⑦ 표본추출 실행

첫째, 모집단 선정은 연구목적에 따라 상당히 차이가 있는데 연구모형을 위한 모집단의 정의는 필수적 요소이다. 왜냐하면 모집단은 연구조사대상으로서 정보를 획득하고자 하는 대상이기 때문이다. 예를 들어 부산소재 초등학교 학생들의 온라인게임선호도를 조사하는 목적으로 연구하는 경우에는 부산에 있는 모든 초등학교 학생들이 모집단이 되는 것이다.

둘째, 자료수집 방법은 설문조사법(서베이법), 실험법, 관찰법이 있으며 연구조사자는 명확하게 연구목적에 적합한 방법을 선택해야 한다. 이를 통해 기술조사 또는 인과 관계 조사로서 연구결과 도출을 가능케 한다. 예를 들어 구체적으로 설문조사법은 우편, 전자우편 또는 전화 등의 방법에서 결정해야 한다. 실험법으로 실험실 실험laboratory experiment 또는 현장실험field experiment 등에서 연구목적에 적합한 방법을 선정해야 한다. 관찰법에서도 직접관찰 또는 간접관찰, 공개적 또는 비공개적 관찰 등의 방법을 선정하여 실험설계를 설정해야 한다.

셋째, 연구조사자는 표본추출 프레임을 결정해야 한다. 표본추출 프레임은 자료수집 방법과 깊게 연관되어 있는데, 설문조사법의 경우에는 표본을 어느 집단에서 조사할 것인가를 결정하는 것이다. 예를 들면 연구조사자가 설문조사로서 KOSPI에 상장된 기업을 대상으로 직무만족도를 조사하는 경우에는 표본추출 프레임은 'KOSPI 상장회사목록'이 되는 것이다.

넷째, 표본추출 방법을 선정해야 하는데, 여기에는 확률적 표본추출 방법과 비확률적 표본추출 방법이 있다. 확률적 표본추출 방법은 단순무작위법, 층화표본추출법, 체계적 표본추출법으로 나눠진다. 비확률적 표본추출 방법에는 편의표본추출법, 판단표본추출법, 할당표본추출법으로 나눠진다.

다섯째, 표본의 크기를 결정해야 한다. 표본의 크기는 문제의 중요성, 조사의 성격, 변수의 수, 분석할 그룹의 수, 사용 가능한 시간과 비용 등의 여러 가지 측면에서 고려되어야 한다. 또한 표본조사를 위해 표본프레임에서 얼마나 많은 구성원들을 접촉대상자로 할지를 결정해야 한다.

여섯째, 표본추출 실행 계획을 설정해야 한다. 이는 표본수집 방법과 밀접하게 연계되어 있다. 간단하게 예를 들어 서울에 있는 중학생을 상대로 문구류 구입 방법에 대한 선호도 조사를 한다면 학교 정문에서 설문지 조사를 할지 아니면 중학교 근처 마트에서 중학생들을 대상으로 설문지 조사할지를 구체적으로 표본추출 실행 계획을 수립해야 한다.

마지막으로 표본추출 계획에 따라 실행하는 단계이다. 구체적으로 설정된 표본추출 계획은 효과적으로 조사목적을 달성 가능토록 한다. 표본추출 계획한 대로 잘 되게 하기 위해 조사자가 넓은 조사대상을 설문조사하기 위해 만일 다른 조사원들을 고용하는 경우에는 반드시 적합한 조사원 교육이 선행되어야 한다.

5. 조사자료 분석

표본추출 계획에 의해 표본추출이 완료되면 조사 자료를 수집하여 분석에 들어가야 한다. 설문조사를 실시한 경우 설문자료를 코딩coding 작업을 통해 코딩자료를 완료하면 통계 분석 tool을 이용하여 연구목적에 부합한 통계 분석을 실시하게 된다. 통계 분석을 위해 조사자가 설정한 가설을 실증적으로 검증하게 되는 것이다.

통계 분석에는 기술통계 분석과 추계통계 분석으로 구분할 수 있다. 기술통계 분석에는 요인 분석, 군집 분석, 다차원 분석 및 컨조인트 분석이 있다. 추계통계 분석에는 분산 분석, 상관 분석, 회귀 분석 및 카이제곱 독립성·적합도 분석 등이 있다.

일반적으로 조사자료 분석에서 기술통계 분석과 추계통계 분석을 동시에 활용하여 더 유용한 통계 분석 자료를 만들어낸다. 만약 회귀 분석을 통해 통계 분석을 하는 경우에는 우선적으로 타당성과 신뢰성 검증을 실시하고 기술통계상 요인 분석에서 연구에 필요한 변수를 추려내는 과정이 필요하다. 또한 연구목적에 따라 군집 분석이나 다차원 분석 등이 활용되어 분석되어지고 인과 관계 분석을 위해 AMOS, smart-PLS 등의 통계프로그램을 이용하여 독립변수가 종속 변수에 영향을 미치는지를 통계적으로 검증하게 된다.

6. 조사분석보고서 작성

통계 분석이 완료되면 그 통계 결과값을 바탕으로 연구자가 최초 연구모형에서 설정한 가설이 맞는지를 검증하고 유의미한 정보를 찾아내어야 한다. 연구자가 가설을 설정하는 것에 있어서 이론적으로나 선행연구에서 충분히 검토되고 반영되어야 한다. 이러한 통계적 가설 검증으로 밝혀진 내용을 바탕으로 조사자는 향후 글로벌 마케팅에 반영해야 하는 것이 무엇인지를 보고서에서 나타내는 것이다. 추가적으로 통계 결과를 통해 실무적으로나 학문적인 기여하는 부분을 보고서를 통해 밝히는 것이다.

보고서는 최대한 간결하고 객관적으로나 통계적으로 합리적인 판단을 제시해야 한다. 또한 통계가 다 보여주지 못하는 것과 연구 범위가 제한되는 등의 한계를 명확하게 보고서를 통해 전개해야 하는 것이 필요하다. 보고서가 모든 내용과 범위를 다룰 수 없기에 연구의 한계와 향후 연구 방향도 동시에 제시해야 한다.

주요 통계 개념 정리

1. 외생변수
외생변수는 실험결과를 해석함에 있어서 종속변수의 변화가 전적으로 독립변수(실험변수)에 의해 영향을 받지 않는 경우를 말한다. 따라서 통계실험에 있어서 외생변수효과를 제거하는 것은 매우 중요하다. 그러면 외생변수가 발생하는 원인은 역사적 오염, 성숙효과, 시험효과, 측정의 편향, 선택의 편향, 통계적 회귀, 실험대상의 소멸 등이다. 외생변수효과를 제거하는 방법은 통제집단을 동시에 사용하는 것이다. 이는 역사적 오염, 성숙효과, 주시험효과에서 외생변수효과를 상당히 제거할 수 있다. 측정의 편향은 다수의 면접원에 대한 사전교육을 충분히 함으로써 크게 문제를 줄일 수 있고 설문지가 정형화될수록 외생변수효과를 상당히 줄인다.

2. 분산 분석
분산 분석은 영어로 analysis of variance라고 하며 약칭은 ANOVA 이다.

분산 분석은 각 모집단이 정규분포를 이룬다고 가정한다. 두 개 이상의 집단들이 나타내는 평균값을 비교함으로써 사용되는 통계기법이다. 분산 분석은 검증통계값으로 F를 활용한다. 분산 분석은 일원분산 분석one-way ANOVA, 이원분산 분석two-way ANOVA, 무작위 블록디자인randomized block design 등이 있다. 일원분산 분석은 하나의 요인에 의해 두 개 이상의 집단평균값이 차이가 있는지 검증하는데, F값이 통계적으로 기각하는 경우에는 하나의 요인에 의해 두 집단의 평균이 차이가 있다고 해석한다.

이원분산 분석은 두 개 이상의 처치변수의 효과를 조사하는 경우이다. 주로 팩토리얼 디자인Factorial design이 사용된다. 팩토리얼 디자인은 두 개 이상의 처치변수의 수준변화에 의해 결과변수값의 변화를 파악하기 위한 실험디자인이다.

이원분산 분석은 처치효과로서 주효과와 상호작용효과를 나타낸다. 주효과는 처치변수의 변화가 결과변수에 미치는 영향을 나타낸다. 상호작용효과는 한 처치변수가 다른 처치변수의 변화에 따라 결과변수에 영향을 주는지 확인하는 것이다.

무작위블록디자인은 종속변수에 영향을 미칠 수 있는 외생변수를 통제하기 위해 외생변수를 블록으로 하는 분산분석법이다.

3. 독립성 검증(카이제곱 검증)

독립성 검증은 통계 조사에서 표본으로 수집된 자료가 명목척도로 측정된 경우에 두 변수의 관계를 나타내는 통계기법이다. 독립성 검증을 위해 표본의 카이제곱(x^2_{obs})을 구하기 위해 관측빈도와 기대빈도의 차이를 제곱하고 기대빈도를 나눈 값을 합하는 방법이다. 만약 표본의 카이제곱이 기각역(x^2_{crit})보다 큰 경우에는 두 변수는 독립적이지 않다(영향을 미친다)고 해석하는 것이다. 여기에서 귀무가설은 '두 변수는 독립적이다'가 되는 것이다.

4. 상관 분석

상관 분석은 correlation analysis라고 한다. 두 변수 간의 관계에서 선형관계를 갖는지와 선형 관계에서 어느 방향으로 나타나는지를 나타낸다. 또한 그 관계에서 어느 변수가 얼마나 큰가를 조사하는 것이다. 상관 관계의 크기를 나타내는 것은 상관계수라고 한다.

상관계수는 일반적으로 Pearson 상관계수를 사용한다. 이는 두 변수가 각각 비율척도 또는 간격척도로 측정된 경우에 사용 가능하다.

이때 귀무가설은 상관 관계가 없다는 것을 의미하고, 일반적으로 Pearson 계수의 p-value가 0.05 이하인 경우에는 귀무가설이 기각되고 연구가설이 채택된다. 그러므로 두 변수는 상관 관계가 성립되고 그 값에 따라 양(+) 또는 음(-)의 관계인지를 산출해 낼 수 있다.

5. 회귀 분석

상관 분석은 두 변수 간의 선형 관계만을 분석한 것이다. 회귀 분석은 종속변수를 두고 다른 변수를 독립변수로 만들어 이들 간의 관계를 분석하는 통계 기법이다. 독립변수가 하나인 경우에는 단순 회귀 분석이라고 한다. 독립변수가 두 개 이상인 경우 다중 회귀 분석이라고 부른다.

회귀 분석은 최소자승법에 의해 각 변수값과 추정오차의 제곱의 합인 SSE~Sum of Squares due to error~를 가장 작게 하는 회귀식을 찾는 것이다.

그러므로 회귀식에는 종속변수를 설명하기 위해 상수항과 각 독립변수의 회귀계수를 산출하는 것이다. 또한 독립변수 계수의 유의성 검증을 위해 t값을 도출하여 기각역(일반적으로 p-value=0.05)보다 작다면 귀무가설을 기각하고 연구가설을 채택 가능하다.

회귀식이 구해진다면 종속변수를 설명하기 위해 각 독립변수의 값을 대입하여 예측 가능한 값을 도출해 낼 수 있다. 여기에서 독립변수가 종속변수의 분산을 설명하는 정도인 r^2를 도출할 수 있는데 결정계수coefficient of determination라고도 한다. 결정계수가 높을수록 독립변수가 종속변수에 대해 설명력이 높아지는 것이다.

6. 다중공선성multicollinearity

회귀 분석을 하다보면 단순 회귀 분석에서는 유의한 값을 나타내더라도 다중 회귀 분석에서는 비유의한 분석이 되는 경우가 있다. 이는 독립변수 간 너무 높은 상관 관계를 나타내기 때문에 공선성collinearity 문제가 발생한다. 만약 세 개 이상의 독립변수인 경우에는 다중공선성이라고 한다.

따라서 회귀 분석에 있어서 다중공선성 문제를 확인하는 것은 매우 중요하다. 만약 독립변수가 비유의한 분석 결과가 도출되는 경우에는 다중공선성 문제를 의심해 볼 수 있다. 이러한 경우에는 두 독립변수값이 너무 높은 상관 관계를 보이는 경우이므로 하나의 독립변수는 제거함으로써 다중공선성 문제를 해결할 수 있다.

통계프로그램인 SPSS에서는 VIFVariance Inflation Factor 지수가 10이상인 경우에는 다중공선성 문제가 있다고 해석해야 한다. 따라서 이러한 값을 보인다면 상관 관계가 너무 높은 독립변수 중 하나를 제거하고 다시 통계결과를 도출하는 것이 바람직하다.

위와 같이 국제 마케팅 조사에서 통계를 실시하는 경우에 주의해야 하는 핵심 통계 이론에 대해 살펴보았다. 객관적이고 신뢰성이 높은 마케팅 조사가 되기 위해서는 통계적 기법을 활용한 분석결과를 도출해야 한다. 이것을 바탕으로 합리적인 국제 마케팅 전략을 수립할 수 있다.

3부 요약 정리

국제 마케팅 조사 분석은 해외 진출 가능성을 더욱 객관적으로 뒷받침해 준다. 해외시장의 수요 분석을 통계적 방법으로 실시하는 것은 미래의 마케팅 전략을 효과적으로 가능케 한다.

또한 국제 마케팅 조사 분석은 문제의 발견과 문제의 해결을 가능케 한다. 현재 기업의 시장점유율과 매출 분석을 객관적인 방법으로 분석하여 문제 도출이 가능한 것이다. 이렇게 도출된 문제를 평가함으로써 문제 해결을 위한 전략을 수립할 수 있는 것이다.

국제 마케팅 조사의 절차는 조사 문제의 확인, 조사 계획 수립, 조사 실시, 조사결과 발표의 단계를 거치게 된다. 이러한 절차를 밟는 것은 체계적인 조사가 가능하게 되고 빠짐없이 조사를 진행하게 한다.

기업은 가용한 데이터가 현지 진출국에 있다면 되도록 객관적인 방법인 통계적 기법으로 분석하는 것이 훨씬 신뢰성을 높인다. 즉 기업은 시장에서 나온 정보를 활용하여 통계적 기법을 활용하여 의미있는 자료를 만들어 최대한 효과적인 국제 마케팅 전략을 도출하려고 한다.

조사된 자료는 최대한 신뢰성, 타당성을 확보해야 한다. 또한 표본추출에 있어서 통계적인 방법으로 실시해야 하며 통계적 오류가 최소화되도록 노력해야 한다.

토의 문제

1. 국제 마케팅 조사의 개념은 무엇인지 서술하라.

2. 국제 마케팅 조사의 절차는 어떻게 되는지 설명하라.

3. 표본추출 방법으로는 확률적 표본추출과 비확률적 표본추출이 있는데,
각각의 종류를 나열하고 설명하라.

4. 통계적 분석에서 척도의 종류는 무엇이며 각 척도에 대해 서술하라.

5. 통계적 자료 분석을 위해 필요한 표본추출 과정을 설명하라.

제4부
국제시장 세분화 및 진입 전략

제1장

국제시장 세분화

1. 세분화 개념

해외시장 진출을 위해 앞서 2부에서 환경 분석을 하였다. 자국 문화와 정치·경제 환경이 전혀 다른 해외시장에 진출하는 것은 사실상 어려운 문제에 직면할 수밖에 없다. 그러므로 해외시장 진출을 위해 환경 분석을 우선적으로 실시하는 것은 선택이 아닌 필수요건이다.

이러한 사회·문화·경제·정치·법률 환경을 분석 후에 해외시장 진출을 위해 해외 마케팅 조사 실시한 후 해외시장에 대한 정보를 바탕으로 시장 진입을 위한 국제 마케팅 전략을 수립하게 된다. 국제 마케팅 전략을 설정하기 위해 해외시장의 세분화Segmentation가 이루어져야 한다.

국제 마케팅에서 세분화의 개념으로는 시장을 기업의 마케팅 활동에 대하여 유사한 반응을 나타낼 것으로 예상되는 세분시장들로 구분하는 것이다. 다시 말해서 한 개의 시장을 마케팅믹스 또는 서로 다른 제품을 요구하는 구매자그룹으로 구분하는 것을 말한다.

2. 국제시장 세분화 이점

해외시장에 대한 세분화로 인해 얻을 수 있는 이점은 다음과 같다. 첫째, 해외시장에 진출할 수 있는 기회를 제공한다는 점이다. 둘째, 해외 고객들의 욕구 충족을 가능케 한다. 셋째, 해외 고객의 제품에 대한 충성도 향상을 가져온다. 넷째, 세분화를 통해 기업에게는 타 기업보다 경쟁우위를 확보하게 된다. 다섯째, 다른 마케팅 전략과 연계하여 국제 마케팅 프로그램 개발이 가능하다는 점이다. 이와 같이 국제 마케팅에서 세분화는 여러 가지 차원에서 장점이 많고 반드시 실행해야 하는 절차 중 하나이다.

3. 세분화 기준변수

국제시장에 대한 세분화의 기준변수는 인구통계학적, 지리적, 사회문화적 및 경제발전지표 기준변수로 나눠진다. 기준변수에 대해서는 아래와 같이 간략히 요약 가능하다.

국제시장 세분화의 기준변수

① 인구통계학적 기준변수: 나이, 사회계층, 성별 등
② 지리적 기준변수: 아시아시장, 중동시장, 남미시장, 유럽시장 등
③ 사회문화적 기준변수: 인종, 종교, 언어 등
④ 경제발전지표 기준변수: 1인당 국민소득, 철강소비량 등
기타 국제시장 세분화 기준변수는 여러 가지 기준이 존재한다.

위와 같은 세분화 기준변수로 국제시장을 구분하여 세분화해서 전략을 수립하게 되어 시장별로 다른 전략 구사가 가능하기에 국제시장의 소비자들의 욕구를 효과적으로 충족시킬 수 있는 것이다.

4. 효과적 세분화 요건

국제시장에서 효과적인 세분화가 가능하기 위해 다음과 같은 요건을 갖추어야 하는 것을 기억해야 한다. 첫째, 해당 세분화가 국제시장에서 측정 가능한 것이어야 한다. 만약 세분화를 하고자 하는데 해외시장에서 세분화를 통해 성과의 확인이 불가능한 경우에는 해외시장에 대해 명확한 측정 결과를 도출하기 어렵다.

둘째, 해외시장에 대해 접근 가능해야 한다. 만약 정치적 위협이나 해외 기업들의 연구, 조사 등을 원천적으로 봉쇄되는 경우에는 접근이 되지 않기에 세분화가 불가하다.

셋째, 해외시장이 충분한 규모가 되어야 한다. 만일 시장 규모가 너무 협소하여 구분이 필요 없는 경우에는 세분화가 유용성이 별로

없다.

넷째, 세분화가 해외시장에서 실행 가능해야 한다. 국제시장에 대해 세분화를 하고 싶지만 실행하기 어려운 정도로 기준이 명확하지 않은 경우에는 세분화가 쉽지 않게 된다.

마지막으로 국제시장에 대한 세분화를 위해서 시장에서 차별화가 가능해야 한다. 만약 시장 자체가 차별화가 되지 않는 경우에는 세분화가 사실상 어렵다.

세분화 전략 성공 사례

이제는 '기업의 성공'이라는 의미가 다르게 정의되고 있다. 가속화되는 세계시장 통합 속에서 기업은 국내시장의 방어분만 아니라 세계를 무대로 한 각 나라의 기업들과의 경쟁도 피할 수 없게 됐다. 이 때문에 기업들은 글로벌 비즈니스 부서를 조직하고 세계시장에서 통할 수 있는 역량을 강화하기 위해 노력하고 있다.

글로벌 기업을 표방하는 기업들이라도 성공 사례보다 실패 사례를 흔하게 만날 수 있다. 그 이유는 그만큼 글로벌 마케팅에 대한 이해와 적용이 각 나라마다 다양하고 복잡하다는 의미일 것이다. 아모레퍼시픽은 2020년까지 5대 글로벌 챔피언 뷰티 브랜드로 성장하고자 하는 국내 1위 화장품 기업이다. 하버드대에서도 주목한 이 국내 화장품 기업의 글로벌 마케팅 전략은 무엇일까.

화장품 업계에는 로레알·피앤지·에스티로더·유니레버·시세이도와 같은 글로벌 기업들이 럭셔리 시장에서 대중적인 화장품 시장까지 광범위한 제품 라인을 내세워 넓고 그리고 깊게 화장품 시장을 지배하고 있다. 그들은 대부분이 화장품 산업에서 규모의 경제를 실현하기 위한 브랜드 확장과 신제품 출시, 인수·합병M&A, 브랜드 마케팅, 해외 진출이라는 비슷한 전략을 내세웠다. 또한 대중적 명품masstige 시장으로 소비자를 참여시키려고 노력하는 동시에 특정 소비자 목표 층을 세분화하는 등 다양하게 화장품 시장을 공략해

왔다.

이러한 시장에서 아모레퍼시픽이 토종 화장품 기업으로서 국내시장을 방어하고 최고로 살아남을 수 있었던 전략은 무엇일까. 그 비결은 푸시-풀 push-pull 전략을 효과적으로 이용한 것에 있다.

첫째, 아모레퍼시픽은 국내시장에서 경쟁 우위를 선점하고 이를 적극 활용했다. 아모레퍼시픽은 영업이익의 7%에 달하는 공격적인 마케팅 홍보를 지속해 국내 고객을 자사의 제품으로 지속 유입시켰다(풀 전략). 이는 규모의 경제를 실현하는 동시에 국내 화장품 시장의 첫 주자로서 시장에 높은 진입 장벽을 형성하는 결과를 낳았다.

둘째, 국내 유통망을 잘 이용했다는 점이다. 글로벌 기업들이 높은 가격의 백화점에만 중점을 두고 국내 유통시장을 간과할 때 아모레퍼시픽은 시장에 최저 가격을 내세운 체인들이 빠르게 늘어나자 자사 제품들만으로 특화된 스토어들을 오픈하는 등 유통시장 변화에 적극 대응했다(푸시 전략).

셋째, 글로벌 경쟁 기업들로부터 적극적으로 배우고자 했다. 2000년대부터 아모레퍼시픽은 국제시장에 진출하기 위해 적극 노력했다. 각 시장의 특징 및 지리학적 거리 등을 고려한 분석을 통해 나라별로 각기 다른 전략을 택했다. 그 중 프랑스·중국·미국은 이 기업이 글로벌 기업으로 거듭나기 위해 가장 적극적인 투자와 마케팅을 진행하고 있는 나라들이다. 각 나라에서 어떠한 전략으로 시장을 개척했는지 살펴보자.

화장품의 본고장이라고 할 수 있는 프랑스는 아모레퍼시픽이 세계시장으로 도약하기 위해 반드시 거쳐야 하는 주요 테스트 시장이었다. 1988년 첫 브랜드 '순정Soonjeong'이라는 민감성 피부를 위한 기초 화장품을 내놓았지만 유통과 한국 화장품에 대한 프랑스 소비자 인식이 많이 부족해 1995년 중단했다. 이어 차터스Charters라는 지방에 작은 공장을 세우고 고급 브랜드인 '리리코스'를 런칭해 높은 가격을 책정, 백화점에서 판매했지만 실적은 예상보다 부진했다.

이 두 가지 실패를 바탕으로 도전한 것은 향수였다. 향수라는 제품군이 가지고 있는 특성 때문이었다. 향수는 비교적 고객 충성도가 낮고 투자 대비 단기적으로 성공을 가시화하기에도 좋았다. 아모레퍼시픽은 프랑스 향수 업계의 마케팅 전문가를 영입하는 등의 노력 끝에 향수 브랜드 '롤리타 렘피카Lolita Lempicka'를 탄생시켰고 성공적으로 프랑스 시장에 진입할 수 있었다.

한국 본사에서는 제품과 마케팅 전략을 발전시키고 향수병에는 '메이드 인 프랑스Made in France'를 찍어 내보내기 시작하자 여자를 위한 최고의 향수로 프랑스와 유럽에서 상을 타기도 한다. 이 향수는 2005년 90개국 이상에 판매됐고 현재 프랑스 향수 시장에서 3%에 가까운 점유율로 업계 3~4위로 평가되고 있다.

프랑스가 글로벌 마켓에 도전하기 위한 '학습' 장소였다면 미국 진출은 브랜드 이미지를 한 단계 끌어올리기 위한 아모레퍼시픽의 브랜드 전략이라고 할 수 있다. 아모레퍼시픽은 신제품 출시와 함께 구매력 높은 소비자들을 위한 맞춤형 이벤트를 열고 고가의 화장품을 선보이는 등 '럭셔리 브랜드'로 자리매김하기 위한 다양한 노력을 펼쳤다.

2003년 아모레퍼시픽은 뉴욕 소호에 뷰티 갤러리와 스파를 열고 새로운 스킨케어 제품 라인을 소개했다. 당시 스파는 120분 관리에 250달러 정도로 고가였지만 고객들에게 매우 인기가 있었다. 같은 해 아모레퍼시픽 제품 라인으로 뉴욕 5번가에 있는 고급 백화점 '버그도프굿맨Bergdorf-Goodman'에 입점하는 데 성공했고 2010년에는 한방 화장품 설화수를 입점할 수 있었다. 세분화된 유통 접근 방식과 함께 미국 비즈니스스쿨 교수들의 조언을 받아 럭셔리 브랜드 아이콘으로 자리매김하기 위한 노력을 펼친 결과다.

빠른 인구 성장과 수입 증가를 보이고 있던 중국은 아시아 시장을 고려한 스킨케어 제품을 꾸준히 개발하고 판매해 온 아모레퍼시픽에 여러 면에서 이점이 많은 시장이었다. 한국과 중국의 공통적 문화 관념과 역사적인 긴밀함, 한방 성분 자체가 중국을 기반으로 한다는 점을 활용하는 것이 중점 전략이었다.

아모레퍼시픽은 우선 지형적으로 한국에서 접근하기가 쉽고 한국의 역사와 문화를 상당 부분 공유하고 있는 북중국, 그 중 선양 지역에서 출발하기로 결정한다. 남중국은 대부분이 다국적 럭셔리 화장품들이 우위를 선점하고 있는 상태로 단기간 내 진출이 어렵다고 판단하고 춥고 건조한 북중국 기후를 배움의 장으로 활용하면서 중국 시장에 대한 이해도를 높이기로 한 것이다.

1997년 '라네즈'를 프리미엄 브랜드로 중국 시장에 소개하고 주요 도시 70개 백화점에 유통했다. 그러나 라네즈의 초기 판매는 기대 이하였고 2000년 아모레퍼시픽은 글로벌 전략 컨설팅 회사의 도움을 얻어 대대적인 시장조사를 실시한 뒤 브랜드 중시 소비자보다 제품 중시 소비자 층을 공략하였다. 2002년 새로운 생산 시설을 구축하고 중간 또는 약간 상위 브랜드들은 지역에서 생산, 고급 브랜드 층은 수입하는 구조로 중간 관리자, 마케팅, 세일즈 층에는 현지인을 고용하는 등 현지화에 박차를 가했다. 이러한 노력으로 라네즈의 판매는 빠르게 증가했고 때마침 등장한 '한류'는 아모레퍼시픽의 중국 화장품 시장 진출에 힘을 실어주며 그 속도가 더욱 빨라졌다. 지금까지 살펴본 아모레퍼시픽의 국가별 진출 전략은 한 기업의 글로벌 마케팅이 해당 국가의 특징이나 지리적 거리 그리고 국가 간 유사성 등에 따라 달라져야 한다는 것을 분명히 보여준다.

글로벌 마케팅에는 케이지CAGE:Cultural Administrative Geographic Economic 분석이 선행돼야만 한다. 시장 안에서 부딪치고 배우는 것도 중요하지만 학습 비용이 너무 커지는 것 또한 경계해야 한다.

글로벌 기업으로 성장하기 위해서는 먼저 적은 수의 국가들을 중심으로 집중도 있는 투자와 선택을 하고 시장 안에서 하나씩 우위를 선점해 나가는 것도 좋은 방법이 될 수 있다. 또한 같이 경쟁하고 있는 글로벌 기업들이 다른 나라에서 현재 어떻게 하는지 끊임없이 조사하고 연구해야 한다.

—출처: 2014년 6월 26일자 매거진 한경 참조

제2장

국제목표시장 선정

1. 국제목표시장 선정의 개념

진출하고자 하는 시장의 세분화를 통해 시장의 전반적인 내용에 대한 핵심 정보를 파악하는 것은 성공적인 마케팅 활동을 가능케 하는 원동력이다. 국제목표시장 선정은 세분화시킨 국제시장에 대해 기업이 자신들의 제품과 역량으로 가장 효과적으로 시장에서 성공할 만한 목표시장Targeting market을 선정하는 것이다.

2. 목표시장 전략 고려 사항

국제시장에 대한 목표시장 전략의 고려 사항은 다음과 같다.

첫째, 진출하고자 기업의 자원을 고려해야 한다. 자신이 가지고 있는 역량으로서 인적·물적 자원이 어떻게 되는지 내부적으로 분석해야 하는 것이다.

둘째, 기업의 진출하고자 하는 제품이나 서비스가 해외시장에 동질성이 있는지를 검토해야 한다. 만일 자신이 보유하고 있는 제품과 서비스가 아무리 뛰어나더라도 해외시장과 동질성이 없고 상이한 측면이 너무 두드러진다면 오히려 고객으로부터 외면 받을 가능성은 매우 높다.

셋째, 기업이 진출하고자 하는 제품의 제품수명주기PLC: Product Life Cycle 를 고려해서 해외시장에서 다른 경쟁기업의 제품수명주기도 반영하여 전략을 도출해야 한다.

넷째, 해외 현지의 경쟁사 경쟁 전략도 고려해야만 성공적인 해외시장 진출이 가능하다. 경쟁사가 만약 비용 집중 전략을 구사하면서 특정시장과 특정고객을 대상으로 공략하는 시장에서 똑같은 전략으로 가서는 성공하기 어렵다. 이러한 경쟁사 전략이 어떻게 되는지 면밀하게 검토하는 것은 핵심적인 사항인 것이다. 다른 고객을 대상으로 하거나 훨씬 우월한 생산원가와 판매단가를 바탕으로 차별적인 시장 진출이 더욱 요구되는 것이다.

3. 국제목표시장의 평가 요인

기업이 다른 국가에 진출하기 위해 시장을 평가하기 위해 다양한 접근은 필수적인 요소이다. 특히 세분화를 통해 목표로 정한 시장에 대한 평가는 더욱 세련되고 구체적이어야 한다. 그러한 의미에서 아래와 같은 평가 요인으로 구분이 가능하다.

국제목표시장의 평가 요인

① **시장 요인**: 진출 기업의 규모와 성장률 분석이 필수적이다. 또한 경쟁기업 파악이 중요한 평가 요인이 된다.

② **기업 요인**: 진출 기업의 목표와 자원을 비교 분석이 필요하다. 추가적으로 기업의 경쟁우위와 기존 제품과의 조화 여부는 핵심적인 평가 요인이 된다.

국제목표시장에 대한 평가 요인으로서 위의 사항들에 대해 냉정하고 철저한 평가를 통해 진출할 해외시장에서 성공 여부가 결정된다고 보는 것이다.

4. 국제목표시장 전략

세분화시킨 해외시장에서 진출하고자 하는 기업은 목표시장을 선정하고 적합한 전략을 위해 비차별적 표적 전략, 차별적 표적 전략 및 집중적(틈새) 표적 전략을 시행하게 된다.

첫째, 비차별적 표적 전략은 세분화된 시장에서 선정된 목표시장에서 다른 시장과 동일하게 비차별적으로 전략을 실행하는 것이다. 이는 마케팅 비용을 따로 집행할 필요가 없어 비용과 시간 절감이 가능한 장점이 있다.

둘째, 차별적 표적 전략은 제품별로, 시장별로 별도의 전략을 수립하고 실행함으로써 운영성과의 극대화를 노리는 것이다. 이는 시장별·제품별로 고객이 요구하는 사항이 충분히 다를 수 있기 때문에 차별적으로 마케팅 전략을 시행하는 것이다. 이 목표 전략은 별도의 전략과 인적·물적 자원을 활용해야 하므로 추가적인 비용과 시간이 발생하기도 한다.

셋째, 집중적(틈새) 표적 전략은 기존 해외시장에서 기업들이 물품이나 서비스를 공급하지 않는 틈새시장을 표적으로 해서 집중적 전략을 구사하는 것이다. 예를 들어, 기존 치킨을 판매하는 시장에서 주로 기업들은 후라이드치킨, 양념치킨 등의 일반적인 부위를 판매하고 있다고 가정하자. 이때 틈새시장이라고 할 수 있는 닭강정을 내세워 판매함으로써 빈 틈새niche에 위치한 시장을 공략하는 전략이 집중적 표적 전략인 것이다. 그 대표적인 브랜드로 '가마로 강정', '알통떡강정' 등이 있다. 즉, 시장에 신제품 출시 당시에 기존 경쟁자들이 잘하지 못하는 제품이나 서비스를 타깃target으로 하여 공략하는 것을 말한다.

제3장

국제시장 포지셔닝

1. 국제시장 포지셔닝 개념

진출하고자 하는 기업이 해외시장을 대상으로 세분화시킨 후에 자신의 제품과 내부 역량을 고려하여 목표시장을 선정하게 된다. 그런 다음 기업은 그 목표시장에서 기업의 제품과 서비스를 국제시장에서 어떠한 포지셔닝을 취할 것인지를 결정해야 한다. 제품의 포지셔닝 positioning은 기업의 해외시장 진출의 성공 여부를 직접적으로 영향을 미치는 핵심적인 사항이다.

2. 국제시장 포지셔닝 절차

국제시장에서 기업 제품의 포지셔닝은 현지시장에서 성공 여부를 결정할 만큼 중요한 활동 중에 하나이다. 이러한 점에서 포지셔닝 전략에 대한 체계적인 접근이 무엇보다도 중요하다. 따라서 성공적인 마케팅 전략 수립을 위하여 구체적인 포지셔닝의 절차는 아래와 같다.

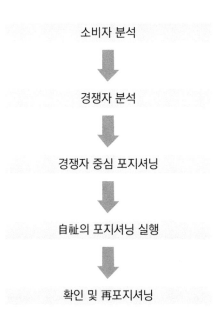

소비자 분석

경쟁자 분석

경쟁자 중심 포지셔닝

自社의 포지셔닝 실행

확인 및 再포지셔닝

기업 제품의 해외시장에 있어서 포지셔닝 전략을 구축하기 위해서는 소비자와 경쟁자의 현황을 분석한 후 경쟁자 중심의 포지셔닝을 검토해야 한다. 그런 다음 자사의 제품에 대한 포지셔닝을 실행하고 시장 반응을 본 다음 재포지셔닝하는 단계를 거쳐야 한다.

3. 국제시장 포지셔닝 유형

글로벌 기업으로 성공하기 위해 기업들은 포지셔닝을 시장에 관계없이 통일된 브랜드 이미지를 심는 차원에서 마케팅을 펼치는 경우도 있다. 시장에 따라서는 통일된 이미지로 구축된 기업 제품에 대해 호감을 보이는 시장도 분명히 존재한다. 하지만 대부분의 기업들은 차별화되거나 경쟁우위를 바탕으로 상황에 따라 상이한 포지셔닝을 한다.

글로벌 기업으로서 포지셔닝을 하는 형태를 아래와 같이 다양한 방법으로 나타낼 수 있다. 기업의 마케팅 전략에 따라 상이하게 나타난다.

〈표 4-1〉 포지셔닝 방법

포지셔닝 형태	주요 내용
경쟁제품에 대한 포지셔닝	경쟁사 제품의 시장포지셔닝을 고려하여 동일한 또는 상이한 포지셔닝을 하게 된다.
제품군에 따른 포지셔닝	제품의 차별화된 제품군을 만들어 더 전문적인 분야로 포지셔닝하는 것을 말한다.
사용 상황별 포지셔닝	제품의 사용될 상황을 상기시켜 제품의 구매를 유도하는 포지셔닝이다.
속성별 포지셔닝	경쟁사 대비하여 속성별, 기능별로 뛰어난 점을 강조하는 포지셔닝이다.
니즈 중심 포지셔닝	소비자의 니즈를 소구함으로써 제품의 포지셔닝을 하는 형태이다.
사용자 중심 포지셔닝	제품에 대한 사용자를 자연스럽게 떠 올리게 하는 형태의 포지셔닝이다.

기업의 시장과 경쟁사에 대비하여 적절한 제품포지셔닝은 해외시장에서 성공을 좌지우지하는 핵심적인 요인이라고 할 것이다. 또한 상황별로, 니즈별로 적절한 포지셔닝은 중요한 판단요소가 되는 것이다.

제4장

국제시장 진입 전략

1. 국제시장 진입 전략 개념

기업은 해외 진출국가를 선정하고 나서 국제 마케팅 전략 수립을 위해 환경 분석을 바탕으로 국제 마케팅 조사와 국제시장 세분화, 목표시장 전략, 포지셔닝 전략을 수립하게 된다. 그 다음 단계로서 기업이 구사하는 해외시장 진입 전략으로는 수출, 라이센싱, 프렌차이징, 합작투자, 단독투자 또는 합병 등의 다양한 방법이 있다.

진입 전략을 결정하는 과정에서 기업들은 상당히 많은 고민을 하게 된다. 왜냐하면 기업의 명운을 가를 수 있는 중대한 문제이기 때문이다. 따라서 기업들은 자신이 감당할 수 있는 수준에서 진입 전략을 결정하게 되고 국제 마케팅 목적에 부합하는 진입 방법을 선택하게 되는 것이다. 또한 진출국가의 정치적·경제적·사회적·문화적·법률적 환경 등을 종합적으로 고려하여 해외 진입 방법을 결정해야 하는 것이다.

진입 방법은 비용과 통제의 정도와 관여도에 따라 달라지는데 수출이 가장 관여도가 낮고 비용과 통제의 정도에서 가장 낮은 진입 방법이다. 반면에 단독투자 및 합병을 통한 해외 진입 방법은 기업의 관여도가 최고로 높고 비용과 통제의 정도에 있어서도 가장 높은 진입 방법이다. 여기에서 기업의 해외 진입 방법에 관하여 개별적으로 자세하게 알아보는 것은 국제 마케팅에서 매우 핵심적인 요소임에 의심의 여지가 없다.

글로벌시장 진입 전략의 결정에 영향을 미치는 요인들은 매우 다양하다. Lee & Carter(2012)는 아래와 같이 해외시장에 진입 전략_{market} _{entry mode} 결정에 영향을 주는 핵심 요인을 아래와 같이 〈표 4-2〉로 분석하였다. 이는 상당히 다양한 요인에 의해 결정된다는 것을 보여주는 것이다.

〈표 4-2〉 해외시장 진입 전략 결정 요인

기업과 시장의 목표	재무적·물리적·인적 자원 수준	기업의 과거 경험과 전문성 수준	노동자의 근무 태도
시장의 특성	기술의 독특성	경쟁 우위	해당 제품의 국제적 제품수명주기 시점
관여도 수준	투자 및 마케팅 비용	관리적 요구사항	진입 전략의 융통성
자금회수 기간	위험과 통제 수준	진입 조건	사업 퇴출의 용이성

위와 같이 국제시장 진입을 위해서는 다양한 조건과 상황을 검토하고 파악해야 한다. 기업의 현재 내부 수준과 외부 환경에 대한 다각도의 점검을 통해 성공적인 해외시장 진입 전략을 수립할 수 있는 것이

다. 만약 이러한 자세한 자금관련 내용과 사업의 세부적인 부분을 제대로 사전에 검토하지 못한 경우에 직면할 수 있는 위험은 매우 크다고 할 것이다. 특히 진입 조건과 사업의 철수에 있어서 퇴출의 용이성 등도 진입 전략에서 언급되고 플랜을 따로 마련할 필요가 충분하다. 만일의 사태에 대비하는 것은 해외 진출을 하고자 하는 기업에게는 핵심적인 사항이라고 해도 과언이 아니다.

2. 국제시장 진입 전략 종류

1) 수출

기업에게 수출export은 해외시장으로 자신의 제품을 확대할 수 있는 가장 일반적인 국제시장 진입 전략 중 하나이다. 그만큼 수출을 통한 해외 진출은 기업에게 있어 위험이 가장 낮은 해외 진입 전략이다.

수출의 장점으로는 기업은 규모의 경제를 실현할 수 있고 경험곡선 효과를 기대할 수 있어 생산원가를 낮출 수 있다. 이러한 원가경쟁력으로 기업은 해외시장에서 판매가격을 경쟁사보다 낮게 책정함으로써 가격경쟁력을 확보하게 된다. 또한 해외 진출에 따른 위험이 비교적 낮기 때문에 기업은 해외 진출에 대한 많은 인적 자원과 경험이 없어도 수출 진행이 가능하다.

한편 수출의 단점도 여전히 존재한다. 수출을 계속 진행하고 기업 자신의 자가 브랜드를 확장하기 위해서는 현지 고객을 더욱 개발하고 판로 개척을 진행함에 있어 제한이 있다. 단지 현지 에이전트agent나 수입업자에만 의존할 수밖에 없는 구조가 고착화된다. 이것을 극복하기 위해 해외시장에 대한 더 자세하고 체계적인 지식과 분석에 따른 실행능력이 수반되어야 가능하다. 더욱이 물류지식과 통관시스템에 대한 전문적인 무역실무지식이 수반되어야 하며, 전문성을 기반으로 하는 까다로운 서류작업이 필요하다. 이러한 전문지식을 가진 기업에 게는 성공적인 수출이 가능하게 되는 것이다.

2) 라이센싱

국제 마케팅에서 라이센싱Licensing은 기업이 보유하고 있는 경쟁우위자산 등의 사용권리를 해외시장에 양도함으로써 반대급부로서 로열티loyalty를 취하는 해외 진입 전략이다. 다시 말해서 해외 진출하고자 하는 기업이 라이센서licensor가 되어 사용권리를 팔게 되는데 라이센시licensee는 그 특허기술, 상표 또는 노하우 등의 사용권리를 받아 현지국가에서 영업을 합법적으로 하는 것이다. 당연히 라이센서는 라이센시로부터 그 사용권리에 대해 양도의 계약을 체결함으로써 약정된 로열티를 지급받는 것이다.

기업이 해외 진입 방법으로써 라이센싱 계약체결에 따라 얻게 되는 장점과 단점이 있기 마련이다. 이 진입 방법의 장점으로서는 라이센싱 운영을 위해 그다지 많은 인적 자원 및 자본이 필요하지 않아 운영비용이 적다는 점이다. 또한 현지국가에서의 높은 관세율, 쿼터제의 규제 등을 피하고 해외 진출이 가능하다는 것이 장점이다. 현재 많은 다국적 기업들이 이러한 라이센싱을 통해 해외 진입을 하고 있으며 성공적으로 운영하고 있는 상황이다.

반면에 라이센싱의 단점으로는 현지국가에서 통제력에 크게 제한이 있다는 점이다. 또한 라이센싱계약으로 안정적으로 로열티 수입을 얻지만, 라이센시가 빠른 시일 내에 기술을 습득한 경우에 라이센싱 계약이 조기에 종료가 될 수 있다. 만약에 이들이 새로이 획득한 기술을 통해 시장에 경쟁자로 나오는 경우에는 라이센서는 시장에서 지위를 상실할 가능성이 매우 높다. 이것을 대비하기 위해 크로스 라이센싱cross-licensing 계약을 체결하여 상호 기술 교환할 수 있도록 해서 라이센서가 비즈니스를 방어할 수 있는 수단을 마련해야 한다. 마지막으로 라이센싱계약은 단지 로열티를 얻는 수익구조이기 때문에 해외 진입 전략 중에서 상대적으로 수익성이 가장 낮은 편에 속한다.

아래 〈그림 4-1〉은 미국의 대표적인 건설장비 기업인 캐터필러Caterpillar의 브랜드를 사용하는 상점이다. 캐터필러社는 자신의 브랜드(CAT®)를 라이센시licensee가 사용할 수 있도록 브랜드 라이센싱 계약을 통해 자신의 브랜드 확장을 시도하고 있다. 사업의 진출 분야가 패션, 장갑, 자동차용품, 가정용품 등에 걸쳐 있으며 라이센싱licensing을

〈그림 4-1〉 라이센싱 Caterpillar's licensing
줄저: Brand untapped, 2021년 6월 29일자 기사 발췌(Billy Langsworthy 기사 원고)

통해 글로벌하게 공격적인 확장을 하고 있다.

3) 프랜차이징

프랜차이징Franchising은 라이센싱 계약의 종류 중 하나이다. 일반적으로 제조업보다는 서비스업 중심으로 이뤄지는 해외시장 진입 전략이다. 프랜차이징의 개념으로 넓은 의미에서 프랜차이져franchiser가 프랜차이지franchisee에게 표준화된 제품, 경영시스템 및 브랜드 패키지를 제공하는 것이다. 다시 말하자면 프랜차이즈 제공자프랜차이져: franchiser는 제품, 서비스 및 기타 관련 일체의 경영시스템을 제공하고 프랜차이즈 수혜자프랜차이지: franchisee는 현지국에서 인력, 시장에서의 지식 및 자본 등을 결합하는 해외시장 진입 전략을 말한다.

프랜차이징은 적은 자본과 인력으로 해외 진출하는 전략으로 적합하다. 프랜차이징은 프랜차이즈 제공자는 지식, 제품 및 브랜드 자산을 제공하고 프랜차이즈 수혜자는 현지국가의 시장지식과 기업가 정신을 추가하여 현지국가에서 영업을 확대하기 때문에 현지국가의 여러 어려운 여건을 극복할 수 있는 것이다.

이것은 프랜차이징의 장점이 되는 것이다. 또한 현지국가의 기업이 프랜차이징을 받아서 운영하기 때문에 현지국 정부의 우호적인 대우를 받을 수 있는 장점이 있다. 이는 프랜차이징 계약을 통해 현지국의 기업이 주체적으로 인력을 고용하고 현지에서 서비스 제공하기 때문에 현지 정부는 우호적인 입장을 가지게 된다.

한편 프랜차이징의 운영에 있어 단점도 당연히 존재한다. 프랜차이져와 프랜차이지의 목표에 있어서 상호 충돌하기도 한다. 왜냐하면 프랜차이져는 더 크게 성장시키거나 제품의 다양성을 통해 시장 확대를 추구하려고 하는데, 프랜차이지는 현 상태를 그대로 유지하려는 성향이 강한 경우 상호 목표가 달라 충돌이 발생할 가능성이 있다. 또한 프랜차이즈 수혜자의 기회주의적 행위를 방지하기 위하여 프랜차이즈 제공자는 계속적으로 감시와 감독을 소홀히 할 수가 없다. 프랜차이즈 수혜자가 만약 지적 재산권을 동의 받지 않은 상황에서 외부로 누설하는 경우에 문제 소지가 크기 때문에 프랜차이져는 더욱 지속적이고 체계적인 관리가 필요한 점은 부담이 된다.

〈그림 4-2〉 대표적 프랜차이즈 브랜드
출처: 구글(google) 인터넷 자료

해외시장 프랜차이징 사례

BGF리테일은 14일 서울 삼성동 본사에서 이란의 '엔텍합 투자그룹Entekhap Investment Development Group'과 '마스터 프랜차이즈Master Franchise' 계약을 체결하고 업계 최초로 이란 시장에 진출한다고 밝혔다.
이번 계약은 업계 최초의 해외시장 진출이라는 점 외에도 여러 가지 의미를 가진다. 우선 로열티를 지불하고 해외 브랜드를 사용하는 프랜차이지Franchisee였던 국내 기업이 브랜드 독립 후 프랜차이저Franchisor로 해외 진출을 통해 로열티 수입을 벌어들이는 첫 사례이다.

또 계약과 동시에 마스터 프랜차이즈 가맹비 규모로는 상당액인 300만 유로(약 40억 원)의 수입도 얻게 되는 등 대한민국 1등 편의점으로서의 시스템과 역량을 인정받았다.

BGF리테일은 현지 리스크, 투자비 부담 등은 최소화하면서도 지속적인 로열티 수입을 기대할 수 있는 '마스터 프랜차이즈Master Franchise 계약'을 선택했다. '마스터 프랜차이즈Master Franchise 계약' 방식은 사업을 운영하고 있는 프랜차이저Franchisor의 시스템과 역량이 높을 때 진행되는 계약의 형태다. 프랜차이저Franchisor는 브랜드, 시스템, 노하우 제공을 통해 안정적으로 로열티를 수취하며, 현지의 운영회사인 프랜차이지Franchisee는 투자와 운영을 담당하여 프랜차이저Franchisor의 시스템을 독점적으로 사용할 권리를 가지게 된다.

파트너사로 선정된 '엔텍합 투자그룹'은 이란 현지 기업 중 최대 규모의 가전제조·유통회사로 한국과는 약 20여 년 동안 다양한 분야에서 거래를 진행하는 등 한국의 문화와 비즈니스에 대한 이해도가 높은 것으로 알려졌다. 이번에 진출하는 이란은 천연 가스 매장량 세계 1위, 원유 매장량 세계 4위를 기록할 만큼 천연 자원이 풍부하고 아시아, 중동, 유럽 대륙 사이에 위치한 전략적 거점 지역으로 약 8,000만 명의 인구를 보유한 중동 최대 시장이다. 또한 2016년 경제 제재가 해제되면서 아프리카와 함께 마지막 남은 블루오션으로 불리는 나라로 2016년 기준 1인당 구매력 평가 기준(PPP)가 1만 8100달러로 동남아시아 대표 신흥시장인 베트남(6400달러)보다 3배 가까이 높다.

엔텍합 투자그룹 관계자는 "한류의 영향으로 한국 기업에 대한 호감도가 높다"며 "이란은 편의점이란 유통 채널이 전무한 곳인 만큼 2020년 300여 개, 2022년까지 1000여 개 매장 확보가 가능할 것으로 전망하고 있다"라고 말했다.

향후 BGF리테일은 이란 시장을 글로벌 시장 진출을 위한 교두보로 삼아 다른 중동 및 동남아시아 지역 등 신흥 국가로의 진출을 본격화할 계획이다. BGF리테일 박재구 사장은 "이번 해외 진출은 글로벌 무대에서 대한민국 1등 편의점인 CU(씨유)의 역량을 인정받은 것으로 그 의미가 크다"며 "앞으로 국내 시장은 현재와 같이 내실 있는 성장을 지속적으로 추진하고 동시에 해외시장을 개척하여 글로벌 편의점 기업으로 성장하는 노력을 전개해 나갈 것"이라고 말했다.

—출처: 2017년 7월 17일자 한국무역신문 참조

4) 합작투자

진출하고자 하는 국가에서 기업이 현지국 기업과 공동으로 사업을 진행하는 해외 진입 방법이다. 해외 진입 전략에서 합작투자_{合作投資:} Joint-Venture는 수출, 라이센싱, 프랜차이징보다 더 확장된 진입 방법_{more extensive entry mode}으로 본다(Green & Keegan, 2020). 즉 합작투자는 한국의 모기업이 베트남에 진출하는 경우에 베트남의 현지기업과 공동으로 사업을 운영하기로 계약을 하고 진행하는 것이다.

합작투자를 통해 진출 기업에게는 다음과 같은 큰 이점이 있다. 첫째, 미지의 국가로 진출함으로써 상당한 위험부담이 있지만 믿을 수 있는 현지 기업과 공동으로 사업을 진행함으로 인해 위험을 서로 분담하기 때문에 부담을 다소 덜게 된다.

둘째, 다른 가치사슬의 경쟁우위를 결합하여 시너지효과_{synergy effect}를 누릴 수 있다. 왜냐하면 현지기업이 가지고 있는 경쟁역량, 즉 국제 마케팅역량 및 생산능력 등을 결합하여 진출 기업이 가진 원천적 경쟁우위를 바탕으로 현지시장에서 더 큰 역량을 나타낼 수도 있기 때문이다.

셋째, 기업이 가지고 있는 역량 중에서 부족한 역량을 현지 상대기업이 채워줌으로써 상호 win-win함으로써 누릴 수 있는 장점은 매우 크다. 예를 들어 현지 기업이 좋은 기술과 생산능력을 가지고 있지만 재정적인 부분이 부족한 경우 상대기업이 상대적으로 재정적인 자금을 충분히 투자하여 합작투자를 한다면 상호 부족한 부분을 보완하여 현지시장의 점유율을 크게 넓힐 수 있는 것이다.

반면에 합작투자가 가질 수 있는 단점은 다음과 같이 서술할 수 있다. 첫째, 합작투자를 맺은 두 기업 간의 목표와 이해 관계가 상이하면 갈등이 생길 수 있는 단점이 있다. 만약 현지국의 기업과 진출기업이 미래 성장에 따른 기대이익이 상당히 못 미치는 경우에는 상호 책임소재나 목표의 괴리에 따른 갈등이 발생하기도 한다.

둘째, 이익의 분배에서 서로 간의 생각이 다른 경우에 상호 의견충돌이 발생하기도 한다. 또한 이익의 내용을 통제하고 조정하는 비용이 추가적으로 발생한다.

셋째, 합작투자를 통해 업무 수행 과정에서 사회·문화적인 측면에서 상호 의견 충돌이나 소통이 잘 되지 않아서 상호 갈등이나 문제를 발생할 가능성이 매우 크다. 의사 결정 과정에 있어 실무적인 부분에서 쉽게 해결할 수 있는 문화적 배경을 가진 기업과 모든 의사 결정을 최고경영자가 하는 시스템의 기업 간에 상당한 충돌이 발생하는 경우가 많다.

마지막으로 현재의 합작투자를 하는 기업은 미래의 경쟁자로 될 가능성이 상당히 크다는 점이다. 서로의 핵심 역량을 쉽고도 신속하게 습득한 이후에 미래의 특정시점에 합작투자 관계를 청산하고 현지시장 및 제3의 시장에 진출하여 서로 경쟁하는 사례는 종종 일어나기도 한다. 이러한 문제의 소지를 미연에 방지하기 위해 상호 피해를 당하지 않기 위한 법적인 안정장치는 반드시 고려되어야 하며 계약서 상 표기 및 상호 체결하는 것은 매우 중요한 활동 중에 하나이다.

해외 합작투자 사례

SPC그룹 회장이 국내에 '베스킨라빈스31(BR코리아)' 합작 법인을 출범시 킨 지 34년 만에 해외 첫 조인트 벤처를 출범시켰다.

캄보디아 HSC그룹과 조인트 벤처 협약

SPC그룹은 캄보디아 기업 HSC그룹과 조인트벤처 설립 계약을 체결, 현지 시장에 진출한다고 5일 밝혔다. 캄보디아의 수도인 프놈펜에서 개최된 이번 협약식에는 허진수 SPC그룹 글로벌 BU장과 HSC그룹 속홍Sok Hong 회장이 참석해 계약을 체결했다. SPC그룹이 조인트벤처 형태로 해외시장에 진출하 는 것은 이번이 처음이다.

HSC그룹은 캄보디아 내 버거킹을 비롯해 LVMH(루이비통모에헤네시) 산 하의 크리스탈제이드, 면세점 디에프에스(DFS)를 운영한다. 식음료·유통산 업에 대한 현지 신뢰도와 영향력이 높다.

이번 계약 체결로 SPC그룹은 이달 내 '에이치에스피씨 유한회사'를 설립한 다. 회사는 SPC그룹 싱가포르 법인 '파리바게뜨 싱가포르 유한회사'와 HSC 그룹의 계열사 '에이치에스씨 푸드앤베버리지 유한회사'와 각각 출자한다. SPC그룹 관계자는 "그동안 주로 직접 진출 방식을 통해 해외에 진출해 철저 하게 브랜드를 관리하며 기반을 다져왔다"며 "앞으로는 현재까지 쌓아온 이미지와 신뢰를 바탕으로 조인트벤처, 마스터프랜차이즈 등 다양한 형태로 진출해 글로벌 사업에 더욱 속도를 낼 계획"이라고 말했다.

그는 이어 "캄보디아는 식음료 산업의 성장이 가파르며, 앞서 진출한 베트 남·싱가포르와의 시너지도 기대할 수 있는 곳"이라며 "향후 HSC그룹과 파 리바게뜨 사업 이외에도 SPC삼립 제품 수출 및 동남아 제조 인프라 구축 등 다양한 협력 방안을 모색할 예정"이라고 말했다.

1985년 국내 합작법인 BR코리아 출범

이번 캄보디아 조인트 벤처 출범으로 SPC그룹의 합작 법인 성공 사례에 이목이 쏠린다. 34년 전 SPC그룹은 베스킨라빈스 인터내셔널사와 합작투자 계약을 통해 'BR코리아'를 출범 시켰다. BR코리아는 아이스크림 프랜차이즈 '베스킨라빈스31'을 운영 중이다.

1985년 합작 법인을 설립한 SPC그룹은 1988년 베스킨라빈스31 1호점인 구반포점을 개점했다. 1993년 4월에는 음성공장을 준공했고, 그해 10월은 던킨도너츠 인터내셔널사와 기술 제휴 계약을 맺었다.

합작법인 설립한 지 19년이 지난 지난 2009년에는 베스킨라빈스 아이스크림케이크를 미주시장으로 역수출하기도 했다. 또 해당 상품을 중동·아시아 국가로 수출하며, 해외 진출에 박차를 가했다.

지난 2010년에는 아이스크림 제품개발연구소 '넥스젠 푸드 리서치'를 설립했다. '아이스크림 & 디저트 카페 Favorite D'도 문을 열었다. 이후 현재까지 아이스크림 프랜차이즈 시장에서 높은 위상을 차지하고 있다.

업계 한 관계자는 "베스킨라빈스31 이후 롯데 나뚜루, 하겐다즈 등 다양한 프랜차이즈가 등장했다"며 "그러나 현재까지 프랜차이즈 매장이 꾸준히 운영되고 있는 곳은 베스킨라빈스31이 유일하다고 볼 수 있다"고 말했다.

—출처: 2019년 9월 5일자 한국금융신문 참조

5) 단독투자

단독투자Wholly-owned는 기업이 최초에 해외시장 진출로서 수출, 라이센싱 또는 합작투자를 통해 경험한 이후에 거의 최종적으로 선택하는 해외시장 진입모드이다. 단독투자는 해외 직접투자의 형태로 해외 현지 국가에 공장이나 영업소 등을 설립하여 직접 경영으로서 기업을 운영하는 것을 의미한다.

해외 직접투자는 약칭으로 'FDI'라고 하며 영어로 'Foreign Direct Investment'라고 한다. 기업이 해외 직접투자를 통한 단독투자를 결정하기 위해서는 공장 및 영업소설립을 위한 현지전문가가 반드시 기업 내에 있어야 하며 법률 및 기타 정치적인 고려요소를 전담할 만한 조직이 있어야 한다. 또한 재정적인 부분에서 외환관리를 전담할 인적 자원과 재정자원이 뒷받침되어야 하며, 현지시장을 전문적으로 알고 마케팅을 주도할 경영자가 반드시 전제되어야 한다. 또한 생산공장을 설립하는 경우에는 독자적인 기술관리 및 공정설계/관리를 책임 있게 수행할 인적 및 물적 인프라infra가 충분히 갖춰져야 한다. 위의 주요한 기업가치사슬을 명확하게 이끌어갈 인적 자원, 경영시스템 및 조직이 있는 기업만이 이러한 단독투자를 통해 현지국가에서 생존이 가능한 것이다.

단독투자를 통한 해외 진출은 위의 언급한 바와 같이 선행조건이 상당히 많아서 어려운 점이 많다. 하지만 이러한 단독투자를 통한 현지화 전략으로 성공한 기업은 매우 많다. 왜냐하면 단독투자를 통해 기업이 얻게 장점도 꽤 많기 때문이다. 첫째, 단독투자를 통해 진출 국가에 기업이나 공장을 설립하는 경우에 현지국가의 정부로부터 호의적인 혜택과 경제적 지원을 다소나마 받을 수 있기 때문이다. 개발도상국을 중심으로 많은 현지 국가들은 정부 정책적인 지원으로 현지 공장 및 기업의 설립을 돕기 위한 자금과 법률적인 서비스를 제공해 준다.

둘째, 현지 생산라인 설립과 기업의 현지화 전략으로 현지 소비자로부터 호의적인 태도를 받을 가능성이 높다. 왜냐하면 현지화를 통해 소비문화에 자연스럽게 녹아들어 자국 기업처럼 여겨지기 때문이다. 또한 현지화를 통해 현지 경영자와 노동자를 고용함으로써 일자리를 창출하게 되어 현지 주민들로부터 긍정적인 반응을 이끌어낼 수 있다.

셋째, 현지화 전략으로 진출한 기업들은 현지 인프라 구축공사 및 각종 정부 구매프로그램에 입찰 참가가 가능해지고, 현지기업에 대비하여 차별받지 않는 지위를 갖게 되는 것이다.

마지막으로 현지국가에서 사실상 현지시장 보호를 위해 부과하는 관세율과 쿼터 제도를 극복할 수 있는 방법이 현지 공장설립 함으로써 현지 생산이 가능하여 진출국가의 시장점유율을 높일 수 있다. 예를 들어 인도에 진출한 기업은 수입품에 대한 高관세를 피할 수 있어 가격경쟁력을 확보할 수 있다. 또한 중량품이나 부피가 큰 제품의 물류 비용이 높아 수출하기 어려운 경우에 현지화를 통해 이러한 高물류 비용을 극복하고 현지시장에 과감히 투자함으로써 현지시장에서 큰 수익을 창출할 수 있는 것이다. 이러한 것이 가능하기 위해서는 면밀한 시장 분석이 선행되어야 할 것이다.

이렇게 많은 장점에도 불구하고 단독투자는 첫 번째로 현지 진출에 따른 위험을 독자적으로 부담할 수밖에 없다는 것이다. 해외 진출에 동반되는 모든 위험과 비용을 기업이 홀로 부담해야 하는 어려운 점이 있다. 두 번째로 진출 국가의 상이한 문화에 적응하는 부담을 안을 수밖에 없다. 이것은 법률적인 면, 외환관리 및 정치적 위험요소 등의 다양한 문화적 요소를 광범위하게 포함하는 것이다. 이러한 여러 가지 어려운 변수를 해외 직접투자를 집행한 기업이 독자적으로 부담해야 하는 단점이 있다는 점이다.

단독투자를 통한 기업이 직면하게 되는 장점과 단점에 대해 선제적으로 잘 파악하여 대비하는 것이 매우 중요하다. 단독투자는 과감한 현지화 전략으로 사업을 크게 확대할 수 있는 가장 적극적인 해외시장 진입 전략이다. 만약 시장별로 현지화가 필요한 경우에는 과감한 투자를 통한 현지공장설립으로 현지시장을 확보하는 것은 장기적인 관점에서 기업에게 큰 이익이 되기도 하는 것이다. 하지만 진출 시장의 여건과 경쟁사의 마케팅 전략, 사회·문화적 환경 및 경제 환경에 대한 정확한 분석이 필요하며 소비자 시장에 대한 효과적인 해외 마케팅 조사가 필수적으로 요구된다. 이러한 객관적이고 계량화된 조사를 바탕으로 최고경영자의 과감한 투자를 통해 글로벌 기업으로 도약이 가능하며 소비자의 욕구를 적시에 만족시킬 수 있는 것이다. 또한 국제 마케팅믹스를 구축하기 위해 기업은 해외시장 진입 전략을 시장에 맞도록 구사함으로써 효과적인 마케팅 전략을 완성할 수 있다.

해외시장 단독투자 사례

2차 전지 산업이 포스트 코로나의 주요 이슈인 탈脫석유에 대응해 '포스트 반도체'로 불리며 급부상했다. LG화학·삼성SDI·SK이노베이션 등 주요 배터리 제조사는 미국·유럽·중국 등 전세계 각지에 대규모 공장을 건설하는 등 해외 사업을 확장하면서, 차세대 배터리 개발을 공식화하는 등 공격적 시장 공략에 나섰다.

4일 관련 업계에 따르면 SK이노베이션은 지난 4월 헝가리 배터리 생산공장인 코마롬2공장 증설을 위해 300명의 기술인력을 보냈다. 최근에는 1조 1000억원을 들여 미국 조지아주에 제2공장을 짓겠다고 발표했다. 이미 완공한 헝가리 제1공장과 중국 창저우 공장, 건설중인 미국 제1공장 등이 본격 가동되는 2023년이 되면 SK이노베이션의 배터리 생산량은 연간 전기차 142만대(대당 50kWh)에 배터리를 공급할 수 있는 규모(71GWh)로 늘어난다. 2025년에는 100GWh까지 확대할 계획이다.

글로벌 1위인 LG화학은 올해 발표한 6조원 가까운 시설투자CAPEX 계획 중 3조원을 전지사업부문에 투자하기로 했다. 이를 통해 폴란드 배터리공장을 증설하는 등 연말까지 배터리 생산능력을 100GWh까지 확보한다는 계획이다. LG화학은 한국과 미국, 중국, 폴란드 등에 배터리 생산 공장을 확보해 두고 있다.

삼성SDI도 지난해 말 헝가리 공장 증설에 1조2000억원을 투입하기로 했다. 올해 배터리 생산능력을 30GWh로 늘리고, 향후 5년간 4배 이상 확대한다는 계획도 내놨다.

국내 주요 배터리 업체들이 조 단위의 금액을 들여 유럽·미국 등에 공장을 건설·증설하는 건 코로나 이후 급격하게 늘어날 전기차 배터리 수요에 선제 대응하기 위함이다.

코로나19 사태로 인한 글로벌 셧다운으로 전기차 생산 중단, 수요 감소와 함께 신모델 출시 지연 등 악재가 이어지자 한 때 배터리 산업에서는 위기론이 대두되기도 했다.

그러나 역설적이게도 글로벌 셧다운으로 공장이 멈추자 탄소 배출국인 중국·인도 등의 대기가 깨끗해지고, 이탈리아의 운하가 맑아지는 등 긍정적인 변화가 눈으로 확인됐다.

이를 계기로 사람들의 관심은 친환경과 에너지 전환으로 쏠렸고, 자연스럽게 가솔린·디젤 등 매연을 내뿜는 차량 대신 친환경 전기차에 대한 관심이 폭발적으로 높아졌다.

실제로 올해 상반기 독일과 영국의 전기차 판매량은 전년 동기 대비 각각 115%, 192%씩 급증했다. 영국 등 유럽 주요국 대부분이 2018년 12월

파리기후협약에 따라 2030년까지 승용차의 이상화탄소 배출량을 37.5% 감축하기로 하면서 전기차를 대안으로 내놓은 점도 전기차 수요 증가의 요인이 됐다.

이는 배터리부문의 영업실적으로 증명이 된다. LG화학은 전기차 배터리와 에너지저장장치ESS 등 배터리 부문의 2분기 실적에 대해 분기기준 최대인 영업이익 1555억원을 올렸다고 공시했다. 같은 기간 LG화학 영업이익 5700억원 중 상당부분이 배터리 부문에서 나온 셈이다. 지난해 2분기 배터리부문의 영업이익은 1280억원 적자였다.

배터리 부문 매출액도 올해 2분기에는 2조8230억원으로 사상 최대치를 기록했다. 전년 동기(2조94억원)보다 40.49%(8136억원)나 늘었다. 주력 사업인 석유화학의 매출액이 1년 전(3조9364억원)보다 15.84% 하락한 3조3128억원을 기록한 것과 대비된다.

삼성SDI와 SK이노베이션의 경우 배터리 부문에서 아직 영업손실을 내고 있지만 성장세가 뚜렷해 빠른 시일 내 흑자로 돌아설 것으로 업계에서는 보고 있다.

삼성SDI는 지난달 28일 실적발표 당일 콘퍼런스콜에서 "적자가 지속 중인 전기차 2차 전지사업을 내년 단독으로 흑자전환 시키는 게 목표"라고 말했다. 이들은 유럽, 미국 등 각국의 친환경 정책에 따라 에너지저장시스템ESS의 수요 확대에 대해서도 기대하고 있다.

ESS는 태양광 등 재생에너지를 통해 생산된 전기를 보관해두는 장치다. 신재생에너지의 경우 배터리와 달리 바로 쓰지 않으면 사라져버리기 때문에 ESS가 필수다. 유럽은 기존 화석연료 발전을 축소하고 신재생에너지 비율을 계속 높여가고 있다. 영국의 재생에너지 발전량 비중은 올해 1분기 47%로 사상최대치를 기록했다.

해외시장에서는 연평균 40% 이상의 고성장이 전망된다. 국내에서도 정부가 그린뉴딜을 내세우면서 ESS에 대한 수요가 커질 것으로 보인다.

LG화학은 해외에 집중해 수요에 맞춰 대응할 예정이다. 삼성SDI는 국내 1000여 개 사이트를 대상으로 안전성을 강화하는 조치를 완료했다. SK이노베이션도 초기 단계이긴 하지만 배터리사업과 함께 한 축을 담당하게 될 만큼 향후 사업을 확장할 계획이라고 밝혔다.

이와 함께 폭발·화재로부터 안전한 차세대 배터리 개발에도 열중하고 있다. 전기차의 가장 큰 약점은 주행거리다. 배터리가 많이 담길수록 주행거리가 길어지는 반면 차량의 무게도 무거워진다. 이 때문에 모든 배터리 제조사들이 에너지밀도가 높은 배터리 개발에 몰두하고 있다.

에너지밀도가 높아질수록 액체상태인 전해질과 리튬이온 등은 불안정해진다. 특히 충돌이나 열 때문에 분리막이 손상을 입거나, 전해질이 새어나와 양극과 음극이 만나게 되면 화재나 폭발로 이어질 수 있다.

이를 방지하기 위해 차세대 배터리에는 고체로된 전해질이 사용된다. 대표적인 사례가 삼성SDI의 전고체 배터리다. 삼성SDI는 오는 2027년부터 전고체배터리를 상용화하겠다고 공식 발표했다. 전고체 배터리는 별도의 분리막이 필요없어 크기를 더 작게 만들수도 있고 열과 충격에도 안전하다.

SK이노베이션도 지난해 노벨화학상 수상자인 존 굿이너프 미 텍사스대 교수와 차세대 배터리인 '리튬메탈' 배터리 개발에 나선다. 기존의 흑연이나 실리콘 대신 리튬메탈을 음극재로 활용한다. 지금은 배터리를 충전할 때 리튬이온이 음극 표면에 쌓이면서(덴드라이트 현상) 분리막을 찢어 화재나 폭발이 발생할 수 있지만, '고체 전해질'에서는 이를 막을 수 있다.

LG화학은 전고체 배터리와 함께 리튬-황 배터리를 차세대 배터리로 개발중이다. 2030년을 목표로 하고 있다. 김준 SK이노베이션 총괄사장은 "코로나19 영향으로 사상 최악의 경영 환경에 놓여 있지만, 사업 체질을 개선하고 비즈니스 모델을 혁신하는 기회로 삼아 위기를 극복해 가고 있다"고 말했다.

―출처: 2020년 8월 4일자 서울파이낸스

4부 국제시장 세분화 및 진출 전략 요약 정리

기업이 진출하고자 하는 시장에 대해 세분화하는 것은 국제 마케팅의 전략 중에서 핵심적인 활동이다. 기업은 세분화를 위해 소비자의 유사한 구매패턴을 보이는 그룹으로 구분하는 것이다.

세분화를 위한 기준변수로는 인구통계학적 기준변수, 지리적 기준변수, 사회문화적 기분변수 및 경제발전지표 기준변수가 있다.

효과적 세분화의 요건은 아래와 같이 나눠진다. 첫째, 세분화가 국제시장에서 측정 가능한 것이어야 한다. 둘째, 해외시장에 대해 접근 가능해야 한다. 셋째, 해외시장이 충분한 규모가 되어야 한다. 넷째, 세분화가 국제시장에 실행 가능해야 한다. 마지막으로 해외시장에서 제품이나 서비스 등에서 차별화가 되어야 한다.

목표시장 전략에 있어 고려 사항은 다음과 같다. 첫째, 기업의 내부 및 외부 자원을 고려해야 한다. 둘째, 기업의 제품이나 서비스가 해외시장에서 동질성이 있는가를 파악해야 한다. 셋째, 제품의 수명주기가 해외시장에 적합한가를 검토해야 한다. 넷째, 경쟁사의 마케팅 전략도 면밀하게 파악해야 한다.

기업의 국제시장 포지셔닝의 절차는 소비자를 분석하고 경쟁사의 전략을 분석한 후 경쟁사 중심의 포지셔닝을 한다. 이 후에 자사의 포지셔닝을 실행한다. 이 과정을 통해 포지셔닝 전략을 평가하고 재포지셔닝 절차를 밟게 된다.

국제시장에 대한 진입 전략으로는 수출, 라이센싱, 프렌차이징, 합작투자 및 단독투자가 있다. 기업은 시장 환경에 맞는 진입 전략을 채택하여 해외시장을 공략해야 한다.

토의 문제

1. 국제시장 진출을 위한 세분화의 개념을 설명하라.

2. 효과적 세분화가 되기 위한 요건은 무엇인가?

3. 해외시장에 대해 표적시장 전략의 고려 사항은 어떻게 되는가?

4. 국제시장의 포지셔닝 절차를 순서적으로 나열하고 설명하라.

5. 국제시장 진입 전략은 무엇이 있으며 각각에 대해 서술하라.

해외 진출 성공 사례

프랜차이즈 기업의 해외 진출 성공 사례가 속속 등장하고 있다. 2002년 부산 해운대의 33m² 남짓한 점포로 출발했던 '본촌치킨'은 매콤달콤한 특제 소스 맛과 어우러진 바삭한 튀김치킨으로 해외시장에서 큰 호응을 얻으면서 성장하고 있다. 현재 미국, 필리핀 등 전 세계로 점포를 확장하면서 글로벌 프랜차이즈로 도약하고 있다.

중국에서 큰 성공을 거둔 커피숍 만커피MANN Coffee 역시 해외 진출로 성공한 브랜드다. 만커피는 중국인들이 오랫동안 편안하게 앉아서 대화를 나누거나 일을 할 수 있는 공간을 선호한다는 특성에 맞춰 패스트푸드 음식점처럼 빨리 먹고, 빨리 일어나야 하는 서구식 커피 전문점과는 다른 콘셉트를 내세웠다.

따라서 널찍한 공간에 안락한 소파와 의자, 분위기 있는 고가구, 마음을 편하게 해 주는 백열등과 할로겐 등으로 실내를 꾸몄다. 만커피는 특히 중국 젊은이들의 큰 호응을 얻어 현재 중국 내 스타벅스 등의 주요 커피 브랜드와 당당히 어깨를 겨루며 매장을 확장해 가고 있다.

커피베이도 미국 월마트 진출에 이어 필리핀에서도 성공적으로 운영되고 있다. 작년 12월에 필리핀 세부 아이티 파크CEBU IT PARK에 두 번째 매장 I.T. PARK점(이하 아이티파크점)을 오픈하고 현지인들의 뜨거운 반응을 일으키고 있다. 커피베이는 앞서 필리핀 최대 쇼핑몰인 SM몰에 1호점을 입점하여 약 2년 동안 동남아 시장 진출을 위한 철저한 시장 분석과 운영 노하우를 쌓아왔으며, 그동안 쌓은 경험에 한류를 접목시켜 글로벌화를 이뤘다. 메뉴와 인테리어, 서비스 모두 현지인들로부터 매우 높은 평가를 받고 있으며 가맹문의가 속속 이어지고 있다.

해외 진출은 '양날의 칼'이다. 사전 준비 없이 나가면 십중팔구 실패한다. 창업가정신entrepreneurship으로 해외의 더 넓은 시장을 선점하고 개척해야 한다는 것은 너무도 당연하지만, 그렇다고 준비와 전략이 없는 도박Gambling이 되어서는 안 된다.

우선 국내에서 충분한 경험과 운영 노하우를 터득한 후 해외로 진출해야 한다. 프랜차이즈 시스템은 단순히 차별화된 상품 및 서비스를 판매하는 비즈니스 모델이 아니다. 가맹본부의 시스템 구축, 가맹점 및 협력 업체와의 교육 및 통제, 고객관리 및 마케팅 전략 등에 대해 충분히 경험하고 준비가 돼 있어야 한다.

거시적 외부 환경 분석과 미시적 산업 환경 분석을 통해 환경 변화에 대한 대처 능력도 보유하고 있어야 한다. 한마디로 프랜차이즈 기업의 CEO는 오케스트라의 솔리스트가 아니라 지휘자처럼 이러한 모든 것들을 유연하게 리드할 수 있는 능력을 갖추고 있어야 하는 것이다. 해외시장은 프랜차이징 전개가 더 복잡하고 어렵다. 국내에서 쌓은 성공 노하우를 갖고 있지 못하면 해외시장에서 잘될 리 만무하다. 국내에서의 큰 성공을 기반으로 해야 해외 진출 전략을 잘 세울 수 있다.

창업 전문가들은 "국내에서의 맛과 품질 경쟁력, 그리고 프랜차이즈 사업 경험은 해외에서도 큰 도움이 된다"며 "그러나 현지의 법과 제도, 문화를 이해하고 물류 등 프랜차이즈 사업 전개 인프라를 구축하는 데는 많은 어려움이 따를 수 있다"고 주의를 요한다. 또한 "이미 웬만한 해외시장은 글로벌 브랜드들이 치열한 경쟁을 펼치고 있어 국내에서 제품의 경쟁력이 없으면 해외시장에서는 더더욱 성공할 수 없다"고 조언한다.

이들은 진출하려는 국가에 대한 철저한 시장조사와 함께 현지에 직접 방문해 충분한 시간을 들여서 밀착조사를 할 것을 권유하고 있다.

전문가들은 "외식업 등 프랜차이즈 사업은 일종의 서비스업이기 때문에 시중에 떠도는 객관적인 조사 자료만으로는 부족하다. 현지에서 직접 관찰하고, 현지인들과 소통하면서 그들의 문화와 융합할 수 있는가를 자세히 살펴야 한다"고 강조한다.

해외 진출 실패는 국내 사업에 악영향을 끼치는 부메랑이 될 수 있다. 따라서 실패에 대한 리스크 관리가 매우 중요하다. 이를 위해 초기 투자자금이 많이 드는 직접투자 및 합작투자 방식보다는 마스터프랜차이즈 계약을 체결하는 것이 중소 프랜차이즈 기업에게 위험 부담이 덜하다는 것이 대체적인 시각이다. 또한 여러 국가에 동시다발적으로 진출하는 것보다 한 국가나 지역에 집중 투자하고, 일단 거기서 성공하면 단계별로 국가나 지역을 확대해나가는 것이 위험을 줄일 수 있는 방법 중 하나이다.

김재홍 중앙대 산업창업경영대학원 겸임교수는 "자본이 부족하지만 기술력(제품력)이 있는 중소기업은 대기업과 제휴해서 해외 진출을 모색해보는 것이 리스크를 줄이는 방법인데, 이러한 상생협력 문화가 정착되도록 하는 정부의 제도적 뒷받침도 필요하다"고 말했다.

본 글로벌 프랜차이즈Born Global Franchise도 고려할 만하다. 창업과 동시에 세계화를 추구하는 방식으로 초기부터 아예 해외에서 프랜차이즈 회사를 설립하거나 직영점을 운영하는 경우를 말한다. 즉 국내에서의 경험을 바탕으로 특정 제품에 대한 전문성을 가진 창업가가 직접 현지에 진출해서 그동안 쌓은 노하우로 현장을 진두지휘해나가는 경우이다.

경쟁이 심한 국내에서 벗어나 현지에서 직접 프랜차이즈 사업을 전개해나가는 이 방식은 한국인 특유의 성실성을 바탕으로 한류 붐을 등에 업고 현지에서 성공하는 사례도 많다. 이들은 현지에서 성공한 후 인접한 다른 국가로 진출하거나 역으로 국내로 진출하기도 한다. 최근 K-팝 스타를 키우는 연예기획사들도 연예인들이 처음부터 해외에서 활동을 시작하게 해 성공 사례를 많이 배출하고 있는데, 이 경우와 비슷하다.

브랜드 동일성을 위한 표준화와 진출하려는 국가의 현지화 사이의 균형점을 찾아 현지 실정에 맞게 최적화시키는 것도 중요한 성공 포인트다. 지나친 표준화는 현지에서의 수용력을 떨어뜨릴 수도 있는 반면, 지나친 현지화는 프랜차이즈 브랜드의 가치를 감소시키는 부정적인 측면이 있음을 고려해야 한다.

—출처: 2019년 6월 3일자 일요시사 자료 참고

LUSH 모로코 진출 실패

1994년 설립돼 영국에 본사를 둔 화장품 회사 LUSH는 비누, 샤워젤, 샴푸, 린스, 목욕제, 핸드로션, 보디로션, 마스크팩 등 다양한 수제 제품을 생산 판매한다. 그 회사는 제품에 과일과 채소, 필수기름, 합성재료, 꿀, 밀랍 등 유기농 원재료를 주로 사용한다. 동물성 지방을 사용하지 않으며 동물실험을 반대하는 운동에 참여하기도 하였다.

유통기한은 최대 1년이며, 용기포장을 최소화해 친환경기업 이미지를 실천하였다. 제품은 수제품답게 제조자의 이름 및 얼굴을 캐리커처해 스티커로 부착하는 방식을 활용하였다.

제품은 100% 식물성이고 그 가운데 83%가 절대적 식물성 제품을 강조하였다. 또한 60%는 무방부제 제품으로 구성되었다. 무방부제 제품은 자몽주스, 바닐라 열매, 아보카도 버터, 로즈마리 오일, 파파야와 코코넛을 사용되며, 비누에도 글리세린, 리날롤, 메틸, 프로필파라벤을 첨가하였다. 따라서 유기농의 천연원재료를 그대로 사용하지만 100% 천연화장품은 아니었다. LUSH의 판매가격은 모로코 내 천연화장품보다 훨씬 높고, 이는 영국에서의 LUSH 제품보다도 더 높은 수준이었다.

그 회사가 진출 전부터 모로코에는 저렴하고 신뢰도 높은 국내산 천연화장품이 시장을 점유하고 있었다. 사실 모로코인은 천연화장품에서 국산 화장품에 대한 선호도가 높았다(예를 들면100% 아르간 오일 등을 사용함). 해외 화장품의 경우 천연화장품으로 규정하기가 어려웠기 때문에 LUSH 상표가 갖는 이미지의 신뢰도가 상당히 하락하였다.

LUSH社의 사업 신조 중 친환경적인 제품 즉, 포장 최소화 및 동물실험 반대 등에 대해 모로코 사람은 불행히도 큰 관심이 없었다.

이 때문에 LUSH가 모로코에 진출하였으나, 가격 문제로 모로코 소비자의 관심을 끄는 데 실패하였다. 제품의 타깃Target이 상대적으로 구매력이 약한 젊은 세대인 점을 고려할 때 소비자 가격이 지나치게 높게 책정되었다. 이러한 결과로 인해 회사는 수익 창출에 실패하여 2년이 지나지 않아 폐점하게 되었다.

위의 사례를 미루어 볼 때, 아프리카, 중동, 유럽의 특성을 모두 갖는 모로코에서 성공하려면 확실한 타깃층과 가격경쟁력을 무기로 한 포지셔닝만이 경쟁이 치열한 시장에서 생존할 수 있다.

—출처: KOTRA 카사블랑카 무역관 자료 참조

제5부
국제 마케팅믹스

제1장

국제시장 마케팅믹스 의의

1. 국제시장 마케팅믹스 개념

해외 현지시장에 대한 환경 분석에 따른 해외시장 마케팅 조사를 바탕으로 해외 진입 전략을 수립한 기업은 구체적으로 국제시장에 대한 마케팅 전략을 수립하게 된다. 국제 마케팅믹스International Marketing Mix는 국내 마케팅에 비하여 더 복잡한 양상으로 나타날 수밖에 없다. 왜냐하면 환경적인 측면에서 서로 상당히 다른 시장에 제품을 소개하고 판매해야 하는 문제에 봉착하기 때문이다.

국제 마케팅믹스는 진출국의 시장에서 해외 고객의 욕구를 만족시키기 위해 시장에 적합한 제품을 경쟁사에 비해 경쟁력이 있는 가격으로 최대한 설득력이 있고 효과적으로 홍보활동을 전개하여 가장 적절한 유통 방법으로 판매를 하도록 마케팅 전략을 융합하는 활동이다.

국제 마케팅믹스의 구성요소는 국제시장 제품 전략, 가격 전략, 유통 전략 및 홍보 전략이 있다. 이 구성요소 중 하나라도 해외시장에 적합하지 못한 경우에는 기업의 영업활동의 성공을 기대하기는 매우 어렵다. 왜냐하면 이러한 마케팅활동의 적절한 조합이 기업의 영업활동에서 경쟁우위를 창출하기 때문이다.

2. 국제 마케팅믹스의 구성요소

국제 마케팅믹스를 구성하는 요소로는 4가지로 아래와 같이 제품 전략, 가격 전략, 유통 전략 및 홍보 전략이 있다.

1) 국제시장 제품 전략

해외시장은 국내시장과는 차이가 매우 크기 때문에 기업이 신규 또는 기존 제품을 시장에 출시하기 위해 고려해야 할 사항으로 제품의 속성, 시장 적응성 및 글로벌 브랜드 자산의 여부 등이 있다. 기존 제품을 확장하여 시장에 그대로 진출할지 아니면 새로운 제품을 개발하여 해외시장에 다른 제품 속성으로 제품 포지셔닝을 할지는 시장 상황별로 매우 정교하게 접근해야 해외시장에서 성공적으로 매출 신장을 노려볼 수 있을 것이다.

2) 국제시장 가격 전략

해외시장에 따라서는 가격이 가장 핵심적인 결정인자가 되기도 한다. 그러한 의미에서 가격은 제품에 대해서 또는 품질적인 면에서도 많은 부분을 설명해 주는 도구가 되기도 한다. 기업이 해외시장에서 마케팅 전략을 효과적으로 수행하기 위해서는 시장 분석, 경쟁자 분석을 통해 현재 통용되는 가격을 분석하는 것이 매우 중요하다. 이것을 바탕으로 제품과 품질의 포지셔닝을 통해 가격을 결정하고 자신의 제품에 적절한 가격을 시장에 제시해야 소비자의 선택을 받을 수 있는 것이다. 간혹 제품과 품질, 서비스의 모든 면에서 만족스럽지만 지나치게 가격이 고가이고 시장의 특성에 맞지 않아 실패하는 기업도 있기 때문에 세심한 시장 분석으로 가격 정책을 적합하게 수립하는 것은 핵심적인 마케팅 활동이 되는 것이다.

3) 국제시장 유통 전략

기업은 진출국가에서 어떠한 방법으로 제품을 전시 및 진열하고, 오더 접수 후에 어떤 운송수단으로 배송할 것인지를 결정해야 한다. 또한, 소비자에게 최종적으로 전달되는 유통의 형태나 판매장소 등을 정확하게 제시해야 한다. 소비자들이 손쉽게 구입이 가능하도록 유통을 구성하는 것이 필요하며, 최근의 급변하는 유통형태로의 변신도 현지 진출국가의 사정에 따라 유통혁신이 필요하다. 코로나와 같은 팬데믹 상황에서 온라인 주문과 빠른 배송 방식 등을 통하여 최종소비자에게 전달되는 편리한 유통혁신의 도입이 더욱 필요한 때이다.

4) 국제시장 마케팅 커뮤니케이션 전략

진출하고자 하는 국가의 소비자는 국내 소비자와는 크게 차이가 난다. 홍보활동에 있어서 이러한 상이한 점을 반드시 고려해야 하고 전략적으로 기존 경쟁사와는 차별화된 홍보 전략이 필요하다. 현지국의 사정에 따라 판매 촉진활동이 더욱 효과적인 마케팅 커뮤니케이션 활동이 되기도 한다. 왜냐하면 시장과 제품 특성에 따라서는 SNS, 쿠폰발행 또는 인적 판매활동 등이 TV, 라디오 광고보다도 효과를 발휘하는 국가도 있다. 국가별로 또는 제품특성별로 신문이나 잡지에 의한 홍보활동이 더욱 효과가 높은 방식이 되기도 한다.

소비자 구매 의사 결정 과정

국제 마케팅에서 소비자의 구매 의사 결정 과정을 파악하는 것은 핵심적인 활동이다. 소비자들이 구매를 위해 의사 결정하는 일련의 과정을 이해하는 것은 전략 수립을 하는 데 반드시 필요하다.

1. 소비자 행동

소비자는 심리적(동기, 학습, 태도) 및 사회적(준거집단, 가족, 사회계층, 문화) 요인 및 상황적 요인(커뮤니케이션, 구매, 사용 및 구매 후 상황)에 의해 개인적 특성을 형성한다. 소비자는 관여도에 따라 정보 처리 과정과 구매 의사 결정 과정을 다르게 형성한다. 여기에서 소비자에게 고관여高關與 제품의 경우라고 가정하면 아래의 과정을 거치게 된다.
첫째, 정보 처리 과정은 제품의 정보에 노출되면 감지를 하게 되고 고관여 제품이므로 주의를 기울이게 된다. 지각의 과정을 통해 기억memory하게 된다. 이러한 개인으로서 소비자는 전체 과정을 거치게 된다. 전체 정보 처리 과정을 도식화하면 아래와 같이 나타낼 수 있다.

노출 ➡ 감지 ➡ 주의 ➡ 지각 ➡ 기억

둘째, 고관여 제품의 경우 구매 의사 결정 과정이 저관여低關與 제품에 비해 다소 복잡한 과정을 거쳐 이루어진다. 왜냐하면 소비자에게는 제품에 대한 관심과 지식도 높기 때문이다. 따라서 아래와 같이 더 까다로운 과정을 통해 파악하는 것이다.

문제인식 ➡ 정보탐색 ➡ 대안평가 ➡ 구매 ➡ 구매 후 행동

위와 같이 소비자에게 고관여도가 높은 제품인 경우 복잡한 구매 의사 결정 과정을 통해 최종적으로 구매에 이르게 된다. 반면, 저관여 제품의 경우 소비자는 다소 단순한 과정을 통해 구매 의사 결정을 한다. 정보 처리 과정에서 정보에 대해 노출되고 감지함과 동시에 이전 기억을 회상하게 된다. 또한 구매 의사 결정 과정도 문제 인식에 따라 정보탐색과 대안평가 없이 바로 구매에 이르게 된다. 이는 소비자들이 저관여 제품의 경우 구매 의사 결정의 복잡한 단계를 거치지 않고 편리한 방식으로 소비하고자 하기 때문이다.

2. 소비자 대안평가 영향요소

1) 대안 선택과 평가 이론

(1) 휴리스틱
휴리스틱Heuristic은 소비자들이 구매 의사 결정 과정 전체를 거치지 않고 개인의 경험과 직관으로 문제를 단순화하여 해결하는 소비자의 어림진작이다. 다시 말하자면, 저관여도 제품을 구매하는 소비자는 복잡한 구매 의사 결정 단계를 거치는 것을 선호하지 않고 가용한 지식이나 직관 등에 의지하여 제한적 합리성에 근거하여 구매를 결정하는 것이다.
휴리스틱의 예로는 대표성 휴리스틱, 가용성 휴리스틱, 기준점 효과와 조정 휴리스틱, 보유 효과 휴리스틱 등이 있다. 이러한 휴리스틱에 의한 구매 결정으로 합리적 선택이 때로는 제한받게 되기도 한다. 왜냐하면 휴리스틱에 의한 구매 결정은 객관적 정보를 띠올리기보다도 쉽게 떠오르는가를 기준으

로 구매를 판단하기 때문이다.

(2) 행동경제학 이론

소비자의 행동을 설명하는 대표적인 이론으로 Prospect theory 전망 이론와 Mental accounting 심적 회계 등이 있다.

첫째, 전망 이론에서는 인간은 느린 사고와 빠른 사고를 동시에 보유하고 있다고 한다. 빠른 사고는 감정적이며 직관에 가까우며 느린 사고는 합리적이고 논리적이다. 인간의 선택에서 빠른 사고로 선택하는 경우에는 문제를 발생할 가능성이 높다. 예를 들면, 주식 투자에 있어서 투자자는 기준점에 의존하는 성향Reference Dependence이 강하여 손실에 매우 민감하다. 또한 투자자는 손실회피Loss Aversion하는 성향을 보인다. 왜냐하면 투자자는 객관적 가치보다 주관적 가치로 평가하여 준거점Reference보다 손실이 발생하는 경우 더욱 큰 손실로 인식하는 경향이 있기 때문이다. 반면, 투자자가 인식하는 가치함수에서 이득이 발생하는 경우 지속적으로 상승하기보다는 완만해진다.

둘째, 심적 회계에서는 소비자는 마음속으로 자신의 소비 계획과 소비액을 가지고 소비를 하려 한다고 설명한다. 따라서 기업은 소비자들에게 마음의 부담감을 줄여주는 것이 중요하다. 즉, 큰 이득과 작은 손실을 결합하거나 큰 손실과 작은 이득을 분리하는 것이다. 흔히 쿠폰 발행, 카드 할부혜택, 1+1 행사 등을 제안하여 소비자들의 심적 부담감을 덜어주어 소비를 유도하는 것이다.

2) 대안 선택의 정당화 및 맥락효과

(1) 빈도효과와 범위효과

기업이 국제시장에서 자신의 브랜드가 상대적으로 우위에 있는 경우 신규 브랜드를 추가하면 빈도효과Frequency effect를 일으키게 되어 고객들의 선택을 더 받게 될 가능성이 높아진다.

범위효과Range effect는 기업의 브랜드 지위가 비대칭적으로 경쟁기업보다 낮게 인식되는 경우에 기업이 비교적 낮은 미끼제품으로 새로운 브랜드를 추가하여 경쟁기업과의 심리적 격차를 줄이는 효과를 말한다.

(2) 후광 및 프레이밍효과

후광효과Halo effect는 기업이 가진 한 제품의 특정한 속성에서 형성된 전체적 인상이 관련성이 없는 제품에도 영향을 미치는 현상을 일컫는다. 예를 들어 LG전자의 좋은 브랜드 이미지가 다른 관련성이 없는 LG생활건강 등의 연관된 기업들에 영향을 미치는 경우를 말한다.

프레이밍효과Flaming effect는 기업이 같은 정보를 소비자에게 다르게 보여줌으로써 제품에 대한 평가가 달라지는 효과를 말한다. 예컨대 마트에서 신용카드 결제는 5% 가격 할증과 현금IC결제를 하는 것을 가정한다면, 현금IC결제의 5% 할인을 강조하면 소비자는 5% 이득이라고 여긴다. 이처럼 같은 정보를 어떻게 보여주는지에 따라 제품과 서비스 평가는 달라진다.

(3) 유인 및 타협효과

유인효과*는 기존 대안보다 열등한 대안을 제시하여 기존 대안이 더 선택되는 효과를 말한다. 반면 타협효과**는 제품의 대안이 양극단에 있는 제품의 대안보다는 중간적 위치에 있는 제품이 더 선택되는 효과를 말한다. 예를 들면 스파게티값이 A식당이 3만원, C식당이 1만원, B식당이 2만원인 경우 B식당이 더 선택되는 현상을 타협효과라고 한다.

---

* 유인효과: Attraction effect
**타협효과: Compromise effect

국제시장 제품 전략

1. 제품의 개념

기업에서 판매하고 있는 제품에 대해 편익의 차원에서 분류하면 기능적 편익과 심리적 편익으로 구분된다. 기능적 편익은 실용적인 효용을 의미하며, 심리적 편익은 제품을 사용함으로써 소비자는 자신의 지위를 표시하는 편익으로 인식한다는 것이다.

1) 제품의 분류

기업에서 제품에 대해 분류할 때 3가지 기준으로 하는 것이 일반적이다. 첫째, 구매습관을 기준으로 하는 경우에는 크게 선매품選買品, 편의품便宜品, 전문품專門品으로 나눈다. 여기에서 선매품은 shopping goods 를 말하며 구입에 앞서 가격, 품질, 욕구 등의 적합성을 검토 후 구매하는 제품을 말한다. 반면에 편의품은 이미 완전하게 잘 아는 제품으로 생각하고 최소한의 노력으로 구입하고자 하는 제품을 의미한다. 전문품은 제품의 특성이 뚜렷하여 상표와 상점의 명성과 신용에 의존하여 구매하는 제품을 말한다.

둘째, 제품을 사용용도에 따라 산업재産業材와 소비재消費財로 구분한다. 쉽게 말해서 제품이 산업적인 용도로 사용되는 경우에는 산업재라고 하는 것이다. 한편 제품이 일상생활에 사용되면 소비재로 분류되는 것이다.

셋째, 제품의 품질평가시점에 따라 탐색재探索材, 신뢰재信賴材, 경험재經驗材로 구분한다. 여기에서 탐색재는 제품의 특징과 특성이 구매 전에 쉽게 측정이 가능한 제품을 말한다. 예를 들어 컴퓨터, 전자제품 등은 사용설명서 등을 통해 쉽게 제품의 세부 내역에 대해 파악이 가능하다. 반면에 경험재는 구매 전에는 쉽게 제품의 특징과 특성이 알기 어려운 제품을 말한다. 예를 들어, 의류, 식품 또는 화장품 등은 사용 전에 모든 특성을 파악하기 어렵다. 또 다른 제품으로서 신뢰재는 소비자가 제품의 효용성에 대해 가치 판단이 어려운 제품을 일컫는다. 예를 든다면 의료인에 의해 행해지는 의료서비스는 대표적인 신뢰재로서 소비자가 의료인에 대해 신뢰함으로써 의료서비스를 받게 된다. 이는 소비자로서는 의료 행위의 효용성에 대해 가치 판단이 어렵다. 그러므로 의료서비스, 법률서비스 및 고급 공연예술 서비스는 경제학 용어로서 신뢰재라고 한다.

2) 글로벌 제품 관련 고려요소

(1) 제품 속성 결정

① 제품 품질 결정
기업은 자신의 제품에 대한 품질수준, 품질 일관성 및 지각된 품질을 파악하고 시장에 진출 시 결정된 품질에 대해 책임 있게 관리하는 것이 필요하다. 자신의 역량에 맞도록 설정하고 품질관리에 만전을 기해야 한다.

② 제품 특징 결정
자신이 제조하거나 상품으로 판매하는 제품에 대한 제품의 사양과 특징을 명확하게 정의하고 특이한 사양을 결정함과 동시에 소비자에게 인식하는 것이 필요하다.

(2) 브랜드 결정

기업은 국제시장에 자신의 제품을 출시하는 경우에 제품의 이름이라고 할 수 있는 브랜드를 결정해야 한다. 그러므로 아래의 브랜드 선정에 있어 고려해야 하는 사항을 알아보고자 한다.

① 브랜드 의의
브랜드는 제품에 대한 인식표와 같아서 소비자들은 브랜드로 인해 생산자를 파악하게 되고 기업은 제품과 브랜드에 대한 배타적 사용권을 확보하게 되며 법률상 보호를 받게 되는 것이다.

② 브랜드 계층적 구조

브랜드의 계층적 구조로서는 기업브랜드corporate brand, 패밀리브랜드 family brand, 개별브랜드individual brand로 나눠진다. 첫째, 기업브랜드는 기업 명을 그대로 브랜드로 활용하는 것을 말한다. 단순하면서도 강력한 이미지를 주기도 한다. 장점으로서는 브랜드 제작 비용이 들지 않아 비용 절감이 되고 다른 제품에도 쉽게 적용이 가능하다는 점이다. 전체적으로 마케팅 비용도 줄어드는 장점이 분명히 있다. 하지만 단 점으로 만약 기업의 이미지가 안 좋아진다면 제품이미지에도 부정적 인 인상을 심어주기도 한다. 또한 브랜드를 다른 신제품으로 확장하 는 측면에서는 가끔 좋지 않은 결과를 가져오기도 한다. 이미 기존의 제품에 강하게 기업브랜드 이미지가 새겨져 있기 때문이다. 아래와 같이 삼성의 기업명이 그대로 브랜드로 사용되고 있다.

〈그림 5-1〉 삼성의 기업브랜드

둘째, 패밀리브랜드는 같은 제품군이나 유사한 제품품목에 대하여 동일한 브랜드를 사용하여 소비자에게 강한 이미지를 심어주는 목적 이다. 이 브랜드의 장점은 유사한 제품 중에서 한 가지 품목이라도 성공한다면 다른 품목까지도 강한 인상을 소비자들에게 심어주게 되 어 마케팅 비용이 상대적으로 줄어들게 되는 것이다. 하지만 한 가지 품목이라도 부정적 인상을 심어준다면 패밀리브랜드는 전체적으로 좋지 않은 영향을 받게 된다. 예를 들어, 패션업체인 파크랜드는 아래와 같이 다양한 패밀리브랜드를 사용한다. PARKLAND 브랜드는 '모든 비즈니스에 함께 하는 라이프 스타일'을 강조한다. CABRINI 브랜드는 '여유와 품격의 프리스티지'로 묶어서 구성되어 있다. J. HASS는 '도시 감각의 트렌디 브랜드'로 컨셉을 가지고 제품을 선보이고 있다. 이처럼 제품의 개념에 따라 패밀리 브랜드로 묶어서 시장의 소비자에게 어필하는 것이다.

〈그림 5-2〉 파크랜드의 패밀리브랜드

셋째, 개별브랜드는 기업의 단일제품군에 개별적으로 부여하는 방식으로 생활용품 기업들이 주로 사용한다. 이는 다른 제품군에서 부정적인 이미지를 심어준다고 하더라도 개별적으로 브랜드를 사용하기 때문에 영향을 덜 받게 되는 장점이 있다. 하지만 개별브랜드를 사용하게 되면서 마케팅 비용이 상대적으로 더 들어가게 되기 때문에 비용적인 측면에서는 기업에게는 부담이 되는 단점이 있다. 예를 들면, 현대자동차는 개별브랜드로서 GENESIS(제네시스)를 사용한다. 기업은 별도의 마케팅 비용으로 '제네시스' 브랜드를 따로 광고를 해야 한다. 만약 기업의 이미지가 비록 좋지 않게 된 경우라도 개별브랜드는 별도의 브랜드로 인식되어 영향을 덜 받게 된다. 하지만, 기업은 따로 광고를 제작해야 하고 마케팅을 별도로 실시함으로써 비용이 추가되는 단점은 있다.

〈그림 5-3〉 현대자동차의 GENESIS(개별브랜드)

③ 상표명 결정

국제 마케팅에 있어서 상표명을 정하는 것은 매우 중요한 사항이다. 사회·문화적 환경이 다르기 때문에 언어와 숫자 등과 같은 매우 민감한 부분을 건드릴 수도 있고 자칫 진출국가에서는 부정적인 의미로서 상표명이 정해지는 경우에는 제품 판매가 불가할 정도의 사안이다. 일반적으로 아래의 내용이 글로벌 마케팅에서 상표명을 정하는 가이드라인이 될 것이다.

상표명 결정의 고려요소

① 상표는 현지국가에서 부르기 쉽고 기억이 쉬워야 한다.
② 현지 언어상 부정적 의미로 해석되지 않는지 검토해야 한다.
③ 제품의 편익이 포함되도록 상표를 선정해야 한다.
④ 진출국가에서 독특한 상표는 권장할 만하다.
⑤ 상표등록이 되어 있는지 검토하고 합법적으로 상표 등록해야 한다.

---

④ 제조업자 또는 유통업자 브랜드

브랜드 선정과 관련하여 제품을 제작한 제조업자의 브랜드를 사용하거나 유통업자의 브랜드로 활용할 지는 상호 간 합의를 통해 현지국가의 현지 사정을 잘 고려하여 더 유리한 방식으로 선정하는 것이 절대적으로 필요하다고 할 것이다. 비즈니스 형태 또는 유통의 방식에 따라 브랜드 선정은 다르게 선정될 것이다. 아래의 〈그림 5-4〉는 제조업자의 브랜드를 사용한 것이며 〈그림 5-5〉는 유통업자의 브랜드를 사용한 경우이다.

〈그림 5-4〉 제조업자 브랜드   〈그림 5-5〉 유통업자 브랜드

⑤ 공동브랜드

기업이 진출국가에 진출하여 여러 기업이 함께 공동브랜드를 창출하여 공동으로 쓰는 방식도 있다. 이는 중소기업들이나 전략적 제휴 방식으로 진출한 경우 동일한 또는 유사한 제품을 유통하면서 공동의 브랜드를 함께 선정하여 동시에 여러 기업이 연합하여 공동브랜드를 쓰기 때문에 마케팅 비용이 현저하게 줄어드는 효과가 있다. 하지만 여러 기업 중 한 기업이 품질관리 또는 사회적 지탄을 받을 만한 일을 당하여 공동브랜드의 이미지를 실추시킨다면 다른 기업에게도 부정적인 영향을 심각하게 미치게 되는 단점이 있다.

⑥ 패키징 선정

일반적으로 제품의 브랜드가 패키징packaging에 나타나면서 제품 판매가 이루어진다. 소비재 상품의 경우에는 최종 소비자가 제품을 보는 첫 이미지가 패키징이다. 따라서 패키징은 그 제품과 기업에 대한 이미지를 좌우한다고 해도 무리가 없다. 이러한 점에서 패키징의 디자인을 선정하고 브랜드의 로고를 기업의 이미지를 좋게 함으로 해서 더 나은 마케팅 전략이 되는 것이다. 그러므로 제품의 개념과 브랜드 이미지를 동시에 향상시키는 가장 적합한 패키징을 구성하는 것이 매우 중요하다. 마지막 단계인 패키징과 포장 방법에 대한 세심하고 세련된 디자인을 통해 브랜드 자산을 확보하게 하는데 도움을 줄 것이다.

2. 브랜드 자산

브랜드 자산Brand equity은 기업의 제품에 브랜드를 부여함으로써 추가되는 가치를 말하며 브랜드 자산을 통해 기업은 기업 가치를 올릴 수 있고 시장점유율을 상승시키며 매출신장을 이룬다. 브랜드 자산을 향상시키는 것은 기업의 생존능력과 경쟁우위를 높여준다.

1) 브랜드 자산의 구분요소

브랜드 자산은 브랜드 인지도brand awareness와 브랜드 연상brand association으로 나눠진다. 브랜드 인지도는 브랜드 재인과 브랜드 회상을 의미한다. 브랜드 재인은 소비자에게 시각적으로 제품에 대해 생각이 나게 하는 것을 의미한다. 브랜드 회상은 청각적으로 제품에 대해 생각이 떠오르게 하는 것이다. 즉 글로벌 마케팅에서 마케터marketer는 고객들에게 제품에 대해 시각적으로 또는 청각적으로 어필appeal함으로써 제품의 가치를 향상시키며 제품의 브랜드가 하나의 자산으로 형성되는 것이다.

여기에서 브랜드 연상은 제품범주 및 속성과 관련된 것으로 기능과 효용성을 연상시키며, 제품속성과 연관되지 않은 원산지, 용도 및 사용자 등을 연상시킨다. 또한 브랜드 연상은 기업의 이미지를 상기시킨다. 브랜드 자산으로서 위의 브랜드 연상을 자연스럽게 형성시키기 위해 마케터는 제품과 연관성이 있거나 제품속성과 상관없는 부분과 기업의 이미지를 같이 보여주는 것은 매우 중요하다.

2) 브랜드 자산의 이점

브랜드 자산을 기업이 보유함으로써 누릴 수 있는 이점은 상당히 많다. 아래와 같이 브랜드 자산에 대한 장점을 정리해 볼 수 있다.

첫째, 고객으로부터 브랜드충성도를 확보함으로써 고객이 계속적으로 해당 제품을 구매하도록 하는 것이다.

둘째, 브랜드에 대한 인지도를 높임으로써 기업의 해당 제품에 대한 장기적인 고객을 확보할 수 있다.

셋째, 제품에 대한 지각된 품질이 자연스럽게 형성되어 향후 마케팅믹스와 결합하여 효과를 더 발휘하게 된다.

넷째, 브랜드를 고객이 볼 때에 긍정적인 이미지를 상기하게 되는 연상 작용을 일으킨다는 점이다.

3) 브랜드 자산 유지조건*

브랜드가 시장점유율과 리더십을 유지하기 위해서는 아래의 조건들을 충족해야 가능하다.

첫째, 브랜드가 서비스, 제품, 장소 등을 통해 구체화되어야 한다. 실제적인 면에서 브랜드가 소비자에게 구체적으로 표현되어야 하는 것이다.

둘째, 브랜드가 커뮤니케이션이 가능해야 한다. 이를 통해 소비자가 더욱 브랜드를 이해하고 내면화하게 된다.

---

* 장 노엘 케퍼러(2018), "The new strategic brand management"에서 내용 참조하여 발췌하고 재해석하였다.

셋째, 브랜드가 소비자에 의해 행동과 실천으로 활성화되어야 한다. 소비자가 브랜드를 통해 가치를 느끼고 소비행동으로 이어지도록 하는 것이 매우 중요하다.

넷째, 브랜드 체계의 접점에 있는 사람들에 의해 실행되어야 한다. 즉, 브랜드 컨셉, 브랜드 네임과 심벌, 제품 또는 서비스에 접하고 있는 사람들에 의해 살아있는 체계living system로 되어야 한다.

3. 글로벌 제품포지셔닝의 요인

글로벌시장에서 기업은 소비자들의 마음속에 제품을 위치시킴으로써 다른 경쟁제품과는 차별화된 전략이 되도록 하는 것이다. 다시 말해서, 기업이 선정된 목표시장 안에서 해당 제품을 적합한 위치에 배치하여 글로벌시장에서 경쟁우위를 확보시키는 전략이다.

1) 제품 편익에 따른 구분

포지셔닝 전략에서 제품 편익이나 특성에 의해 제품이 구분된다. 제품의 경제성, 신뢰성 및 내구성 등의 특성이 있는 부분을 강조하여 제품을 소비자시장에서 포지셔닝을 하는 것이다. 예를 들어 스웨덴 자동차 기업인 볼보volvo는 안정성을 강조하는 제품 편익을 강조하여 소비자들의 마음속에 안정성이 있는 제품으로 위치시키는 것이다. 또한 맥도날드는 '맥드라이브Mc-Drive' 방식으로 차에서 내리지 않고도 즐기는 편익을 강조하여 구매의 편안함을 강조하는 포지셔닝을 통해 마케팅 전략을 구사하는 것이다.

2) 제품 품질과 가격의 구분

글로벌시장에 제품포지셔닝을 하려고 할 때 제품의 품질과 가격은 중요한 요인이 된다. 제품의 품질을 고품질로 했을 때 기업의 품질수준과 일치하고 내부 역량으로 충분히 감당할 만한 경우에는 고품질로 해외 진출국가에 내놓는 것은 적합한 전략이 될 것이다. 또한 가격적인 면에 있어 경쟁사의 현재 상황을 고려해서 고가격 정책 또는 저가격 정책으로 갈 것인지를 결정해야 한다. 해당 해외시장이 고수익을 나타낼 수 있는 시장인지 아니면 경쟁이 치열해서 가격이 크게 민감한 시장인지를 파악해서 진출해야 하는 것이다.

3) 사용자와 사용의 요인

글로벌 제품포지셔닝의 전략 선정에 있어 사용자$_{user}$에 대한 고려는 핵심적인 요인이다. 해당 제품의 주요 사용자와 사용처$_{use}$를 아는 것은 무엇보다 중요하다. 예를 들어 말보로$_{Marlboro}$ 담배는 세계적으로 유명한 브랜드인데, 주요 사용자는 상당히 강한 니코틴을 선호하는 남성이므로 광고에서 카우보이가 농장에서 담배를 피우는 것으로 제품을 설정한다. 왜냐하면 해당 제품은 강한 남성적인 이미지를 강조하고 사용자에게 이것을 알리기 위해서이다. 또한 사용$_{use}$에 있어서 할리 데이비슨 오토바이는 일상을 탈피하고 스피드$_{speed}$를 즐기는 용도를 강하게 어필하여 제품의 소비를 촉진하는 것이다. 이것은 제품의 사용에 대한 포지셔닝을 통해 해당 제품의 주요 고객층이 주말에 넓은 길을 빠른 속도로 달리는 쾌감을 느끼는 활용을 보여줌으로써, 일상으로부터 해방을 꿈꾸는 욕구를 해소해 주는 것이다. 이처럼 사용자와 사용에 의해 글로벌 제품포지셔닝의 핵심 요인이 된다.

4) 하이테크*와 고감도** 제품의 특성

글로벌시장에서 하이테크와 고감도 제품의 특성상 판매할 때에 동일한 이미지를 강력하게 제시하는 것이 일반적으로 더 효과적이라고 본다. 다시 말하자면 하이테크 제품인 컴퓨터, 핸드폰, 전기자동차 등은 세계적으로 동일한 이미지와 광고를 통해 고객에게 더 크게 어필을 하게 되고 효과성이 크다. 또한 고감도 제품으로 화장품, 향수 및 패션제품 등은 세계적으로 동일한 광고와 사진을 보여줘 고객에게 더 친근하면서 공감하게 된다는 것이다.

4. 제품 전략 선정

글로벌 제품 전략은 제품과 마케팅 커뮤니케이션의 관계에서 확장, 적응과 결합 전략으로 설정이 가능하다. 즉 기존 제품을 해외 진출시장으로 확장하거나 적응하는 방식이 되고, 양자의 결합으로 전략을 수립하는 것을 의미한다.

아래의 〈표 5-1〉은 제품의 글로벌 전략(Green & Keegan, 2020)의 4가지 형태를 보여준다.

---

* 하이테크: High-tech

**고감도: High-touch

〈표 5-1〉 글로벌 제품 전략 유형

전략 2: 제품 확장-커뮤니케이션 적응 전략 Product Extension-Communication Adaptation	전략 4: 동시 적응 전략 Dual Adaption
전략 1: 동시 확장 전략 Dual Extension	전략 3: 제품 적응-커뮤니케이션 확장 전략 Product Adaptation-Communication Extension

—출처: Green & Keegan(2020), "Global Marketing", 10th edition, Pearson Education.

1) 전략 1: 동시 확장 전략

제1전략으로서 동시 확장 전략은 기업들이 자신의 국내시장을 벗어나 다른 해외 국가에 진출 시에 가장 흔하게 사용하는 제품 전략으로 기존의 제품을 활용하고 국내시장과 동일한 광고 및 판매 촉진으로 진출하는 것을 말한다. 이 전략은 4가지 전략 중에서 가장 수익성이 높은 전략에 속한다. 왜냐하면 기존의 제품으로 기존의 커뮤니케이션 전략을 그대로 다른 시장에 적용하는 것이다. 예를 들어 코카콜라는 자신의 제품을 그대로 채택하고 광고도 기존에 만든 것으로 진출국가에 적용하는 전략이다. 오히려 시장의 소비자들은 글로벌 광고를 통해 더욱 호기심을 가지게 되고 세계적인 브랜드와 맛을 체험할 수 있다. 이것이 가능하기 위해서는 소비자 특성을 선제적으로 파악하는 것이 필요하며 시장에 따라 다르게 적용해야 한다.

2) 전략 2: 제품 확장-커뮤니케이션 적응 전략

제2전략은 기존 제품으로 시장에 진출하면서 시장에 맞도록 광고를 새롭게 제작하여 시장의 소비자에 적응하는 것이다. 해당 전략이 제1전략보다는 마케팅 비용이 더 들겠지만 기존 제품을 그대로 적용한다는 측면에서 시장 진출에서 유리한 점이 있다. 또한 시장이 본국과 다른 경우가 많아 현지 진출국가의 성향에 맞는 광고를 제작함으로써 더 매력적으로 시장에 어필appeal할 수 있다.

예컨대 한국에서 스쿠터는 주로 레저용이나 음식 배송에 쓰인다. 하지만 동남아 시장에는 일반적으로 출·퇴근용으로 사용된다. 그러한 점에서 한국 스쿠터를 동남아 시장인 베트남이나 태국 등의 소비자에게 판매하기 위해서는 기존 제품인 스쿠터를 활용하면서 광고를 통해 출·퇴근길에서 안정성 있고 편안한 운전 등의 기능적인 면을 강조하는 것이 효과적이다. 이렇게 제2전략은 기존 제품으로 시장에 맞게 광고를 제작하여 판매를 진행한다.

3) 전략 3: 제품 적응-커뮤니케이션 확장 전략

제3전략은 시장별로 다른 제품을 출시하여 시장에 조건을 맞추는 것이며 광고와 판매 촉진활동은 크게 조정하지 않고 적용하는 전략이다.

예를 들어, 국가별로 제품에 대한 규제와 기후 조건 등이 다양하기 때문에 타이어의 경우 각 국가별로 적용하는 제품 세부내역을 다르게 적용한다. 구체적으로 겨울용 타이어는 북유럽의 한겨울에도 성능의 저하가 없는 것이어야 한다. 따라서 악천후를 이겨낼 타이어를 이러한 시장에는 출시해야 하는 것이다. 하지만 광고와 판촉에 있어서는 기존에 제작한 것을 조금의 조정만 하고 그대로 적용하여 별도의 제작비용이 들지 않는다.

4) 전략 4: 동시 적응 전략

제4전략은 시장별로 다른 소비자가 파악되고 내·외부적 환경의 차이가 확연히 나타나는 경우 다른 제품과 광고를 적용하는 전략이다. 다시 말하면 본국과는 너무나 다른 환경과 소비자의 특성이 발견되어 새로운 제품과 광고 전략이 필요할 때 동시 적응 전략Dual Adaption이 채택된다.

예컨대 음식의 경우 소비자의 입맛은 시장별로, 국가별로 천차만별이다. 이러한 시장과 소비자의 특성에 맞춰 현지 적응가능한 제품의 출시가 반드시 필요하다. 또한 문화적인 측면에서도 상이한 광고와 판매 촉진활동은 우선적으로 고려되어야 한다. 따라서 시장과 소비자의 특성에 따라 적합한 전략을 구사하는 것이 국제 마케팅의 성패를 좌우한다.

5. 신제품 개발 전략

1) 신제품 유형

신제품의 유형은 일반적으로 모방의 형태, 변화의 형태, 혁신의 형태, 응용의 형태로 크게 나눠진다.

모방의 형태는 비슷한 모양이나 기능으로 제품을 개발하는 것이다. 비용이 많이 들지만 소비자에게 큰 반향을 일으키기는 어렵다.

변화의 형태로서 신제품 개발은 기존 제품의 기능이나 모양 등을 변화시켜서 다른 종류의 제품으로 재탄생시키는 것이다. 긍정적으로 변화된 제품은 소비자에게 신선한 반향을 일으키게 되지만 비용적인 측면에서 많이 들 수도 있다.

여기에서 혁신의 형태로서 신제품 개발은 완전히 다른 혁신적인 모습이나 기능을 추가하여 완전히 틀을 깨는 제품을 혁신적인 제품이라고 한다. 이는 새로운 패러다임을 불러일으킬 정도로 혁신을 가져오는 제품을 말한다. 예컨대 처음 아이폰에서 개발한 스마트폰은 과히 혁신의 형태라고 할 것이다. 이러한 것을 통해 시장에서 선풍적인 인기를 끌 수 있다. 하지만 기존의 틀을 완전히 깨는 형태이기에 생산라인과 마케팅 등의 전체적인 변화를 가져와서 비용의 과도한 지출과 위험요소가 상당히 많다.

마지막으로 응용의 형태는 기존의 제품 디자인 및 기능의 긍정적인 부분을 바탕으로 조금의 기능과 디자인을 추가하거나 응용하여 신제품을 개발하는 형태이다. 이는 비용적인 부분은 다소 낮고 시장에서 안정적인 운영이 가능한 장점이 있다. 반면에 신제품에 적용한 응용이 시장에서 별다른 차별화가 없는 경우에는 큰 시장점유율 확대 또는 매출신장을 기대하기는 어렵다.

2) 신제품 성공요건

신제품이 성공적으로 시장에 정착하기 위해서는 아래의 요건을 갖춰야 할 것이다.

(1) 고객의 니즈needs를 잘 파악해야 한다.
(2) 기술적 우위를 가진 제품을 개발해야 한다.
(3) 기업역량에 부합한 제품을 개발해야 한다.

(4) 혁신적 제품이 되어야 시장의 반응을 이끌 수 있다.

(5) 최고경영진의 전폭적인 지원이 이뤄져야 한다.

3) 신제품 개발 전략 유형

신제품 개발 전략은 크게 두 가지로 구분할 수 있다. 첫째, 선제 전략Proactive strategy은 다른 경쟁자보다 앞서서 신제품을 개발하는 전략으로 시장의 선도자로서 역할이 가능해진다.

둘째, 대응 전략Reactive strategy은 모방 전략, 방어 전략, 보다 나은 두 번째 전략으로 일반적으로 구분된다. 모방 전략은 선두기업의 제품을 따라하는 전략이다. 방어 전략은 새로 개발된 제품에 대응하여 경쟁사의 신규 제품의 단점을 부각하거나 당사의 제품과 비교하는 전략으로 대응하는 것이다. 보다 나은 두 번째 전략은 새로 나온 제품을 참고하여 더 좋은 서비스 및 제품으로 시장에 더욱 어필appeal하는 것이다.

4) 신제품 개발 절차

신제품을 개발하는 단계를 체계 없이 진행하는 것은 성공하기 어렵다. 따라서 기업은 일반적으로 아래의 단계를 거치게 된다. 첫째, 아이디어 개발의 단계이다. 이 단계는 신제품이 시장 기회를 잘 살릴 수 있을지를 검토하는 단계이다. 아이디어의 원천은 고객, 내부 직원, 경쟁자 또는 유통업자 등이 될 수 있다. 따라서 기업은 신제품 아이디어를 얻기 위해 열린 마음으로 비즈니스에 임하고 각 경제주체로부터 문제 또는 기회를 잘 인식하고 활용하는 것이 필요하다.

둘째, 아이디어 평가를 거쳐야 한다. 아무리 혁신적이고 좋은 아이디어라고 해도 기업의 제품과 유통 방식 및 마케팅 전략 등과 일치하지 않는다면 그 아이디어는 채택되기 어렵다. 일반적으로 이 단계에서 제품컨셉Product concept의 개발과 테스트Test가 이뤄진다. 이러한 과정이 기업의 목적, 마케팅 전략 및 내부 역량과 일치하는 경우에 긍정적인 평가를 내리고 다음 단계로 나아간다.

셋째, 사업성 분석과 제품개발의 단계이다. 기업의 마케터는 신제품 개발에 따른 사업성 분석을 진행해야 한다. 다시 말해서 해당 신제품의 개발로 기업의 손익에 긍정적인 영향을 주는지를 검토하는 것이다. 또한 지속 가능한 경쟁우위를 확보할 수 있는지도 핵심적인 사항이다. 만약 이러한 결과가 기업에 장기적인 관점에서 긍정적인 영향을 준다면 제품개발을 진행하게 된다. 기술적인 면과 생산 가능성 및 대량 유통의 가능성 등을 종합적으로 검토하여 제품개발을 진행한다.

넷째, 제품개발이 완료되면 시험마케팅을 진행하게 된다. 소비재 제조기업의 경우에는 다음과 같이 세 가지 시험마케팅 방법을 택하게 된다. 표준시험시장법, 통제시험시장법 및 모의시험시장법이 대표적이다.

① 표준시험시장법*: 전체 표적시장을 대상으로 하는 것이 아니라 대표할 수 있는 지역을 선정하여 신제품마케팅활동을 동시에 실시한 후, 그 성과를 도출하는 것이다.
② 통제시험시장법**: 몇 개의 점포를 선정하여 상점 주인의 허락 하에

---

* 표준시험시장법: Standard Test Markets
**Controlled Test Markets

시험마케팅을 실시하는 것을 말한다. 각 상점에 시험을 위해 미리 계획된 방법으로 가격, POP 촉진* 등의 다양한 통제변수를 두고 시험결과를 평가하는 것이다. 이러한 시험적으로 통제된 상점은 안테나 샵Antenna shop이라고 한다.

③ 모의시험시장법**: 선정된 표본소비자들에게 신제품과 대안 제품들에 대해 광고와 판매 촉진을 진행한다. 그리고 구매를 할 수 있도록 비용도 지불한다. 이 실험 방법으로 연구조사자는 표본소비자들이 얼마나 신제품과 대안제품들을 구매하는지를 측정하게 된다. 이를 통해 신제품의 시용구매 정도와 광고, 판매 촉진의 효과를 산출할 수 있다.

5) 신제품 수용과 확산

신제품의 수용adoption과 확산성diffusion을 높이는 요인은 다음과 같다. 첫째, 신제품이 시장과 기업의 목적과 부합성이 높은 경우이다. 둘째, 신제품이 시용試用 가능한 경우이다. 신제품을 시험적으로 시용이 가능하도록 시장에서 샘플로 제공할 때 소비자들은 신제품에 대해 친근감을 느끼게 된다. 셋째, 경쟁사에 비해 상대적으로 이점이 있어야 한다. 신제품이 경쟁사의 제품에 대비하여 이점이 큰 경우에는 신제품의 수용과 확산성을 높이게 된다. 넷째, 신제품의 이미지, 기능 및 정보가 단순할수록 시장에서 소비자들이 쉽게 인지하게 되고 구매로 바로 연결되는 것이다. 다섯째, 신제품에 대한 커뮤니케이션이 활발한 경로

---

*POP 촉진: Point-of-purchase promotions
**Simulated Test Markets

(인터넷, SNS 등)를 가진 경우에는 시장의 수용과 확산성이 높아진다.

해외시장에서 기업의 신제품에 대한 수용하는 시점이 개인마다 다르다. 신제품이 출시된 시점에서 수용과 관련하여 다섯 개 그룹으로 구분할 수 있다. 다섯 개 그룹으로는 혁신수용자, 조기수용자, 초기다수자, 후기다수자, 혁신지체자가 있다. 각각의 그룹에 대해 다음과 같이 설명하고자 한다.

첫째, 혁신수용자Innovators는 신제품 출시와 함께 바로 구입하는 성향을 가진 소비자 그룹이다. 강한 도전정신으로 위험을 무릅쓰고 소비를 하는 형태의 소비자들이다.

둘째, 조기수용자Early adopters는 제품 구입 시 스스로의 판단으로 제품에 대한 전망을 하여 구매하는 성향을 가지고 있다. 이들은 일반적으로 의견 선도자Opinion leader라고 할 수 있다. 신제품이 가지고 있는 경제적 효익과 가치에 더 많은 비중을 두고 구입하는 소비자들이다.

셋째, 초기다수자Early majority는 조기수용자가 구입한 이후에 신제품을 수용하는 소비자 그룹이다. 혁신적인 성향보다는 점진적 변화를 더 선호하며 실용주의자이다. 신제품에 대해 다소 신중한 자세를 보인다. 보통 초기다수자 그룹은 광고나 인적 판매원에 의해 주어진 정보를 받아들이고 영향을 많이 받는다.

넷째, 후기다수자Late majority는 초기다수자나 조기수용자들에 의해 주어지는 정보에 영향을 많이 받는다. 광고나 인적 판매원 등에 의한 정보에는 다소 매력을 느끼지 못한다. 혁신적이거나 빠른 변화를 잘 수용하지 않고 경쟁우위보다는 경쟁열위를 피하고자 노력한다.

다섯째, 혁신지체자Laggards는 혁신적인 신제품을 최종적으로 수용하는 소비자 집단이다. 이들은 주로 노인층이거나 사회적 지위가 낮은 계층의 소비자 군群이다. 사실 혁신지체자를 설득하는 것은 상당히 어려우며 비용도 많이 든다. 현실적으로 신제품의 마케팅에 있어서는 혁신지체자를 대상으로 하지 않고 다른 그룹의 소비자를 타깃target으로 로 한다.

성공적 제품 전략 사례

두산은 최근 두산중공업, 두산퓨얼셀 등 계열사 전문인력을 모아 (주)두산 지주부문에 수소TFT를 구성하고, 수소사업 전반에 걸친 전략 수립에 나섰다고 밝혔다.

두산 수소TFT는 외부 전문기관과 손잡고 글로벌 수소시장 분석에 우선 착수했다. △수소 '생산' △저장, 운반 등 '유통' △발전, 모빌리티 등 '활용'에 이르기까지 밸류체인 전반에 걸쳐 시장을 찾고 비즈니스 실행 계획을 수립한다는 목표다. 두산은 특히 북미 시장에 주목하고, 미국 각 주별 수소시장 분석에 심혈을 기울이고 있다.

두산퓨얼셀이 연료전지 주기기 114대를 공급한 대산 수소연료전지발전소. 부생수소를 활용한 세계 최초이자 최대 연료전지발전소다.

시장을 찾고 분석하는 일과 아울러 수소TFT의 또 다른 주요 임무는 두산그룹이 보유한 기존 수소기술의 효율을 끌어올리고, 향후 필요한 핵심기술 확보 전략을 세우는 것. 두산 관계자는 "그룹 내 축적된 역량을 모아서 최대한의 시너지 효과를 만들어낼 것이며, 추가로 필요한 부분에 대해선 전략적 파트너를 찾거나 M&A를 통해 단기간에 역량을 끌어올리는 것도 공격적으로 추진할 계획"이라며 "빠른 시일 내 구체적인 그림이 나올 것"이라고 말했다.

두산이 조만간 청사진을 내놓겠다며 자신감을 보이는 것은 든든한 배경이 있기 때문이다. 주요 수소산업 분야에서 한 발 앞선 경쟁력을 보유하고 있다. 발전 분야에선 두산퓨얼셀이 독보적인 기술력으로 국내시장을 주도하고 있다. 두산퓨얼셀은 최근 3년 연속 신규 수주액 1조원을 달성했으며, 2023년에는 매출 1조 5000억원을 달성한다는 목표를 세웠다. 두산 관계자는 "국내 발전용 공급자가 많지 않은 상황에서, 두산이 보유한 연료전지 기술 포트폴리오는 다양한 수요에 대처할 수 있어 경쟁력이 높다는 업계의 평가를 받고 있다"고 말했다.

두산퓨얼셀은 현재 인산형연료전지PAFC를 주력으로 생산하고 있으며, 최근 영국 세레스파워Ceres Power와 손잡고 고체산화물연료전지SOFC 기술도 개발 중이다. 이와 별도로 (주)두산 퓨얼셀파워는 5kW·10kW 건물용, 1kW 주택용 수소연료전지, 100kW급 수소시스템 등 고분자전해질형 연료전지 PEMFC 라인업을 갖추고 있다.

수소모빌리티 분야에선 두산모빌리티이노베이션DMI가 앞선 기술력을 자랑하고 있다. DMI는 비행시간을 획기적으로 늘린 수소드론을 세계 최초로 개발, 양산에 들어간 회사다. DMI는 외딴 지역에 대한 응급 물품 배송, 가스배관 모니터링, 장시간 산림 감시 등 관제, 해상 인명 구조 등 다양한 상황에서 제품의 성능을 입증했다. DMI측은 지난해 처음 열린 국제수소포럼에서 수소드론의 산업적 가치에 대해 발표한 것을 비롯해 각종 수소모빌리티 관련 행사에 참가 권유를 받으며 주목을 받고 있다. 두산 계열사들은 기존 수소 비즈니스를 키우는 것은 물론, 새로운 분야로 발 빠르게 사업영역을 확대하고 있다.

두산중공업은 지난해 말 경남 창원시 등과 함께 계약을 맺고 수소액화플랜트 사업에 나섰다. 2022년 준공을 목표로 두산중공업 창원공장 부지에 건설 중이다. 두산중공업은 자체기술로 만든 액화수소를 수소충전소에 공급해 국내 수소 유통의 한 축을 담당하는 주요한 플레이어가 되겠다는 목표다. 두산중공업은 또한 두산퓨얼셀 지분 30.3%를 확보한 최대주주로서, 수소사업에서 있어 두산퓨얼셀과 시너지 효과를 내는 데 주력할 예정이다.

두산퓨얼셀은 지난 달 주주총회를 통해 △수소용품 제조 판매 서비스 △수소 생산 시설 및 수소연료 공급 시설 설치 및 운영 △전기자동차 충전 등을 새로운 사업목적으로 추가하면서 영역 확대에 나섰다. 두산퓨얼셀은 이미 선박용 연료전지 개발에 뛰어들면서 발전 분야에 국한됐던 사업 범위를 확장하고 있는 중이다. 또한 두산퓨얼셀은 2030년 30조원 이상 규모로 성장이 예상되는 그린수소 기자재 시장 선점을 위해 PEMFC 방식의 수전해 기술 개발에 착수했다. 이 기술은 최근 국책과제로 선정돼 2023년까지 상용화 예정이다.

DMI는 하늘에 이어 지상 모빌리티 분야로도 눈을 돌리고 있다. 중국 소방로봇 시장의 70%를 점유하고 있는 로봇전문기업 중신중공업카이청인텔리전스와 최근 업무협약을 맺고 소방용 수소로봇을 공동 개발하기로 한 것이 대표적 사례. DMI는 2시간 이상 전력 공급이 가능한 수소연료전지 기술력을 바탕으로 물류로봇 등 다양한 형태의 모빌리티에 접목시켜 나갈 계획이다.

두산은 수소의 '활용'과 '유통' 뿐 아니라 '생산'쪽으로도 손을 뻗고 있다. 두산중공업은 '그린수소' 생산에 착수했다. 지난해 말 제주도에서 시작한 '그린수소 실증사업'에 참여해 제주에너지공사가 보유한 풍력단지에서 그린수소를 생산할 계획이다. 두산중공업은 이곳에 수소생산 시스템과 생산된 수소를 압축 저장하는 시스템도 구축할 예정이다.

두산퓨얼셀도 수소 생산을 위한 기반을 다지고 있다. 두산퓨얼셀은 LPG 등 가스를 원료로 전기와 열, 수소를 모두 만드는 트라이젠Tri-gen을 국책과제로 개발 중이다. 과제를 완성되면 수소 생산으로 사업을 넓히게 된다.

국내 수소연료전지 발전업계는 내년에 도입 예정인 수소발전 의무화제도HPS에 기대감을 나타내고 있다. HPS가 실시되면 수소연료전지 발주량은 단기간에 늘어날 것으로 예상된다.

골드만삭스에 따르면, 세계 수소시장 규모가 오는 2050년 12조 달러까지 증가할 것으로 전망된다. 특히 미국 바이든 정부의 친환경정책에 힘입어 미국 수소시장의 성장이 기대된다. 두산은 미국 수소시장에서 두산퓨얼셀아메리카를 앞세워 시장 공략을 본격화하고 있다. 두산퓨얼셀아메리카는 두산퓨얼셀과 같은 PAFC를 주력제품으로 하고 있다. 그동안 미국 시장 정체의 여파를 받아왔으나 작년에는 매출 2424억원, 순이익 89억원을 기록하면서 반등에 성공했다.

DMI, 두산퓨얼셀, (주)두산 퓨얼셀파워 등 3개사는 2020년 10월 중국에서 열린 수소연료전지 엑스포에 참가하는 등 중국 시장 개척에도 박차를 가하고 있다. 3사는 엑스포에서 수소연료전지팩, 수소드론, 주택·건물·발전용 수소연료전지 등 제품과 서비스를 선보였다. 두산퓨얼셀은 두산중공업의 글로벌 네트워크를 활용해 해외시장 진출을 적극적으로 추진할 계획이다.

두산 관계자는 "계열사들이 수소 분야에서 제각각 사업을 진행하면서 의미

있는 성과를 거두고 있긴 하지만, 수소TFT를 통해 보다 높은 비전이 제시되고 그룹의 수소역량을 결집시키는 시너지 전략이 나온다면 더욱 빠른 성장 속도를 보일 것"이라고 기대했다.

—출처: 2021년 4월 20일자 비즈니스코리아 참조

제3장

국제시장 가격 전략

1. 국제시장 가격 개념

국제시장 가격은 현지진출국에서 제품의 가치를 말한다. 가격은 여러 가지 함축적인 의미를 가지고 있다. 가격이 단순하게 국제시장에서 경제적인 의미에서 제품의 가치를 표현하고 교환비율로 쓰이기도 한다. 또한 사회적인 의미에서 현지진출국가에서 가격은 사회적인 신분과 계층을 나타내기도 한다. 예컨대 고급승용차의 가격은 고가이며 신분과 사회계층에서 고위층 사람들만 탈 수 있는 것으로 의미가 부여된다.

국제시장에서도 경제적 원리에 의해 수요량과 공급량에 의해 가격이 결정된다. 하지만 국내시장과는 달리 국제시장의 가격은 다른 여러 가지 요인에 의해 변동이 된다. 예컨대 환율의 변동에 의해 같은 가격으로 수출한다고 해도 현지의 환율 상황에 따라 가격이 급격하게 상승하기도 하고 하락하기도 한다. 또한 현지진출국가의 경제정책에 의해 관세나 기타 세금을 인상으로 동일 가격이 정책에 의해 변화되기도 한다. 이러한 국제시장의 가격변동에 미치는 영향은 추후 더 세부적으로 다루기로 한다.

국제시장에서 제품에 따라 가격탄력성은 달라질 수 있다. 필수품의 경우 가격이 상승하더라도 소비자들의 수요량은 크게 줄지 않는다. 하지만 사치품의 경우 불경기로 인해 가격이 상승하면 수요량이 크게 줄어든다. 이러한 경제 원리는 국제시장에도 동일하다. 하지만 국내시장과 국제시장에서 제품별 개념은 약간의 차이가 있을 수 있다. 만약 전자제품(예를 들어, 핸드폰)을 필수품으로 여기는 국제시장인 경우에는 가격이 상승하더라도 수요량이 크게 줄지 않는다. 반면에 핸드폰을 사치품으로 여기는 국제시장은 가격이 상승하면 급격히 수요량이 줄어들 수도 있다. 그러므로 시장별로 가격탄력성은 큰 폭으로 차이를 보인다.

글로벌시장에서 가격 전략의 목적은 아래와 같이 다양하다.

첫째, 국제시장에서 기업이 가격 전략을 설정하고 조정하는 목적은 이익극대화를 위해서이다. 해외 진출한 기업은 시장별로 가격을 높이기도 하고 가격을 낮게 하여 이익을 가장 최적화시킨다.

둘째, 국제시장에 진출한 기업은 가격 전략을 적절하게 구사하여 생존력을 높이는 것이 목적이다. 시장에 적합하지 못한 가격 전략을 설정하는 경우 기업의 영속적 영업을 담보하기는 어렵다.

셋째, 현지 진출한 기업은 경쟁기업의 가격을 고려하여 가격 전략을 수립하고 조정함으로써 시장 확대를 목적으로 한다. 즉 소비자 시장 환경을 이해하고 경쟁기업의 현황을 파악하여 최적화된 가격 전략으로 시장 확대를 하고자 한다.

넷째, 국제시장에서 가격 전략을 수립하는 목적 중에서 핵심적인 요소는 기업이 고품질의 제품을 가장 합리적인 가격으로 제공하는 데 있다. 기업이 시장에서 생존하기 위해 가장 중요한 것은 품질에 있어 고객 만족을 시키는 데 있다고 해도 과언이 아니다. 제품의 가치를 평가하는 것이 가격이므로 국제시장의 경쟁 환경과 제품원가를 종합적으로 고려해서 최적의 조합을 만드는 것이 국제시장의 가격 전략이다. 이를 위해 기업의 내·외부 환경을 철저하게 파악하는 것이 핵심이다.

2. 국제시장 가격 결정 유형

1) 원가 중심 가격 결정

국제시장에서 가격을 결정하는 것은 매우 복잡하고 어려운 과정이다. 왜냐하면 고려해야 요소가 너무 많고 자칫 잘못된 가격정책으로 손실을 크게 입기도 하고 시장의 혼란을 야기하기 때문이다.

이러한 점에서 기업이 국제시장에 신규 제품 또는 기존 제품의 확장 전략을 통해 진출할 때 가격을 결정하는 데 있어 기준이 되는 것이 총원가이다. 즉 해당 제품을 만드는데 들어가는 모든 제조원가 및 기타 모든 비용까지 계산을 바탕으로 가격을 결정하는 원가 중심 가격 결정이다.

총 원가를 알기 위해서는 기업의 정확한 원가계산이 기본이며 관련 유통과 마케팅 비용 등의 모든 제반 비용까지도 계산에 포함하여

야 한다. 이러한 합리적인 원가 분석을 바탕으로 목표하는 기업의 이상적인 수익률을 포함하여 해외 진출국의 시장에 가격을 제시하는 방법이다.

2) 경쟁 중심 가격 결정

국제시장의 진출을 위해 가격 전략을 적합하게 수립하는 것은 매우 중요하다. 특히 국내시장과 전혀 다른 시장으로서 국제시장은 가격의 기준을 합리적인 방법으로 선택하는 것이 중요하다. 시장에서 성공적인 전략을 구사하기 위해 시장 환경 분석은 선제적으로 수행하는 활동 중 하나이다. 여기에서 경쟁 환경 분석은 국제 마케팅의 기본적 분석요소이다. 경쟁기업의 가격 파악을 통해 가격 전략을 설정하는 것이 경쟁 중심 가격 결정 방법이다.

경쟁기업의 가격은 그 시장에서 형성된 자연스러운 가치평가를 보여주는 기준이 된다. 따라서 글로벌시장에서 해당 제품의 경쟁자가 있다면 경쟁 중심 가격 결정 방법은 상당한 의미를 가진다.

3) 통합적 가격 결정

통합적 가격 결정 방법은 원가 중심과 경쟁 중심 가격 결정을 혼합하는 방법이다. 기업의 원가만을 중심으로 가격을 결정하는 것은 글로벌시장에서 큰 혼란을 가져오기도 하고 기업의 이익극대화를 달성하는 것을 어렵게 한다. 또한 원가에 대한 정확한 평가없이 무턱대고 경쟁기업이 형성한 가격으로 공급하는 것은 기업의 계속적인 영업활동과 성장 가능성을 낮게 한다.

이러한 지점에서 통합적 가격 결정은 정확한 원가계산을 바탕으로 시장에서 해당 제품을 공급하고 있는 경쟁기업의 가격을 참고하여 가격을 결정하는 것은 합리적이다. 즉 통합적 가격 결정으로 정해진 가격은 기업의 생존력을 높이고 지속적인 영업을 가능케 한다.

4) 소비자 중심 가격 결정

기업의 제품을 소비하는 주체는 소비자들이다. 글로벌시장에서 소비자들의 제품에 대한 평가와 수요를 바탕으로 가격을 결정하는 방법이다. 이러한 점에서 기업이 제품에 대해 직접 지각된 상품가치를 소비자에 직접 물어보는 방법으로 소비자들이 느끼는 가치를 토대로 합리적으로 가격을 결정하는 것은 기업의 생존력과 지속적인 성장을 가능케 한다. 즉 소비자의 제품에 대한 가치평가를 분석하고 제품에 대한 수요 형태를 파악하여 합리적으로 가격을 결정하는 방법이 소비자 중심 가격 결정 방법이다.

3. 국제시장 가격 결정 요인

1) 환율

국제시장이 국내시장과 구분되는 특징은 환율의 영향을 받는 점이다. 아무리 수출기업이 시장에 적합하고 경쟁기업보다 경쟁력이 있는 가격을 설정했다고 하더라도 현지 국가의 경제 여건으로 인해 환율이 급격하게 변화되는 경우 시장 가격은 크게 요동칠 수 있다.

이러한 특징 때문에 수출기업은 환율을 계속적으로 체크해야 하며 변화되는 양상에 따라 다르게 대응해야 한다. 만약 외환리스크를 무시하고 고려하지 않는다면 미래에 기업의 손실을 대비할 수 없다. 또한 계속적인 환율 하락 또는 상승의 기조가 된다면 그에 상응하는 가격 조정을 신속하게 단행해야 한다. 이에 앞서 국제 마케팅에 있어 매매계약 시에 이러한 급격한 환율에 대비하여 계약서상 문구를 넣어서 가격 조정이 상호 합의 하에 가능하도록 해야 한다.

2) 추가 비용

국내 마케팅에 비해 국제 마케팅에서 추가 비용을 반드시 원가계산에서 반영되어야 한다. 왜냐하면 국제 간에 비즈니스상 발생할 수 있는 비용은 상당히 많다. 예를 들면 관세, 유통 비용, 보험료 및 기타 세금 관련 비용 등이 있다.

해외 마케팅에서는 여러 가지 명목으로 추가 비용이 발생하므로 선제적으로 매매계약 체결 전에 현지 국가에 수출하는 경우에 추가적으로 들어가는 비용에 대한 세부적인 검토가 반드시 필요하다.

3) 계약 조건

무역계약 체결 시 양 당사자 간 합의에 의해 정형거래조건이 정해진다. 이에 따라 내륙운송비, 해상운송비, 양륙비, 관세 및 기타 세금 관련 비용 등이 결정된다. 이러한 거래조건에 따라 가격은 크게 차이가 나기 때문에 계약 조건은 가격에 영향을 주는 요인 중 하나이다.

정형거래조건에 의해 가격은 달라지는 것이 확실하다. 따라서 공급업체의 경우 가격 결정 시에 반드시 이러한 정형거래조건에 따라 발생 가능한 비용을 가격에 반영해야 한다. 그렇지 않은 경우 기업의 손실로 이어질 수도 있어 상세하고 명확한 원가계산이 되어야 한다. 국제 마케팅도 무역에서의 정형거래조건도 정확하게 파악해야 하며 원가계산 분석에서도 거래조건별, 국가별로 차이가 있으므로 특별한 관리가 필요하다.

4) 국제 법규와 정책

국가별로 가격차별화를 위한 인위적 시장분리가 유럽공동체EC: European Committee에 의해 불법으로 간주된다. 예를 들어 인도와 인도네시아는 자국에서 생산한 스테인리스STS 냉연제품을 자국시장과 다르게 비교적 낮은 가격으로 EU 시장에 판매하였는데, 유럽공동체에 의해 법적 제재로서 잠정적 반덤핑관세를 부여받았다(2021년 4월 30일).*

국가별로 법적인 규정과 정책에 의해 제품 가격에 대해 규제를 가하는 경우가 있다. 그 대표적인 경우가 반덤핑규제법으로 수출업체가 국내에서 판매하는 가격보다 더 싸게 해외시장에 덤핑가격dumping price으로 판매하는 경우 현지 국가의 산업을 보호하기 위해 현지국 정부에서는 반덤핑 관세anti-dumping duty를 부과할 수 있다. 그러므로 국제 법규와 정책은 국제 마케팅에서 가격 결정에 영향을 미치는 요인으로 볼 수 있다.

이와 같이 국제 법규와 정책을 가격 전략을 펼치는 데 있어 반드시 고려해야 하는 요소 중에 하나이다. 국가별로 법적인 규제의 정도가

---

* 출처: 한국무역협회에서 자료 참조하여 재작성함.

다룰 수 있기 때문에 면밀한 검토가 선행되어야 한다. 자칫 이러한 부분을 간과하여 진출국가에서 비즈니스 자체가 타격을 입고 더 이상 영업을 하지 못해 그동안 투자한 모든 비용이 물거품이 되지 않도록 주의해야 한다.

소비자의 태도

1. 태도의 개념

소비자의 태도는 제품에 대한 일관된 행동이나 의식을 의미한다. 특히 브랜드에 대한 평가를 나타내는 브랜드 태도brand attitude는 제품에 대한 일관된 인식을 의미하므로 중요한 변수로 생각할 수 있다.

태도의 3가지 요소로는 감정적Affective 요소, 행동적Behavior 요소, 인지적Cognitive 요소가 있다. 이는 세 가지 요소가 서로 영향을 주고받으며 태도를 형성한다고 해석한다. 여기에서 감정적 요소는 제품에 대해 감정적으로 '좋다' 또는 '나쁘다'를 가지고 있어서 제품구매에 영향을 준다. 인지적 요소는 소비자 개인이 가진 지식과 신념을 의미한다. 특정 제품에 대한 개인적인 견해를 바탕으로 제품구매에 영향을 미친다고 본다. 또한 행동적 요소는 제품에 대해 행동을 취하고자 하는 요소로서 구매행동을 하고자 하는 태도이다. 그래서 위의 Affective, Behavior, Cognitive 요소를 합쳐서 ABC 태도모형이라고 부른다.

2. 태도의 기능

1) 실용적 기능

소비자는 실용적 기능을 바탕으로 태도를 형성하게 되는데 비용cost보다는 효익benefit을 더 크게 하는 제품에 더 호감을 가진다. 제품의 편리성, 유용성 등의 효용이 큰 제품을 발견하면 소비자는 태도를 긍정적으로 변화시킨다.

2) 지식 제공 기능

소비자는 자신이 가지고 기존의 준거체계인 태도를 형성하고 있다. 만약 새로운 제품을 발견하면 기존에 가지고 있던 태도와 비교하는 과정을 거치게 된다. 새로운 제품이 자신의 태도에 부합하는 경우 구매행동으로 이어지므로 태도는 지식 제공 기능을 가지고 있다.

3) 가치표현적 기능

소비자의 태도는 자아 개념 또는 자신에게 중요한 가치를 표현해 준다. 소비자들이 지구를 사랑하고 환경을 생각하는 태도를 가지고 있어 친환경제품을 구매하게 된다. 따라서 기업의 마케터는 글로벌시장의 소비자 특성을 파악하여 이러한 가치를 전달할 수 있도록 제품에 중요한 가치를 심는 작업이 필요한 것이다.

4) 자기방어 기능

소비자는 심리적으로 자신의 부족한 부분을 방어해 줄 수 있는 제품을 선호하여 구매하게 된다. 왜냐하면 소비자들은 내부적 불안감 또는 위협으로부터 자신을 보호하기 원하기 때문이다. 예를 들면, 자신의 옷이나 몸에서 원치 않는 체취가 느껴진다면 소비자들은 자신의 불안감 해소를 위해 섬유탈취제나 향수 등을 구매하는 것이다. 그러므로 이러한 내부적 불안감과 위협과 연관된 태도는 소비자의 소비태도에 영향을 미치는 것이다. 그러므로 마케터는 이러한 소비자의 성향을 파악하여 부족한 부분을 채워줄 수 있는 부분을 강조하여 마케팅을 펼치는 것이 합리적이다.

3. 태도에 영향을 주는 요인

1) 관여도

관여도는 주어진 상황에서 '개인의 관심도' 또는 '개인의 중요성 지각정도'를 의미한다. 개인의 관여도는 제품과 상황에 따라 다르다. 또한 제품에 대한 관여도도 개인에 따라 크게 차이가 난다. 따라서 관여도는 개인, 제품, 상황

간의 복잡하게 연결되는 함수 관계로 본다.

관여도는 저관여도와 고관여도로 구분한다. 저관여도는 개인이 크게 관심이 없는 것이다. 예를 들면, 개인이 치약을 구매한다고 하면 구매 의사 결정 과정의 모든 과정을 거치는 것이 아니라 정보탐색이나 대안탐색 등의 과정은 생략하고 기존에 기억하고 있던 브랜드나 음향으로 회상되는 제품을 가볍게 구매하는 것이다. 그러므로 치약과 같은 생필품은 저렴하고 브랜드별로 크게 차이가 없는 점에서 저관여도 제품이다. 하지만 개인의 차이는 반드시 있고 어떤 개인에게는 고관여도 제품이 되기도 한다.

고관여도 제품은 자동차와 같은 고가의 제품이다. 자동차는 개인이 쉽게 사는 제품은 절대로 아니다. 어쩌면 가족들과 같이 고민할 수도 있는 고관여 제품의 대표적인 사례일 것이다. 따라서 자동차의 연비, 기능, 내구성 및 브랜드 가치 등의 다양한 항목으로 정보를 탐색하고 대안을 연구하는 과정을 거친다. 이러한 모든 구매 의사 결정과 정보 처리 과정을 거친 후 최종 결정을 하게 된다.

2) 문화적 영향

글로벌시장에서 소비자들은 문화적 영향을 많이 받게 된다. 자신의 가족, 준거집단, 사회계층 및 문화에 의해 소비자는 구매행동에서 이러한 사회·문화적인 부분에서 영향을 받는다. 소비자는 개인이 속한 사회에서 떨어져 살 수 없다. 그 사회 안에서 인식하고 행동하는 요령을 터득하기 때문이다. 그러므로 글로벌 마케터로서 해외시장의 사회·문화적인 요소를 철저히 분석해야 성공적인 마케팅 전략을 구사할 수 있다.

3) 개인적 영향

개인의 가치, 라이프스타일, 개성은 사람마다 다르게 형성되고 유지된다. 이러한 개인적 영향으로 소비자는 자신만의 의식과 행동에 맞는 소비를 하게 된다. 아무리 사회가 일반적인 양상이 나타나더라도 개인의 특성이 개별적으로 발현되기도 한다.

라이프스타일life style은 AIOAttention, Interest, Opinion 모형으로 소비자들의 관심,

흥미, 의견의 내용을 파악해보는 것이다. 가치는 문화 추론, 가치조사, VALS 모형으로 소비자의 특성을 파악하는 것이다. 개성은 프로이드의 정신분석학 이론을 바탕으로 Id이드, Ego자아, Super-ego초자아를 이해하는 것이다. 또한 호니의 문화심리학 이론과 이를 확장한 이론인 코헨의 CADCompliance, Aggressiveness, Detachment 이론을 이용하는 개인적인 특성을 해석하는 것이다. Evans의 특성 이론Trait theory을 통해 시장세분화에 주로 이용된다.

4) 상황적 영향

소비자의 구매행동에 영향을 주는 요인으로 상황적 요인이 있다. 다시 말해서, 구매 상황에서 발생할 수 있는 다양한 외부적 상황이 개인의 구매에 영향을 준다는 것이다.

상황적 영향은 물리적 환경, 사회적 환경, 시간, 과업, 선행상태 등이 개인의 구매행동에 영향을 주는 대표적인 요인이다. 이처럼 소비자의 태도변화에 미치는 영향은 다양하기 때문에 종합적인 검토를 통한 총체적 마케팅 전략이 필요하다.

4. 가격 수용 범위

1) 준거가격

국제시장에서 신규 제품 또는 기존 제품의 확장으로 가격을 정하는 데 있어 그 시장에서 기준이 되는 준거가격準據價格: reference price이 있다. 그것은 시장에서 선두기업 또는 경쟁기업들이 내놓는 가격이 기준점이 되는 경우가 많다. 그러므로 해외시장에서 처음 진출하는 기업의 경우 시장에서 형성되어 있는 준거가격을 상세하게 파악하는 것은 매우 중요하다. 왜냐하면 가격을 책정하는 데 있어 준거가격은 시장에서 기준으로 제품의 가치를 평가해 주는 것이기 때문이다.

준거가격이 판매단가보다 높을수록 구매 의사가 높아진다. 반면에 준거가격이 판매단가보다 낮다면 제품 가격이 비싸다고 생각해서 구매 의사를 철회한다. 이러한 점에서 해외시장의 준거가격을 알아내는 것이 매우 중요한 이유이다.

2) 유보가격

유보가격留保價格: reservation price은 국제시장에서 소비자가 특정 제품에 대해 지불할 용의가 있는 최대 가격을 의미한다. 이는 소비자의 선호도와 제품의 효용성, 품질 등과 긴밀하게 연계되어 있다. 준거가격보다는 높은 가격이라도 제품의 품질이 우수하고 브랜드 파워가 있는 경우 소비자는 유보가격까지는 지불을 할 의향이 있는 것이다. 그러므로 현지 국가의 소비자가 해당 제품에 대해 유보가격을 파악하는 것은 매우 중요하고 기업의 수익성을 높이는 가격 전략 중 하나가 된다.

3) 최저가격

글로벌시장에서 기업이 해당 제품에 대해 소비자의 수용 가능 가격 범위를 아는 것은 가격 전략을 설정하는 데 있어 핵심이다. 왜냐하면 소비자의 행동과 가치 범위를 이해하는 것이기 때문이다.

특정 제품에 대한 소비자가 여기는 최저가격最低價格: minimum price의 범위를 검토하여 기업의 가능한 품질과 소비자 가치 인식을 고려하여 가격 전략을 수립해야 한다.

더 자세한 수용 가능 가격범위에 대한 내용은 다음의 〈참고자료〉를 참조하기 바란다. 이는 국제시장에서 마케터의 가격설정에 있어 반드시 고려해야 하는 사항이다.

〈참고자료〉

수용 가능 가격 범위

1. 준거가격
해외시장에서 소비자들은 외부적 자극 또는 내부의 경험에 의해 형성되는 준거가격이 있다. 외부적 준거가격은 외부에서 주어진 정보와 자극에 의해 형성된 준거가격이다. 반면 내부적 준거가격은 개인의 과거 구매경험 등의 기억에 의존하여 마음속으로 적정하다고 생각하는 가격이다.

2. 유보가격
소비자 개인이 지불 가능한 최고의 가격수준을 말한다. 이는 품질과 제품의 브랜드로 자신이 생각하는 지불 가능한 최고 가격 수준을 의미한다.

3. 최저수용가격
국제시장에서 제품을 구매함에 있어서 특정 제품에 대해 품질을 의심하지 않고 해당 제품을 구매할 경우에 최저한도로 수용 가능한 가격을 말한다. 만약 최저수용가격Lowest acceptable price 이하로 가격을 제시하는 경우에는 품질을 의심하고 오히려 제품 구매를 꺼리게 되는 것이다.
참고로 가격-품질 연상효과가 있다. 이는 소비자들은 가격이 높을수록 품질이 좋을 것이라고 추론하는 효과를 말한다. 예컨대 소비자들은 고가품에 형성되는 명성가격Prestige pricing이 대표적인 예이다. 유명한 고가의 브랜드는 자연스레 소비자들이 가격이 높기 때문에 품질이 좋다고 생각한다.

제품 결합을 통한 가격 결정 전략

1. 제품라인 가격 전략product line pricing

기업은 제품을 개발할 때 복수의 제품라인을 개발한다. 이는 같은 제품이라도 제품의 수준과 사양에 따라 제품을 구분하는 것이다. 예를 들면 현대자동차가 자동차를 개발하면서 쏘렌토 트렌디, 쏘렌토 프레스티지, 쏘렌토 노블레스 등으로 제품라인에 따라 가격을 달리한다. 제품라인을 복수로 두고 가격을 차별화하여 전략을 수립하는 것이다.

2. 선택사양 가격 전략

기업이 해외 진출국에 가격을 수립하는 데 있어서 제품을 구입하면서 주제품을 구매하면서 선택사양을 두어서 가격을 차별화하는 경우도 있다. 예를 들면 LED스텐드를 판매하면서 리모컨을 선택사양으로 해서 판매한다면 가격이 달라지고, 이러한 방식이 선택사양 가격 전략인 것이다.

3. 종속제품 가격 전략

제품에 따라서는 주 제품보다 종속제품의 판매를 더 원하는 경우가 있다. 예를 들면 프린터의 판매와 함께 카트리지 판매를 판매하는 경우이다. 사실 기업은 마진율이 높고 소모품인 카트리지를 판매하는 것을 원한다. 그러므로 상대적으로 프린터의 가격은 대폭 낮추고 카트리지는 정상가격으로 판매함으로써 상대적으로 마진을 유지하고자 하는 것이다. 프린터에 맞는 카트리지는 계속적으로 판매되기 때문이다.

4. 2부제 가격 전략

해외시장에서 서비스 산업의 경우 서비스 가격책정에서 비교적 이용이 적은 시간대에는 낮은 가격을 산정하고 주로 사용하는 시간대에는 높은 가격을 책정하는 경우이다.

예컨대, 항공 산업의 기업은 항공권 판매에 있어 비수기에는 가격을 낮게 책정하여 이용객 수를 늘리려고 하고 성수기에는 이용객이 너무 많은 관계로 가격을 높게 책정하는 것이다. 이러한 가격책정 전략은 2부제 가격 전략이다.

5. 부산물 가격 전략

기업이 글로벌시장에서 제품을 가공하면서 나온 부산물에 대해 가격을 책정하여 판매하는 전략이다. 예를 들어 일반적으로 고기인 '한우'는 맛이 좋기로 유명하고 많이 팔린다. '한우'를 가공할 때 나온 부산물인 '소꼬리'는 꼬리곰탕으로 조리하여 시장에 가격을 책정하여 판매하는 것이다. 이렇게 함으로써 부산물도 적정한 가격을 정하여 시장에 판매하는 전략이다.

6. 제품묶음 가격 전략

해외시장에서 제품을 판매함에 있어서 기업은 잘 팔리는 제품과 판매가 부진한 제품을 결합하여 가격을 책정하여 소비자에게 판매하는 전략이다. 만약 기업이 해외 마트나 슈퍼마켓에서 음료수를 판매할 때 잘 팔리는 A제품에 묶어서 비교적 판매가 부진한 B제품과 묶어서 가격을 책정하는 전략이다.

제4장

국제시장 유통 전략

1. 국제유통경로의 개념

국제유통경로는 기업의 제품이나 서비스를 국제시장의 소비자가 사용하거나 소비하도록 이전移轉시키는 개인 또는 관련 조직들의 집합을 말한다. 국제시장에서 기업은 유통에서 경쟁기업보다 신속하고 차별화된 서비스를 제공함으로써 경쟁력을 확보하게 된다. 최근 국제시장에서 유통경로는 국제 마케팅믹스 전략에서 중요성이 더 높아지고 있다. 왜냐하면 국제시장에서 유통경로는 쉽사리 구축되기 어렵고 한 번 수립되는 경우 변경이 어렵기 때문이다. 따라서 기업들은 마케팅믹스 전략을 구축할 때 국제시장에 가장 적합한 유통경로를 채택하려고 최대한 노력한다.

국제시장의 유통경로에서 중간상으로 유통업자의 역할이 상당히 많다. 첫째, 국제시장에서 유통업자는 거래의 비용 감소를 가져온다. 유통업자가 존재하기 때문에 국제시장에서 생산자와 소비자를 연결해 줌으로써 총거래수의 최소화가 가능하다. 만약 직접 생산자가 각 소비자와 직접 유통하는 경우 운송료, 재고관리 비용, 유통인원 확보 등으로 유통 비용이 증가하게 된다. 둘째, 유통업자가 중간에서 역할을 하기 때문에 재고의 불균형 해소가 된다. 셋째, 유통업자는 제품에 대한 정확한 정보 전달의 역할을 수행한다. 넷째, 유통업자가 중간에서 재고를 확보함으로써 생산자는 재고를 감소시킬 수 있다. 다섯째, 유통업자들이 자금 융통함으로써 유통이 자연스럽게 흘러가게 한다.

2. 국제유통경로의 구성원

국제시장에서 유통에 참여하는 구성원은 상당히 다양하다. 따라서 국제 마케팅에 있어 유통경로를 형성하는 구성원에 대해 분석하는 것은 큰 의미를 가진다. 유통경로의 구성원은 일반적으로 아래와 같이 구분된다.

1) 국제시장의 대리상

유통경로에 있어 국제시장의 대리상이 있다. 국제시장의 대리상은 다시 중개업자, 대리점, 팩터로 나눠진다. 첫째, 중개업자는 영어로 'broker'라고 하며 특징적으로 음식료품 또는 일차상품을 주로 다룬다. 그 대가로 중개수수료를 받는다. 중개업자는 현지 시장정보에 밝고 능숙한 장점이 있기 때문에 이들을 통하는 경우 적은 비용과 시간으로 현지시장에 신속하게 접근 가능하다.

둘째, 대리점은 특정지역, 국가 또는 인접국가 등에서 제조사의 제품을 판매하는 권한을 가진다. 일반적으로 국제시장의 대리점은 'exclusive agent', 'sales agent' 등과 같이 호칭된다. 이들은 주로 산업재와 소비재를 유통한다. 자체적인 유통망을 국제적으로 가지기 어려운 수출업체들이 일반적으로 이러한 국제시장의 대리점을 활용하는 경우가 많다. 왜냐하면 이들을 통하는 경우 해당 지역 또는 국가에 대해 일정한 통제가 가능하고 집약적 유통이 이루어질 수 있다.

셋째, 국제시장의 팩터factor는 중세시대의 이탈리아에서 기원으로 하고 있다. 이들은 중간업자로서 수출상에게는 판매알선을 해 주고 구매자로부터 지급보증업무를 대신해 준다. 그것을 통해 판매수수료sales commission와 지급보증수수료Del Credere commission를 추가적으로 수취한다. 이들의 장점은 수출자와 수입자의 중간에서 신용위험을 덜어주는데 있다.

2) 국제시장의 중간상

국제시장에서 중간상은 상당히 중요한 역할을 수행한다. 중간상은 여러 가지 형태가 있는데 다음과 같이 수입상, 유통업자, 딜러, 도매상 및 소매상 등으로 일반적으로 분류된다. 첫째, 수입상importer은 제품에 대한 전문지식을 바탕으로 수입을 주로 한다. 따라서 수입상이 잘 알고 있는 분야의 제품을 수입하는 경우가 일반적이다. 이들은 자신의 책임과 계산을 통해 수입하여 도매상 또는 소매상에게 물품을 판매한다.

둘째, 유통업자distributor는 일반적으로 해외 제조업체와 연계하여 독점적인 판매권을 부여받아 특정국가에 물품을 유통한다. 이들은 해외 제조업체와 긴밀하게 연계되어 있어 의존도가 상당히 높다. 또한 계약 기간도 장기간 지속되는 특징이 있다.

셋째, 국제시장의 딜러_{dealer}는 특정한 제품에 대해 공급업체와 지속적인 관계를 형성하고 통상적으로 산업재 또는 내구성 소비재를 소비자에게 직접 판매하는 중간상이다. 딜러는 대부분 독립적인 중간상이지만 제조업체의 요청으로 딜러의 일정 지분을 보유하는 경우도 있다.

넷째, 국제시장의 도매상과 소매상은 다양한 형태로 현지국가에 존재한다. 일반적으로는 수입업자가 해외로부터 물품 수입을 해서 도매상 또는 소매상에게 판매한다. 국제시장에서 소비자들은 소매상을 통해 소량으로 제품을 구입하는 형태가 일반적이다. 하지만 시장에 따라 소매상이 도매상을 거치지 않고 직접 수입업자가 되어 수입을 하는 경우도 있다. 또한 도매상이 해외 물품을 직접 수입 후 시장에서 소비자에게 판매하는 형태도 있다.

3. 국제시장의 유통 환경 분석

1) 유통구조 분석

진출하고자 하는 국가의 유통구조를 분석하기 위해 아래와 같이 다양한 방식으로 분석한다.

(1) 유통경로의 전체 길이

유통경로가 짧으면 소비자들은 중간 유통 비용이 적어 소비를 통해 혜택이 늘어난다. 최근에는 운송수단과 디지털기술의 혁신적 도입으로 점차 유통경로가 단축되고 있다. 따라서 진출국가의 현재 유통경로의 길이가 얼마나 되는지 구체적으로 잘 파악하는 것은 전략 구축에 매우 중요하다.

(2) 유통 마진과 유통 비용

해외 진출국가의 유통 전략을 수립하기 위해 현재 국제시장에서 유통마진이 어떻게 구성되는지 확인해야 한다. 구체적으로 각 제품에 대한 현실적으로 유통마진율을 산정하여 향후 전략 수립 시 참고할 수 있다.

또한 현재 국제시장에서의 유통 비용의 발생하는 정도를 파악하는 것이 핵심이다. 만약 제조업체가 단지 제품만을 제공하는 수준이라면 유통경로에서 신용, 재고, 시장개발 등의 마케팅 비용을 부담하게 된다. 이러한 유통경로의 추가적 유통 비용 부과로 최종 소비자에게 판매되는 최종판매가는 상승하게 된다.

(3) 제공 서비스

국가별로 도매상과 소매상이 제공하는 서비스 종류와 영역은 다양하다. 어떤 국가에서는 소매상들이 판매 촉진과 광고 등을 별로 수행하지 않고 단지 소비자들에게 판매한다. 하지만 다른 국가에서는 소매상들의 판매 촉진활동은 매우 활발하다. 또한 유통경로에서 소매상들의 치열한 경쟁으로 인해 마진율이 낮은 상황에서도 상인들은 소비자들에게 다양한 서비스를 제공한다.

이와 같이 국가별로 유통경로에서 제공되는 서비스는 천차만별이다. 제대로 된 유통 전략을 설정하기 위해 현재 유통경로상 제공되는 서비스의 현황을 파악하는 것은 핵심적인 사항이다.

(4) 경쟁 현황

유통경로상 경쟁 상황을 입체적으로 파악하는 것은 필수적이다. 경쟁사의 제품을 유통하는 도매상 및 소매상의 구조를 파악해야 한다. 왜냐하면 이러한 유통구조를 알아내어 경쟁사의 판매활동과 마케팅 중점사항 등의 중요한 정보를 체크 가능하기 때문이다.

경쟁사의 제품을 유통하는 소매상과 도매상의 상호명과 소재지를 파악해야 한다. 또한 그들의 유통 방식과 유통 규모를 통해 현지국의 시장 규모를 알 수 있다.

(5) 유통경로의 효율성

국가별로 유통업체의 유통 가능한 범위는 크게 차이가 있다. 일본의 경우에는 교통망과 유통 채널이 구조화가 잘 되어 있어 하나의 유통경로와 계약으로 전국적으로 일사분란하게 유통이 가능해진다. 하지만 터키나 파키스탄 등과 같은 개발도상국의 교통망과 저개발된 유통채널로 인해 전국적으로 유통하는 것은 어렵다. 따라서 해당 개발도상국가들은 각 지역별 별도의 유통계약을 맺어야 한다.

이러한 점에서 유통 전략을 설정하기 위해 진출국가의 유통의 효율성도 철저하게 파악해야 한다. 만약 별다른 검토 없이 유통 전략을 여타 선진 국가와 같은 수준으로 수립한다면 전혀 예상치 못하게 유통이 원활하게 되지 못해 수급불안정으로 큰 타격을 겪게 될 수도 있다.

4. 국제시장 유통 전략

1) 전략 수립의 고려요소

기업의 현지 진출에 따른 효과적 유통 전략 수립을 위해 신중하게 고려해야 할 요소는 상당히 많다. 기업이 다른 마케팅믹스를 아무리 효율적으로 구성하더라도 물품에 대한 유통이 원활하지 못해 소비자에게 제대로 판매가 되지 않으면 결코 좋은 마케팅 성과를 얻기 어렵다. 일반적으로 기업은 해외 진출 시 아래의 핵심적인 요인들(유통경로 전략 목표 6C)을 유통 전략 수립 시에 고려한다.

(1) 비용

효과적인 유통 전략 구축을 위해 고려요소로는 유통의 비용Cost을 전체적으로 검토하는 것이 필요하다. 아무리 좋은 유통채널이라고 하더라도 비용적인 측면에서 과도하게 소요되는 경우 비즈니스의 성공을 확신하기 어렵다. 특별히 해외시장은 국내와는 확연히 다를 수 있다. 운송에 대한 인프라 구축 상황이 좋지 않은 경우 운송 비용이 크게 차이가 난다. 지리상 가까운 거리임에도 도로 상황이나 심각한 교통체증 등으로 인해 엄청난 시간이 소요된다면 시간적 및 물리적 비용이 해외시장에 진출한 기업에게는 상당한 부담으로 작용할 가능성이 높다. 따라서 유통 전략을 구축하기 위해 비용의 크기를 파악하는 것은 선행적으로 고려되어야 한다.

(2) 소요자본

효율적 유통채널을 구축하는 것은 해외시장에서 영업의 성공을 담보한다고 해도 과언이 아니다. 소비자에게 효과적으로 노출되고 소비자가 구매하는 데 있어 편리한 접근성 등이 확보될 때 해외시장에서 생존이 가능하고 지속적으로 성장이 되는 것이다.

이러한 점에서 소비자에게 접근성과 편리성을 제공하기 위해 판매장소나 빠른 유통을 위한 창고 및 자가운송차량 등을 마련하는 것이 유리하다. 하지만 기업이 이러한 것을 구축하기 위해서는 소요자본이 필요하기 마련이다. 따라서 기업은 효과적 유통 전략을 구사하기 위해 필수적으로 요구되는 소요자본Capital Requirement을 고려해야 한다. 만약 기업이 투자할 여력이 있고 향후 해외시장에서 지속적 성장 가능성이 있다고 한다면 투자를 결정하게 된다.

(3) 통제 범위

진출하고자 하는 국가에서 유통을 통제하고 관리하는 범위를 결정하는 것은 매우 중요하다. 원자재 수급부터 최종 소비자에게 판매되는 전체 과정을 통제할 수는 있으나 현실적으로 해외시장에서 불가능할 수도 있다. 따라서 기업은 자신의 현재 상황을 고려하여 가장 합리적인 통제범위Control를 설정하는 것이 필요하다. 기업의 가용한 자원을 파악하는 것이 우선적으로 선행되어야 하며 외부 자원을 활용하는 것도 좋은 방법이다.

(4) 유통범위

효과적인 유통관리 측면에서 미국이나 중국 등과 같은 큰 대륙 국가에서 판매를 위해 집중적으로 공략할 지역을 정하는 것은 핵심적인 활동이다.

즉 기업은 자신의 역량과 내부 자원을 고려하여 유통을 어디까지

할지를 정하는 것이 필요하다. 기업이 모든 지역에 대해 판매하고 유통하는 것은 좋을 수도 있지만 현실적으로 어렵다. 따라서 효과적 유통 전략을 운영하기 위해 기업은 유통범위Coverage를 특별히 한정하는 것이 필요하다.

일반적으로 유통범위를 아래와 같이 구분한다.

① 집중적 유통범위intensive coverage:
가능한 많은 수의 중간상에게 유통을 시키는 방식이다.

② 선택적 유통범위selective coverage:
목표로 하고 있는 지역 내에서 중간상을 선별해서 유통시키는 방식이다.

③ 전속적 유통범위exclusive coverage:
특정시장이나 지역에서 하나의 중간상만을 통해 유통시키는 방식이다.

(5) 개별특성

해외시장은 사회·문화·경제 등의 상황이 확연히 다르다. 특별히 진출하고자 하는 시장이 글로벌화되지 않은 시장인 경우에는 유통의 방식이나 운송형태 등이 크게 차이가 난다.

이러한 측면에서 해외시장의 개별특성Character을 잘 고려하는 것이 선행요소이다. 소비자의 형태 또는 판매 방식 등의 다양한 면에서 면밀한 검토가 필요하다. 만약 이러한 개별특성을 고려하지 않고 유통 전략을 구축한다면 성공적인 비즈니스가 되기 어렵다.

현지 판매자들의 판매전시하는 방식과 행동양식에 대한 인식이 필요하며 색깔과 같은 이미지에 대한 개별적인 특성이 있는지 파악해야 한다.

(6) 연속성Continuity

기업의 판매활동은 일시적인 이벤트로만 끝나지 않는다. 또한 유통과 운송활동은 한 번 구축되면 변경하는 것이 매우 복잡하고 연속적이다. 따라서 기업은 최초 구축할 때 정확하고 효과적으로 유통 전략을 수립해야 한다.

일시적으로 가능한 방식으로 유통채널을 만드는 것은 바람직하지 못하다. 장기적으로 안정적인 방식으로 운용되도록 유통채널을 수립하는 것은 상당히 중요하다. 따라서 유통 전략을 확립하기에 앞서 지속적으로 운용 가능한 방식을 고려해야 한다.

글로벌 공급사슬관리

1. 글로벌 공급사슬관리 개념

공급사슬관리전문가협의회Council of supply chain management professionals는 글로벌 공급사슬관리Global supply chain management를 발주, 조달, 생산에 연관된 모든 활동의 계획과 관리 및 모든 물류관리 활동을 의미하며 공급기업, 유통업체, 제3자 물류업체 및 고객 등에 이르는 총체적인 유통채널 파트너와의 조정과 협력을 포함한다고 하였다.

공급사슬망은 국가에 한정된 것이 아니며 국가 간 형성된 유통채널로서 광범위하게 구성되는 것이 일반적이다. 또한 공급사슬관리는 전체적으로 연결되어 있고 상호 정보가 공유되는 것으로 각 파트너사와의 협력과 상호존중이 중요하다. 공급사슬관리는 약칭으로 SCM으로 통용된다.

2. 공급사슬관리의 핵심 기능

기업이 잘못된 수요 예측과 시장에서 제한되고 왜곡된 정보에 의해 생산량과 재고량을 관리하는 경우가 많다. 왜냐하면 공급기업과 판매기업 등의 유통채널에서 상호간 밀접하게 연결이 되어 있지 않고 정보가 체계적으로 공유되지 않기 때문이다. 이러한 문제로 인해 채찍효과Whip effect가 발생하게 된다. 채찍효과는 유통채널 간 왜곡된 정보로 인해 판매업체도 안전재고를 가지게 되고 중간유통업체도 안전재고를 더 많이 가지려고 하다보면 생산업체에서는 생산량을 더욱 늘리게 되어 최종적으로 그 증폭현상이 가중되는 것이다. 이러한 효과를 채찍효과라고 한다.

3. 공급사슬관리의 핵심요소

1) 공급요소
공급사슬관리에서 공급 분야가 가장 중요한 부분이다. 이러한 점에서 공급자관리supplier management가 핵심적인데, 공급자 평가 또는 역량 파악이 주요 내용인 것이다. 공급사슬 운영기업은 자체 역량점검리스트로 공급자 평가를 실시하여 공급자의 품질, 납기, 구매가격 등의 다양한 평가를 통해 공급사슬망에서 유지 또는 교체를 결정하는 것이다.

2) 생산요소
공급사슬관리에서 운영기업은 생산 계획과 재고관리를 위해 자재 소요 계획을 전체 공급사슬망의 회원member들과 공유한다. 운영기업은 수요 예측과 재고관리를 철저히 관리하기 위해 전체 시스템이 디지털기술로 연결되도록 노력하고 있다. 이는 신속한 정보공유quick information sharing와 민첩성resilience 등을 확보함으로써 위기관리(자재부족, 생산중단)에 대응하는 것이다.

3) 물류요소

생산 과정을 마치고 고객에게 배송되는 과정은 기업의 매우 기본적인 활동 중에 하나이다. 그러므로 판매업체와 제3자 물류업체, 생산업체가 모두 하나의 통합된 전자시스템에 의해 실시간 확인되어야 한다. 또한 배송장소와 현재 위치 등의 핵심적인 부분이 상호간 정보 공유되는 것은 핵심적인 요소이다.

4) 통합요소

공급사슬관리에서 가장 어려운 것은 공급사슬망내 회원 간 활동을 조정하고 통합하는 것이다. 공급사슬 통합이 가능하기 위해서는 상호 협력하는 문화가 조성되어야 한다. 다시 말해서, 운영기업과 공급기업, 물류기업 및 판매 기업이 상호 신뢰를 바탕으로 협력하는 것이 필요하다.

장기적으로 공급사슬관리가 성공적으로 관리되기 위해서는 공급사슬의 성과측정supply chain performance measurement은 주요한 활동이다. 성과측정에는 단순한 판매, 재고수준의 자료가 아니라 더 상세한 측정항목이 필요하다. 전체적인 공급사슬관리의 전술 실행에 있어 운영기업과 협력기업이 장기적인 관점에서 상호 이해하고 협력하는 것이 중요하다. 이를 위해 공급사슬관리의 전체적인 전략과 현재 활동의 조화가 필요하다.

공급사슬관리에 있어 통합을 위해 공급사슬망내 활동의 상호 조정이 절대적으로 요구된다. 기업 간 통합은 매우 어렵지만 신뢰, 헌신 및 조직문화 등이 전체 전략과 일치할 때 상호 조율되고 장기적으로 발전적으로 나아갈 수 있다.

—출처: Wisner et al.(2020), "Principles of supply chain management" 참조

5. 글로벌시장 유통관리

1) 글로벌시장 소매유통관리

해외시장에 진출한 기업들은 제품을 소비자에게 판매하기 위해 소매 유통점을 운영한다. 그 종류는 여러 가지가 있는데 대표적인 소매 유통점을 아래와 같이 간략하게 설명하고자 한다.

소매 유통점	특징	주요 제품
할인점	광범위한 제품을 저가로 판매하며, 가성비가 높은 제품을 주로 판매함	공산품, 식품, 비식품
백화점	개별적 브랜드제품과 판매원으로 구성되어 있음. 백화점 명성에 맞는 도시와 국가를 찾기 어려워 해외 진출에 제약이 있음	여성·남성제품, 아동품, 화장품 등 다양한 제품
전문점	전문점은 백화점보다 제품 구색이 적으나 특정고객을 겨냥해서 각 제품군별로 다양한 구색을 갖추고 있음	디즈니 스토어, 크로커다일, 의류, 신발 등 제품
슈퍼마켓	주택가 근처에 위치하여 편리하게 쇼핑이 가능하도록 접근성과 저가제품 위주의 판매를 함.	식품, 비식품 위주의 제품군
편의점	슈퍼마켓과 유사하지만 회전율이 높은 편의품과 충동품 위주로 판매함. 긴 영업시간이 특징임.	식품, 주류 등의 제품군
쇼핑몰	특정 장소에 여러 브랜드 상점을 포함하여 고속도로 등 접근성이 좋은 곳에 위치함. 편리함과 여흥을 즐길 수 있음.	의류, 신발, 잡화, 레스토랑 등 제품군
아웃렛	유명 브랜드 제품의 재고품을 저가로 할인하는 상점의 형태. 명품을 저렴하게 판매함.	의류, 가방, 잡화 등 제품군
온라인몰	사이버 공간에 개설된 전자상점을 통해 시간적, 공간적 제약을 넘어 쇼핑을 함.	제품의 제약이 없을 정도로 다양함

2) 전자상거래

글로벌 유통시장에서는 최근 급속도로 전자상거래가 확산되고 있다. 고객에게는 직접 상점에 방문하지 않고도 구매할 수도 있으며 시간적인 제약이 없기 때문에 글로벌 소매시장에서 각광받고 있다. 또한 치열한 가격경쟁으로 인해 온라인상점에서 가격은 배송료를 지불한다고 하더라도 상대적으로 낮은 것이 일반적이다.

세계적 질병 대유행 상황이 전 세계를 휩쓸고 있어 이러한 온라인 판매는 그 영역과 판매량이 크게 증가하고 있다. 비대면 문화의 확산으로 외식업마저도 테이크아웃take-out 방식이 더욱 확대되는 양상에 있다.

또한 카페에서 커피를 마시는 것이 이전 방식이었으나 최근에는 온라인에서 주문하고 '드라이브 스루drive-through' 방식으로 커피를 받아가는 소비자들이 점차 늘어나고 있다.

해외 진출하고자 하는 기업들은 전통적인 유통 방식에서 벗어나 새로운 형태의 판매 방식을 고려해야 할 때가 온 것이다. 만약 기존 방식으로만 진출하고자 한다면 시장에서 외면 받을 가능성이 높다.

기업이 제공하고자 하는 제품이 산업재, 식음료, 잡화 등의 제품이라고 하더라도 온라인으로 주문을 접수하고 판매하는 방식을 구축해야 한다. 또한 B2B 또는 B2C 비즈니스 등의 형태와 관계없이 실시간 주문과 배송이 상호 확인 가능한 플랫폼 구성이 필수가 되었다. 전자상거래에 익숙하지 못한 기업은 미래에 생존이 어려운 여건이 조성되고 있다고 해도 과언이 아니다.

온라인 주문 사례

인천국제공항공사는 인천공항 내 영업 중인 식음매장에서 이용할 수 있는 비대면 '스마트 주문 서비스'를 정식으로 오픈한다고 2021년 5월 10일 밝혔다.

스마트주문 서비스는 인천공항을 방문하는 여객 누구나 이용할 수 있다. '픽업주문'과 '테이블 주문' 2가지 방식을 통해 비대면 주문이 가능하다. 픽업주문을 이용하면 공항 도착 전 미리 네이버 스마트주문을 통해 주문 및 결제를 완료하고 공항 식음매장 도착 후 준비 완료 알림에 맞춰 해당 메뉴를 픽업할 수 있다. 테이블 주문의 경우 공항 식음매장에 비치된 QR코드를 통해 카운터 방문 없이 테이블에서 바로 메뉴주문이 가능하다.

공사는 서비스 오픈과 함께 오는 6월까지 2개월여 동안 스마트주문서비스를 이용하는 모든 고객을 대상으로 인천공항 식음매장 전 메뉴 10% 할인 프로모션을 진행한다.

공사는 최근 코로나19로 인해 확산되고 있는 비대면 주문과 간편 결제 등 '언택트 트렌드'를 반영해 이번 서비스를 도입했다. 이를 통해 포스트코로나 시대 매장 혼잡도 완화 등 여객수요 회복에 대비하고 여객편의 증진 및 식음사업자와의 상생발전을 도모한다는 계획이다.

고객의 경우 비대면 주문 및 간편 결제로 주문 대기시간이 크게 줄어들 전망이다.

식음사업자는 이번 할인 프로모션을 시작으로 지속적인 공사·식음사업자 공동 상생 프로모션을 통해 매출증진 혜택을 누릴 수 있을 것으로 기대된다. 한편 공사는 스마트 서비스 도입을 위해 지난해 12월 네이버 및 롯데GRS, 파리크라상 등 인천공항 식음료 사업자, 인천공항 POS 운영사인 파이서브코리아 등 총 9개사 간 '인천공항 식음매장 비대면 주문·결제 서비스 도입을 위한 업무협약(MOU)'을 체결한 바 있다.

공사 관계자는 "인천공항 식음매장에 비대면 주문 및 결제가 가능한 스마트주문 서비스를 도입해 여객 분들께 더욱 편리하고 안전한 공항 서비스를 제공하게 될 것으로 기대한다"면서 "오는 6월까지 스마트주문 서비스를 이용하는 모든 고객 분들을 대상으로 할인 프로모션도 진행하니 많은 관심과 이용 부탁드린다"고 말했다.

—출처: 파이낸셜뉴스 2021년 5월 10일자 참조

제5장

국제시장 마케팅 커뮤니케이션

1. 마케팅 커뮤니케이션 개념

마케팅 커뮤니케이션이란 기업이 자신의 제품을 소비자에게 어필 appeal하기 위해서 광고, 판매 촉진, 홍보 및 인적 판매를 통해 소비자와 쌍방향 소통을 하는 것이다.

최근에는 기업의 4가지 소통 방법(광고, 판매 촉진, 홍보, 인적 판매)을 통합하여 시장에서 활동하는 것을 통합 마케팅 커뮤니케이션*이라고 일컫는다.

---

* 통합 마케팅 커뮤니케이션: Integrated Marketing Communication

2. 글로벌시장의 마케팅 커뮤니케이션 과정

기업이 글로벌시장에서 소비자에게 전달하는 과정은 아래와 같이 간단한 도식으로 나타낼 수 있다. 이러한 과정을 풀어서 설명한다면, 기업은 송신자로서 메시지message를 시장에 있는 소비자에게 전달하게 된다. 이때 기업은 메시지를 부호화encoding하여 매체를 통해 전달하면 소비자는 메시지를 해독하여 피드백으로서 기업에게 부정적 또는 긍정적 반응을 보인다.

송신자(기업) (Sender) ➡ 부호화 (Encoding) ➡ 메시지 (Message) ➡ 해독 (Decoding) ➡ 수신자(고객) (Receiver)

3. 마케팅 커뮤니케이션 종류

1) 광고

기업이 제품에 대해서 해외시장의 소비자에게 소구訴求; appeal하기 위해 비非인적 매체를 통하여 알리고 구매를 자극하는 것이 광고廣告; Advertising이다.

글로벌시장에 효과적으로 진출하기 위해서는 자신의 제품에 적합한 광고를 채택하는 것은 매우 중요하다. 제품과 시장에 따라 글로벌시장에 동일한 광고를 제작하여 효과가 있는 광고廣告; Advertising가 있는가 하면 현지시장에 적응화하여 제작한 광고가 더 효과적인 경우가 있다.

〈그림 5-6〉 거리광고(street advertisement)

(1) 광고의 종류

광고는 광고의 내용에 따라 기업광고, 공익광고 및 제품광고로 구분된다. 여기에서 기업광고는 제품에 대한 내용보다 기업의 이미지 제고를 위해 제작된 것이다. 공익광고는 그 내용이 공익적이며 사회에 공헌하기 위해 제작된다. 제품광고는 일반적으로 기업이 제작하는 것으로 기업이 실질적으로 제공하는 제품과 서비스에 대한 메시지를 전달하는 것이다.

(2) 광고의 기능

광고는 기업이 목적으로 하는 바에 따라 기능을 달리한다. 첫째, 경쟁브랜드에 비해 자사 브랜드 제품에 대한 구매를 소구하기 위해 경쟁브랜드와의 비교를 목적으로 하는 경쟁광고comparative advertising가 있다. 둘째, 개척광고_{pioneering advertising}는 신규 제품을 소개하는 광고이다. 이는 새로운 소비자와 시장을 형성하는 목적으로 제작된다. 셋째, 강화광고_{reinforcement advertising}는 기존 제품이 시장에 이미 잘 알려져 있는 경우 다시 한 번 소비자에게 회상_{recall}과 재인_{recognition}이 되도록 하는 것이다.

〈그림 5-7〉 강화광고

출처: 경향신문 2014년 12월 18일자

(3) 글로벌시장 광고활동 제약요소

글로벌시장은 언어적·문화적 장벽 등으로 인해 국내시장에 비해 소비자들과 커뮤니케이션에 어려움이 있다. 그 제약요소를 살펴본다면 다음과 같이 정리된다.

첫째, 언어의 장벽이다. 글로벌시장은 전혀 다른 언어로 인해 상호소통하는 데 어려움이 있다. 오히려 진출국가에서 잘못된 용어 사용으로 정반대의 의미로 해석되기도 한다. 예를 들어 GM社가 중남미

시장에 진출하면서 자동차 이름을 미국에서 사용하던 'NOVA'* 브랜드를 그대로 사용하였다. 하지만 이는 스페인어로 'No Go'라는 뜻을 지닌 단어였다. 그래서 중남미 시장에서 해당 자동차의 판매는 매우 부진하였다. 이처럼 브랜드로 사용되는 언어를 시장에 맞도록 적합하게 선택하는 것은 비즈니스의 성패를 좌우하기도 한다.

둘째, 시장별로 색깔과 이미지에 인식의 차이가 있다. 중국 소비자들은 빨간색을 '부의 상징'으로 여기지만 일부 다른 시장에서는 '피'를 연상케 하는 부정적인 색깔로서 광고에 사용하는 것은 좋지 못하다. 또한 유럽이나 미국에서는 반려견의 이미지가 매우 사랑스럽고 다정하게 다가오는 이미지이다. 하지만 중동지방에서는 반려견에 대해 일부 부정적인 견해도 있어 반려견을 광고에 사용하는 데 있어 주의가 필요하다.

2) 국제판매촉진

(1) 국제판매촉진 개념

국제판매촉진Promotion이란 해외시장에 진출한 기업이 단기간 소비자들의 구매를 유인하기 위해 강력하게 자극하는 제반 활동을 말한다. 해외시장에서 실질적으로 시장점유율을 확장할 수 있는 마케팅이 되기 때문에 기업에게는 큰 의미를 가진다.

국제판매촉진은 기업에게 여러 가지 장점을 가지고 있다.

첫째, 신규로 진입한 해외시장에서 현지 거래처에 제품 판매를 유

---

* 천문학에서 '신성(新星)'이라는 뜻으로 좋은 뜻으로 쓰이는 영어단어임.

인하기 위해 판매 촉진으로 현금환불rebate, 판촉자료 등을 제공함으로써 현지 거래처의 판매를 독려하는 것이다. 이를 통해 기업은 현지시장에 대하여 시장점유율을 늘릴 수 있다.

둘째, 현지시장의 소비자들에게 직접적으로 대형마트나 동네슈퍼마켓에서 견본sample, 쿠폰coupon 등을 제공함으로써 제품을 널리 알릴 수 있다. 이러한 판매 촉진활동은 소비자들에게 긍정적인 역할을 하기도 한다.

셋째, 광고는 판매 촉진에 비해 대규모 시장의 소비자들에 대해 이뤄지는 것이 일반적이다. 하지만 판매 촉진활동은 목표고객과 목표시장에 직접적으로 접근하여 구매유인을 하기 때문에 비용 대비 효과가 크다.

(2) 국제판매촉진 종류

① 대고객對顧客 판매촉진

기업이 현지시장에 진출하여 매출 신장을 하기 위해 현지 소비자들에 강력한 자극을 제공하여 구매 유인을 하고자 판매 촉진을 하게 된다. 대표적인 경우가 쿠폰Coupon 제공을 통해 제품단가를 할인하거나 쿠폰 적립을 통해 향후 구매에서 무료 제공 등을 하게 된다. 또한 견본품sample과 복합제공물combination offers을 통해 신규 시장에 진출할 때 일반적으로 사용된다. 대형마트 등에서 신규 제품의 견본품을 제공하여 구매 유인을 하게 된다. 여기에서 판매 촉진으로서 복합제공물 방식은 기존 제품을 판매할 때 신규 제품을 결합 판매하면서 특별가격으로 판매하는 것이다. 이외에도 보너스팩, 경품, 계속주문 프로그램 및 회원제도 등의 다양한 판매 촉진 형태가 있다.

② 대거래선對去來先 판매 촉진

해외 진출을 하는 기업은 유통채널이 상대적으로 약하다. 이 때문에 현지 거래처에 판매를 맡기는 것이 일반적이다. 따라서 현지시장의 거래처를 효과적으로 관리하는 것은 매우 중요하다.

거래처에 판매 촉진하는 마케팅 방법으로 현금환불rebate, 신제품 설명회, 이벤트 후원, 정보지원 및 판촉자료 제공 등의 다양한 종류가 있다. 해외시장에 진출한 기업은 판매푸쉬 전략Sales push strategy*이 절대적으로 필요하기 때문에 이러한 형태의 판매 촉진은 해외시장 진출 초기에 일반적으로 많이 활용된다.

(3) 특수형태의 국제판매촉진(국제전시회)

국제 마케팅에서 국내 마케팅과 특징적으로 차이나는 형태가 국제전시회를 통한 판매 촉진이다. 사실 대고객 및 대거래처 판매 촉진은 국내 마케팅에서도 이뤄지고 있기 때문이다.

국제전시회는 전 세계적으로 많은 국가에서 이뤄지고 있다. 특히 싱가포르와 독일, 홍콩 등의 활발한 국제도시에서 국제 전시회가 연중 열리고 있다.

국제시장 진출을 위해 기업은 이러한 국제전시회에 적극적으로 참여하는 것이 바람직하다. 자신의 제품과 기업 정보를 전달하고 전시하는 것으로 많은 고객들이 브랜드와 제품을 인식하게 되고 향후에 실제 더 큰 비즈니스로 연결되기도 한다. 아래 그림은 많은 국내외

---

* 판매푸쉬 전략: 제조사가 현시거래처(도매상, 소매상)에 의존하여 판매하는 형태로 제조사가 판매상에게 판매를 독려(푸시)하는 판매 촉진활동이다.

기업이 참여한 한국에서 개최된 국제전시회_{KOPLAS: Korea International Plastic}
& Rubber Show 중 하나이다.

3) 국제시장 홍보

기업은 현지 진출국가에서 좋은 평가를 받기 위해서는 자사의 제품과 브랜드가 호의적 반응을 이끌어내기 위해 노력한다. 이를 위해 현지 국가의 신문, 라디오 및 TV 등에서 기업에 대한 긍정적인 활동을 적극적으로 홍보할 필요가 있는 것이다. 일반적으로 홍보는 광고와 구별되는데, 결정적으로 홍보는 유료로 하는 것이 아니다. 반면 광고는 유료로 제작하고 대중에 어필한다.

글로벌 마케터는 진출 국가에서 최대한 호의적인 반응을 이끌어내기 위해 노력한다. 또한 자사의 제품에 대한 메스컴내에서 부정적인 기사에 대해 적극적으로 대응한다. 글로벌 마케터는 브랜드 이미지에 타격이 예상되는 경우 신속하고 효율적인 대응을 하는 중요한 일을 담당한다.

최근에는 글로벌시장의 인터넷과 SNS에서 기업의 이미지 제고를 위해 글로벌 마케터는 최선의 노력을 경주한다. 대부분 소비자는 스마트폰의 급속한 확산에 따라 SNS과 인터넷에서 나타난 내용에 의해 기업의 이미지가 형성되거나 변동이 생긴다. 따라서 기업은 이러한 최근의 추세를 고려하여 적극적이고 신속한 대응을 해야 한다. 특히 Facebook, Google 등의 현지시장에서 가장 활발한 SNS를 파악하여 기업의 이미지를 높이거나 유지하기 위해 최선의 노력을 경주해야 한다. 이를 통해 기업의 브랜드 이미지를 제고할 수 있으며 지속 가능한 경쟁우위를 확보 가능하다. 왜냐하면 기업의 브랜드 이미지가 소비자에게 좋은 이미지로 각인될 때 구매행동으로 이어지기 때문이다.

〈그림 5-8 홍보사례〉
출처: 농림수산부 홈페이지

위의 홍보사례는 대한민국 정부 차원의 K-누들 "K-brand" 홍보를 위해 글로벌 고객을 위해 언론에 배포한 내용이다.

4) 인적 판매

(1) 국제시장 인적 판매 개념

신규로 진출하는 해외시장의 잠재고객에게 다가가기 위해 인적 판매Personal selling를 통해 신제품을 소개하는 것은 효과적인 방법이다. 잠재적인 구매자로서 제품에 대한 더 자세한 설명을 영업사원이 직접적으로 하는 경우 더욱 신뢰성을 담보한다.

특히 기술적으로 복잡한 제품이거나 금융상품과 같은 전문적 지식을 요구하는 상품은 인적 판매가 더 효과적이다. 왜냐하면 신규 제품이거나 브랜드인 경우 시중에서 접해본 적이 없기에 전문적인 지식을 소유한 영업사원이 설명하면 잠재적 구매자가 제품을 안심하고 구매할 수 있기 때문이다.

(2) 국제시장 인적 판매 고려 사항

국제시장에서 인적 판매를 하는 것은 국내시장에서 하는 것과 많은 차이가 있다. 인적 판매를 진행함에 있어 고려해야 하는 사항은 아래와 같다.

① 정부의 규제 장벽
각 정부는 인적 판매에 대해 상당히 다른 인식을 가지고 있다. 정치

적으로 사회 규제의 정도가 높은 국가는 인적 판매활동을 금지하거나 규제하기도 한다. 그러므로 정부의 규제 및 법규 등에 대해 면밀한 검토가 선행되어야 한다.

② 시장 불확실성

시장에 대한 정보가 불명확한 경우 사전 조사가 선행되어야 한다. 만약 너무 긴 시간 동안의 사전 조사는 자칫 적절한 시장진입시기를 놓칠 수도 있다. 왜냐하면 재빠른 다른 경쟁자에 의해 시장이 선점될 수도 있기 때문이다. 그러므로 시장 불확실성이 높은 시장은 오히려 현지의 풍부한 인적 판매조직을 활용하는 것도 좋은 방안이다.

③ 정치적 위험성

진출하고자 하는 국가가 정치적으로 불안정하고 정치체제가 경직되어 있다면 인적 판매의 조건과 여건이 상당히 제한된다. 따라서 기업이 현지에서 인적 판매를 진행하고자 한다면 정치적 위험을 평가하는 것은 중요하다.

만일 현지 국가의 정치적 위험성이 매우 높은 경우에는 현지의 사정에 밝고 경험이 풍부한 현지 기업이나 에이전트와 계약하여 현지 판매를 진행하는 것이 좋다.

기업이 이러한 내용을 고려하지 않고 단독으로 인적 판매를 진행한다면 매우 어려운 문제에 봉착할 수 있다. 더욱이 성공적인 영업성적을 기대하기란 불가능에 가깝다. 따라서 위의 3가지 고려요소를 파악하는 것은 해외시장의 효과적 인적 판매활동을 위한 핵심적 활동이다.

온택트 마케팅On-tact Marketing

COVID-19로 인해 제품 판매는 더욱 언택트Un-tact를 넘어 온택트On-tact로 급속도로 변모되고 있다. 즉 시대의 흐름은 온라인과 디지털 기술로 나아가고 있음을 의미한다.

도널드 밀러와 J. J. 피터슨은 그들의 책인 온택트마케팅(2020)에서 기업은 세일즈 퍼널sales funnel을 구축하는 것이 매우 중요하다. 여기에서 퍼널funnel은 깔때기를 의미한다. 소비자는 구매 단계에 이르기까지 일정한 단계를 거친다. 자연스럽게 소비자가 기업의 제품을 구매할 수 있도록 소통하고 자연스럽게 유도하는 것이 가장 효과적인 퍼널funnel이다.

이러한 세일즈 퍼널을 효과적으로 구축하기 위해 기업은 마케팅은 최대한 단순화시켜 소비자에게 어필하는 것이다. 또한 기업이 효과적 마케팅을 구축하기 위해 아래와 같은 단계로 구축하는 것이 필요하다. 첫째, 소비자들은 기업이 만든 콘텐츠를 사용하며 호감도를 높이게 한다. 둘째, 기업은 지속적으로 콘텐츠를 공급하여 소비자에게 가치를 제공하고 신뢰도를 상승시켜야 한다. 셋째, 소비자들이 다른 소비자들과 SNS 소통을 통해 소속감을 형성하게 한다. 넷째, 소비자들은 기업의 세일즈 퍼널을 거쳐 기업의 콘텐츠를 알게 된다. 다섯째, 소비자들은 기업의 콘텐츠에 대한 기대와 욕구가 충족될수록 만족도가 높아진다. 여섯째, 소비자들은 재구매로 연결되는 것이다. 이러한 과정을 통해 기업의 소비자들은 자연스럽게 소비를 지속적으로 하게 되고 기업은 꾸준히 수준높은 콘텐츠를 공급하여 매출이 지속적으로 상승하게 된다. 기업이 판매에만 집중해서는 안 되며 온택트마케팅으로서 소비자들이 가치 있다고 느끼는 콘텐츠를 지속적으로 공급하는 것이 중요하다. 이러한 것들이 자연스럽게 세일즈 퍼널이 되는 것이다.

서비스에 관한 정리

1. 서비스의 개념

서비스service는 전 세계적으로 해를 거듭할수록 그 중요성이 확대되고 있다. 선진국일수록 서비스산업의 부가가치가 GDP에서 차지하는 비중이 증가하고 있다. 서비스는 다소 복잡하고 다양한 형태로 존재하면서 더욱 발전하고 있는 상황이다. 서비스의 형태는 제품으로써 서비스, 고객서비스, 서비스산업 및 파생서비스 등으로 매우 다양한 형태가 있다.

2. 서비스의 현황

전 세계적으로 서비스에 대한 관심과 중요성은 더욱 증가하고 있다고 해도 과언이 아니다. 기업은 글로벌시장에서 단지 제품만을 판매하는 것에 그치지 않고 서비스를 추가함으로써 경쟁력을 높이고 한다. 이러한 점에서 글로벌 소비자는 제품과 서비스가 좋은 기업을 선호하게 된다.
아래의 그래프는 2019년도 주요 국가의 GDP 대비 서비스의 부가가치비율을 나타내고 있다. 아래의 그래프에서 선진국가인 영국, 프랑스, 이태리, 독일 등의 서비스 비중에 매우 높다는 것을 알 수 있다. 그에 비해 한국의 GDP 대비 서비스의 부가가치 비중은 다소 낮은 측면이 있다.
이러한 것을 볼 때, 한국의 서비스산업에 대한 관심이 필요한 시점이다. 또한 서비스산업인 금융, 디지털기술, 항공, 관광산업 등의 가치창출을 높이는 정책이 필요한 부분이다. 각 기업들이 이러한 서비스 분야의 경쟁력을 높일 때 기업의 진정한 경쟁우위를 확보할 수 있다.

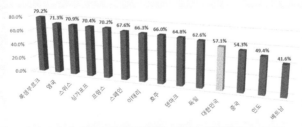

〈그림 5-9〉 GDP 대비 서비스 부가가치
출처: 세계은행(2019년 자료)

3. 서비스의 특징

1) 무형성
서비스는 상품과는 달리 무형의 성질을 가지고 있다. 그에 비해 상품은 유형의 물체이기 때문에 소비자가 만지고 눈으로 볼 수도 있다. 이러한 특징으로 서비스를 재고로 확보하기도 불가하고 가격을 책정하기도 어렵다. 소비자들에게 표현과 전달이 쉽지 않다.

2) 이질성
소비자에게 전달되는 서비스의 형태와 품질이 공급자에 따라 매우 다르다. 아무리 기업에서 같은 방식으로 하려고 하더라도 소비자에게 직접 전달하는 임직원에 따라 다른 양상으로 나타나기도 한다. 그러므로 최대한 메뉴얼화를 통해 표준화시키려고 노력해야 하고 임직원에 대한 체계적이고 지속적인 교육이 절대적으로 요구된다.

3) 소멸성
서비스는 유형의 제품이나 상품과는 차이가 많은데, 서비스는 소비자에게 제공됨과 동시에 바로 소멸하는 특성을 가지고 있다. 상품이나 제품처럼 재고를 보유할 수 없다. 이러한 점에서 소비자의 수요가 공급을 초과할 가능성이 매우 높다. 이것을 극복하기 위해 수요측면에서는 예약시스템, 가격차등제, 비수기수요의 창출 등의 노력이 필요하다. 공급측면에서는 소비자들의 수요가 높아지는 시간에 시간제직원을 채용하거나 셀프서비스를 통해 소비자의 참여를 이끌어 내는 방식으로 직원들은 다른 서비스를 제공할 수 있다. 또한 외주를 활용한다면 소비자에게 효과적인 서비스를 제공할 수 있다.

4) 비분리성
상품과 서비스는 생산과 소비가 분리되어 있지만 서비스는 생산과 소비가 동시에 발생한다. 이러한 부분에서 비분리성의 성질을 가지게 된다. 공급자와 소비자는 같은 경험을 하는 것이다.
소비자는 서비스의 생산 과정에 참여하게 되고 서비스공급자의 실질적 존재이다. 또한 서비스는 대량 생산이 불가하다. 이것을 극복하기 위해 서비스 공급에 있어 주의해야 하는 점은 아래와 같다. 첫째, 고객과의 직접 접하고 있는 직원들에 대한 집중적이고 효과적인 교육이 선행되어야 한다. 서비스 공급에 있어 소비자는 직접 관여하고 전달자가 되기 때문이다. 둘째, 효과적인 고객관리는 핵심적인 사항이다. 서비스 공급의 효율적인 이용을 위해 예약관리시스템으로 개선할 수 있다. 또한 앱을 이용한 음식 배달시스템은 고객에게 시간적, 공간적 어려움을 극복하게 해 준다. 이러한 고객관리를 통해 서비스 만족을 높일 수 있다. 셋째, 복수입지multisite locations를 구축하여 소비자의 이동거리를 최소화하여 고객서비스를 강화하고 만족도를 높일 수 있다.

제5부 국제 마케팅믹스 요약 정리

기업은 해외시장 진출을 위해 국제 마케팅믹스를 실행하게 된다. 국제 마케팅믹스의 구성요소는 국제시장 제품 전략, 가격 전략, 유통 전략 및 마케팅 커뮤니케이션 전략이 있다.

성공적인 해외시장 진출과 사업의 확장을 위해 적합한 국제 마케팅믹스를 활용해야 한다. 해외시장의 제품 전략에 있어서 제품속성을 결정해야 하고 브랜드 자산을 파악해야 한다. 또한 적합한 제품 전략을 선정하는 것은 매우 핵심적인 사항이다.

기업의 해외시장에 대한 가격 결정 방법은 일반적으로 원가 중심, 경쟁 중심, 소비자 중심 및 통합적 가격 결정 방법이 있다. 국제시장에서 가격 결정 요인은 환율, 추가 비용, 계약 조건 및 국제 법규 등의 다양한 요인이 있다. 유통 전략을 위해서는 유통 환경 분석이 선행되어야 한다. 그 유통 환경으로는 유통구조, 유통마진과 비용, 제공 서비스, 경쟁 현황 및 유통경로의 효율성 등이 있다. 최근에 유통관리는 매우 다양한 형태로 나타나게 되는데 소매유통관리, 전자상거래 등으로 글로벌 유통은 급변하고 있다.

마케팅 커뮤니케이션 전략은 통합적 커뮤니케이션으로 이뤄지고 있는 추세이다. 즉 광고, 홍보, 판매 촉진 및 인적 판매를 통합적인 방법을 이용하여 전략을 수립하고 실행하는 것이다. 이러한 커뮤니케이션 전략은 해외시장에서 소비자와 소통하는 접점을 의미하는 것으로 시장 확대와 생존력을 결정하는 매우 중요한 마케팅믹스 중 하나이다.

토의 문제

1. 국제시장 마케팅믹스의 개념을 서술하라.

2. 국제시장 마케팅믹스 중 제품 전략의 유형을 설명하라.

3. 국제시장 가격 결정 유형은 어떻게 되는가?

4. 국제시장 유통경로 구성을 위한 고려 사항은 무엇인가?

5. 마케팅 커뮤니케이션의 종류는 무엇이며 각각 설명하라.

글로벌 핀테크사업의 성공 요인

한국에 근무하는 외국인 노동자들의 본국 송금은 사실 불편함이 많이 있었다. 은행에 평일 일정한 시간과 장소에 방문해야 해외 송금이 가능하였다. 그러한 이유로 외국인 노동자들은 큰 불편을 감수해야 했다.

이런 소비자들의 욕구를 파악하고 핀테크 사업을 시작한 A기업은 동남아지역의 외환송금 서비스업을 주요업으로 하며 설립 4년 만에 현지 대형은행, 글로벌 송금업체, 현지의 핀테크업체 등과 파트너십을 형성하는 데 성공하였다. 이 업체는 모바일앱을 이용하여 아주 신속하고 편리하게 송금이 가능하게 함으로써 고객들을 사로잡은 것이다. A기업은 아래와 같은 전략으로 소비자의 문제를 해결하여 큰 성공을 거두게 되었다.

첫째, 소비자의 니즈needs를 정확하게 간파하였다. 전략을 수립하기 전에 시장에 있는 소비자들의 현재 문제와 갈등요소를 자세하게 알아내는 것은 핵심적인 활동이다. 왜냐하면 정확하게 소비자들의 어떤 문제를 해결할 것인지 결정하는 것은 우선적인 사항이기 때문이다.

둘째, 핀테크 사업을 영위하고 있는 다른 경쟁기업의 마케팅활동을 파악하여 그에 대응하는 전략을 구사하였다. 현지 국가의 경쟁자들의 부족한 부분Weakness과 강한 부분Strength을 분석하여 시장개척을 하였다. 또한 자신들에게 위협되는 부분Threat과 기회가 되는 부분Opportunity을 철저하게 분석하였다.

셋째, 내부 자원 역량 분석을 통해 새로운 IT 기술을 접목한 모바일앱과 인터넷을 이용하여 핵심기술기반을 마련하였다. 이러한 결과 경쟁우위를 점하게 되었고 시장점유율을 늘릴 수 있었다.

넷째, 차별화된 서비스 제공을 하였다. 이를 위해서는 비용의 우위를 확보하였다. 또한 송금서비스의 편리성을 더하여 모바일앱의 편리한 체크 기능이 강화되어 차별화된 서비스를 제공하게 되었다.

다섯째, 기업의 안정적인 운영으로 소비자의 신뢰성을 확보할 수 있었다. 인터넷으로 작동되는 송금서비스는 사실 신뢰성을 홍보하기가 생각보다 어렵다. 핀테크 분야 전문가인 MIT 석좌교수인 로버트 머튼은 미래의 금융산업에서 핀테크의 비중과 역할은 신뢰와 검증 가능한 투명성을 얼마만큼 확보하는지에 달려 있다고 하였다. A 핀테크 기업은 현지 정부 기관, 국내외

금융기관 및 기술개발기업과의 신뢰성 있고 합법적인 활동으로 시장에서 신뢰성을 확보할 수 있었다. 이를 통해 현지 및 국내 소비자들의 모바일앱과 인터넷 기반의 홈페이지를 통해 해외 송금을 보다 편리하게 이용할 수 있게 되었다.

이와 같이 기업은 업종별, 산업별 차이는 분명히 존재하지만 국제 마케팅의 기본원리는 통한다. 사업의 목적을 명확히 하고 내외부환경 분석을 통해 기업의 SWOT* 분석을 통해 기업 전략의 목적을 도출한다. 이를 위해 STP 전략Segmentation, Targeting & Positioning strategy을 창출하여 해외 진입 전략을 선정하게 된다. 이를 통해 국제 마케팅믹스를 통해 전략을 구축하고 실행하게 된다. 이러한 실행을 한 결과를 마케팅감사조직을 통해 평가하고 향후 전략 조정 및 방향에 참조하게 된다.

—출처: 2020년 11월 issue 1, 동아비즈니스리뷰 참조

---

* SWOT 분석: 기업이 자신의 강점(Strength), 약점(Weakness), 기회(Opportunity), 위협(Threat)을 분석하는 것을 말한다.

제**6**부
국제 마케팅
조직과 검사

제1장

국제 마케팅 조직

1. 국제 마케팅 조직 개념

 기업이 현지 진출국가에서 국제 마케팅 조직의 의사 결정 과정과 정보수집 절차를 효율적이면서 성공적으로 이끌기 위해 마케팅 조직을 구성한다. 다시 말해서 현지 국가의 불확실성이 증대되는 상황에서 조직성과의 극대화를 위해 기업은 마케팅 조직을 자신의 실정에 맞게 구성하고자 한다.

 조직은 현지 국가의 실적에 맞게 적합한 형태로 탄력적으로 운영되어야 한다. 만약 현지 진출국가의 상황을 전혀 고려함이 없이 국내 조직과 동일한 형태로 구성하는 것은 해외시장에서 비즈니스의 성공을 가져오기는 어렵다. 이러한 조직구성이 가능하기 위해서는 현지 국가의 경제, 유통, 경쟁 및 정치 상황에 대한 다각도의 고려가 이뤄져야 한다. 선행적으로 동종업계의 운영 상황이나 경쟁 상대의 마케팅 분야 구조를 파악하는 것은 성공적인 조직구성을 가능케 할 것이다.

국제시장의 상황에 따라 중앙집권적인 마케팅 조직구조가 유리한 국가도 있고 분권화된 조직구조가 더 효과적인 경우도 있다. 또한 지역 거점의 중앙 조직을 만들고 현지 사정에 맞도록 조직을 변화하거나 전략을 수립하는 형태도 존재한다.

이처럼 국제시장에서 절대적으로 유리한 조직은 없다. 그 현지시장의 여건과 제품의 특성에 따라 유연한 조직형태를 선택하는 것은 매우 중요하다. 따라서 글로벌화된 시장 환경에서 마케팅 조직구조의 형태를 파악하는 것은 핵심적인 활동이다.

2. 국제 마케팅 조직 유형

국제시장에서 성공적인 마케팅을 실현하기 위해 기업은 적합한 조직구조를 구축하게 된다. 이러한 조직구조는 상황에 맞게 조정 및 통합되기도 한다. 따라서 글로벌 마케터로서 국제시장의 국제 마케팅을 효과적으로 운영하기 위해 조직 유형에 대해 정확하게 학습할 필요가 있다. 이러한 의미에서 아래와 같이 조직의 다양한 유형에 대해 소개하고자 한다.

1) 기능별 조직

일반적으로 기능별 조직은 기업의 제품이 많지 않은 경우에 채택되는 조직 형태이다. 즉 현지 진출국가에서 판매되는 제품의 수가 많지 않아서 굳이 제품별로 관리할 필요가 없기 때문이다.

기능별 조직은 기업이 최고경영자를 중심으로 연구개발, 생산, 마케팅, 영업, 재무, 인사 등의 기능별로 구분된다. 이 조직형태는 기업의 기능을 최상의 상태로 유지하면서 상호 기능의 협조가 잘 이뤄진다면 해외시장에서 큰 어려움 없이 운영 가능한 형태이다.

이 조직형태의 장점은 각 기능부서의 통제 강화가 용이하고, 조직관리에 있어 비용 절감이 가능하다. 반면에 단점으로는 제품별 또는 시장별로 전문적이면서 즉각적인 대응이 불가하다는 점이다. 또 다른 단점으로 각 기능별로 구분되어 있어 각 부서 간 협조가 원활하지 못할 수 있다. 따라서 기능별 조직은 제품수가 작고 시장이 안정되어 있는 경우에 적용된다. 많은 글로벌 기업들이 해외 진출 초기 단계에 기능별 조직을 활용하다가 제품별 조직으로 전환한다.

2) 국제시장 제품별 조직

국제시장 제품별 조직은 글로벌 기업에서 초기의 기능별 조직 형태를 넘어서 확장적인 형태로서 적용된다. 제품별 조직은 각 제품별로 관리자manager가 있으며 그 제품별 부서 하부조직으로 마케팅, 영업, 생산, 재무 등이 있다.

각 제품사업부는 독립된 부서로 활동하며 독립채산제* 형태로 존재하는 것이 특징이다. 보통 제품사업부 형태를 취하는 사업은 기술집약적인 제품을 판매하거나 다양한 품목을 다수의 최종소비자를 상

---

* 독립채산제(獨立採算制): self-supporting accounting system로서 기업 내의 단위가 자기의 수지 (收支)에 의해 단독으로 사업을 성립시킬 수 있도록 하는 경영관리제도를 말한다.

대로 영업한다. 이로 인해 한 국가 내에서도 서로 다른 자회사들은 본사에 다른 부서의 자격으로 업무를 보고하거나 진행하게 된다.

제품별 조직의 장점은 첫 번째로 제품수명주기Product Life Cycle를 고려하여 제품생산을 통제할 수 있다. 의사 결정 권한이 제품사업부에 분산되어 있어 각 부서에서 확실한 동기 부여가 있는 경우 성과를 더 향상하는 장점이 있다. 두 번째로 각 제품사업부의 가치창출활동을 글로벌하게 조정할 수 있다. 마지막으로 해외 공장의 핵심자원 이전이 용이하다. 또한 신제품을 전 세계적으로 동시에 출시할 수 있다.

반면, 단점은 제품부서가 자신의 부서의 주장만 고집하는 경우에 전사적인 조율이 어렵다. 왜냐하면 제품사업부별로 의사 결정 과정에서 독립적으로 활동하기 때문이다. 또한 제품부서장의 힘이 너무 큰 경우에 지역담당자가 예속되어 지역 특유의 수요에 적절한 대응이 불가할 수도 있다.

3) 국제사업부제 조직

국제사업부제 조직은 기업의 해외 활동이 활발해지면서 생겨나는 것이 일반적이다. 다시 말해서 기업의 국제 마케팅으로 신규 사업이 해외시장에서 성과가 나타나고 영업 비중이 증가하는 경우에 별도로 국제사업부를 두는 방식이다.

국제사업부는 제품사업부와 같은 형태로 독립된 전략사업단위로 운영되는 것이 일반적이다. 국제사업부는 주로 해외 사업을 총괄하는 형태가 된다. 국제사업부의 하부조직으로 각 국가별로 두고 그 밑에 각 제품별로 관리한다.

일반적으로 성장하고 있는 해외시장에 국제사업부제 형태의 조직을 구성한다. 이러한 형태는 계속적으로 시장이 확대되는 경우에 각 국가에서 생산하고 판매하는 방식으로 전환되기도 한다.

국제사업부제 조직의 장점은 첫째로 해외 마케팅 분야에서 해외사업부에서 총괄해서 업무를 수행함으로써 최고경영자는 국내 사업에만 전념할 수 있다. 둘째로 해외 마케팅에서 습득한 정보와 노하우를 해외사업부에서 학습하여 전체적으로 효율적인 마케팅을 구사할 수 있다.

반대로 국제사업부제 조직은 단점도 가지고 있다. 첫째, 최고경영자는 국내에만 관심이 높은 경우에 해외사업부의 중요성에 대한 인식 차이로 인해 부서 간 갈등이 고조될 수 있다. 둘째, 연구개발 분야가 국내의 본사에 의해서만 통제되기 때문에 해외시장에서의 연구개발은 제한적인 경우가 많다. 셋째, 국내사업부와 국제사업부는 독립적으로 활동함으로써 갈등 상황에서 조정이 어려워지는 경우도 있다. 즉, 각 부서 이기주의는 국제사업부제에서 잠재적으로 일어날 가능성이 상당히 높다.

4) 국제시장 지역별 조직

국제시장에서 지역별 조직은 최고경영자를 중심으로 글로벌시장에서 세분화된 지역이 하나의 부서를 형성하고 각 지역별 부서의 하부조직에 제품시장 스탭staff으로 인사, 재무, 마케팅, 생산 등의 기능조직이 있는 형태이다. 전 세계적 계획과 통제와 관련된 부분만 본사가 지고, 운영책임은 각 지역사업본부가 책임을 진다.

각 지역사업본부는 독자적인 영업 및 생산활동을 수행하기 때문에 각 기능별 의사 결정에서 독립적으로 업무 수행을 한다. 다시 말해서 각 권한은 지역별로 분산되어 있고 본사에서는 전체적인 전략 방향과 재무 통제의 역할을 한다.

지역별 조직의 장점은 다음과 같다. 첫째, 지역사업본부가 지역의 상황에 맞는 제품 선정 또는 전략 수행이 가능하다는 점이다. 둘째, 지역사업본부의 하부조직인 기능별 운영에 있어서 독자적인 운영으로 탄력적 적용이 가능하다. 셋째, 정책 결정과 책임의 소재가 명확하여 지역사업본부가 더욱 내실있는 경영이 가능하다.

반면에 지역별 조직의 단점은 지역적 자율성이 지나치게 부각되는 경우에 다른 지역으로 핵심자원의 이전하려고 하는 전략을 수행하는데 제한이 따른다. 또한 지나치게 지역으로만 분리함으로써 규모의 경제를 형성하는데 걸림돌이 되기도 한다. 추가적으로 경영활동이 지역에만 한정되어 전사적인 관점에서 경영 의사 결정이 제약을 받을 수도 있다. 이러한 점에서 최상의 조직구조는 존재하지 않으며 제품별, 지역별로 각 기업에 적합한 조직구조를 채택하는 것은 신중해야 한다.

5) 국제시장 매트릭스 조직

해외시장에서 매트릭스 조직은 지역, 제품, 기능의 3가지 요소가 결합된 조직이다. 다시 말하자면, 기업의 해외 진출국가에서의 조직구조를 다차원적으로 구성하여 효율성을 극대화하여 기업의 목표를 달성하고자 하는 것이다.

매트릭스 조직은 지역별 조직과 제품별 조직의 장점만을 채택하여 더 효과적으로 운영하고자 하는 것이다. 즉 기업은 제품별 조직에서의 장점인 규모의 경제를 실현하고 경험곡선효과를 갖기 원한다. 또한 지역별 조직에서의 지역별로 지역 특유의 수요에 즉각적으로 대응을 하기 원하는 것이다.

매트릭스 조직에서는 각 관리자manager는 보고체계가 이원적으로 구성되어 있다. 다시 말해서 관리자가 속한 지역과 제품 조직에 동시에 속하기 때문에 자신이 속한 경영자와의 합의에 의해 업무가 진행되는 것이 특징이다.

매트릭스 조직의 장점은 다음과 같다. 첫째, 보고체계가 이원적으로 이뤄지고 업무 진행이 두 가지 조직단위에서 동시에 체크되는 시스템으로 실수를 줄일 수 있다. 둘째, 두 가지 조직단위 내에서 상호 견제, 조정 및 균형이 가능하다. 이것을 통해 글로벌 비즈니스상 협력이 이뤄지고 공동책임제도가 형성되는 것이다.

하지만 매트릭스 조직도 단점이 있다. 첫째, 제품부서장과 지역책임자의 합의가 늦어져 적절한 시기를 놓칠 수도 있다. 둘째, 현실적으로 매트릭스 조직은 복잡한 의사 결정구조를 가지고 있어 상호 합의가 어려워지고 부서 간 갈등이 생겨나기도 한다.

3. 국제시장 조직구조 결정 요인

1) 국제시장 마케팅 활동 규모

해외시장은 복잡하고 불확실한 상황의 연속이다. 이러한 점에서 기업이 외부 환경과 기타 시장의 여건을 고려하는 것이다. 또한 기업이 진출하고자 하는 국가에서 마케팅 활동의 규모를 파악하는 것은 핵심적인 일이다.

기업 경영에서 국제 마케팅 활동이 차지하는 비중을 파악하여 기업의 조직구조를 결정해야 성공적인 경영활동을 영위할 수 있다. 즉, 얼마만큼의 생산금액과 영업실적이 전체 경영활동에서 차지하는 비율을 파악함으로써 어떠한 조직구조를 형성해야 하고 내부 자원을 배분해야 할지 알 수 있다.

2) 현지 고객 및 시장 특성

국제시장에서 조직구조를 결정하는 데 있어 현지 진출국가의 고객과 시장의 특성을 파악하는 것은 매우 중요하다. 본국과 유사한 환경을 가진 고객과 시장이라면 표준화된 제품과 마케팅 커뮤니케이션으로 전략을 수립할 수 있다. 따라서 지역별 조직구조를 택하지 않는 것이다.

반면에 본국과 아주 상이한 시장 환경이라면 지역별 조직구조를 통해 지역의 수요에 즉각 대응할 수 있도록 하는 것이다. 그러므로 현지시장의 특성이 본국과의 차이를 확인하고 조직구조를 채택해야 하는 것이다.

3) 제품계열의 폭과 넓이

국제시장에서 제품계열의 폭과 넓이에 따라서 조직구조는 달라질 수 있다. 다양한 제품계열을 가진 기업의 경우에는 지역별로 조직을 구성하는 것보다는 제품위주로 분권을 통한 조직구조가 더 적합하다. 소수의 제품계열을 가지고 있는 기업은 제품별 분권보다는 지역별 조직구조를 가지는 것이 더 유리하다. 특히 시장의 특성이 본국과 큰 차이를 보이는 경우에도 지역별 조직구조가 더 효과적이다.

4) 내부 보유 자원

인적 자원과 생산관리능력 등과 같은 내부 보유 자원 수준에 따라 조직구조는 달라질 수 있다. 특히 인적 자원으로서 경영자의 능력은 조직구조를 결정하는 중요한 요소가 된다. 만약 경영자의 마케팅과 현지 경험의 정도가 높다면 현지국가의 자체적인 경영도 고려해 볼 수 있다. 이는 지역별 조직을 이용하여 경영자의 능력을 최대한 펼치도록 하는 것이다.

반면에 경영자의 현지 국가의 경험과 관리 능력이 낮다면 권한을 위임하는 것은 효과적이지 못하다. 또한 자체 공장의 생산관리 및 품질관리 능력이 낮다면 본사에서 쉽게 권한 위임을 결정하기는 어렵다.

따라서 현지 국가의 진출에 앞서 내부 보유 자원의 역량을 파악하는 것은 매우 중요하다. 이러한 내부 검토를 통해 합리적인 조직구조를 선택할 수 있다. 만약 철저한 내부 보유 자원에 대한 검토가 없다면 성공적인 조직구조를 바랄 수 없다.

국제 마케팅 감사

기업이 국제시장으로 영업을 확장하면서 조직의 규모가 커지고, 여러 지사를 만들게 된다. 이런 과정에서 해외 지사 간 문화와 전통 등의 차이로 인해 의사소통의 문제가 일어나기도 한다. 또한 조직 간 합의 과정에서 의견충돌이 발생하기도 한다. 기업은 이러한 문제를 해결하기 위해 중간본사와 같은 통제시스템을 두게 된다.

국제 마케팅에서 통제시스템은 기업의 목표를 효과적으로 달성하기 위해 각 부서 또는 지사 간 마케팅 활동을 통제하게 된다. 국제 마케팅의 통제는 일반적으로 계획에 따른 성과평가와 성과측정을 하게 된다. 통제 과정에서 도출된 이러한 평가 자료는 국제 마케팅의 향후 계획 수립에 핵심적인 고려 요인이 된다.

1) 국제 마케팅 감사의 개념

일반적으로 국제 마케팅 감사監査: audit의 목적은 마케팅 활동을 개선하고 기업의 해외 지사 전체 또는 사업부 단위의 현 상황과 잠재적 문제를 파악하는 데 있다. 또한 해외시장 상황에서 기회가 무엇인지를 찾아 국제 마케팅의 전략, 목표, 정책 및 환경 등을 체계적 또는 주기적으로 포괄적인 평가를 하는 것이다.

다시 말하자면 국제 마케팅 감사는 기업의 목표와 내부 자원 역량을 고려하여 마케팅 전략과 정책 등이 적합하게 이뤄졌는지 성찰하고 평가하는 기업의 핵심적 활동이다.

2) 국제 마케팅 감사의 특징

국제 마케팅 감사는 기업의 해외시장에서의 현재 상황을 진단하고 향후 개선방향을 설정하는 것이다. 따라서 국제 마케팅 감사는 다국적기업이나 글로벌 기업에서는 일반적으로 채택되는 방식이다.

여기에서 국제 마케팅 감사는 통상적으로 보이는 특징이 존재하는데 아래와 같다.

첫째, 국제 마케팅 감사는 주기적으로 실시된다. 해외시장에서 발생되는 문제는 내부에서부터 잠재해 있다가 사태가 더욱 심각해지면 발견되는 것이 일반적이다. 이러한 이유로 조직 내 또는 시장에서 벌어지는 문제는 상존해 있는 경우가 많다. 따라서 국제 마케팅 감사는 주기적으로 실시되는 것이 반드시 필요하다.

둘째, 국제 마케팅 감사는 기업 내부의 공식적이고 체계적인 절차이다. 감사는 체계적인 절차와 계획으로 실시된다. 이러한 과정은 모두 공식적인 활동으로 최고경영자의 승인으로 이뤄지는 것이다. 만약 비공식적이면서 계획 없이 이뤄지는 질의나 의견을 나누는 활동은 국제 마케팅 감사로 보기 어렵다.

3) 국제 마케팅 감사의 절차

국제 마케팅 감사는 해외시장에서 기업의 활동을 객관적으로 평가하고 개선점을 도출하는 것이므로 최대한 신중하게 절차와 계획을 바탕으로 접근하는 것이 필요하다. 국제 마케팅 감사는 아래와 같은 절차를 거치는 것이 일반적이다.

(1) 전체 현 상황 검토

해외시장에서 기업의 외부 환경, 경쟁 상황, 유통 및 판매 현황, 마케팅 커뮤니케이션 상황 등에 대한 전반적인 영업활동을 검토하는 단계이다.

(2) 기업 보유 자료 취합

기업의 필요한 자료를 리스트화(목록화)시켜서 해외 지사 및 사업부로부터 취합을 해야 하며, 고객의 성향 및 시장 상황을 파악할 수 있는 자료를 조사해야 한다. 또한 동종업계 현황 및 기술동향을 파악하는 것은 핵심적인 요소이다.

(3) 현 상황의 정보 취합 및 분석

기업의 현지 국가에서 진행되는 프로젝트 성과 자료가 있는 경우 관련 정보의 취합이 필요하다. 또한 마케팅 커뮤니케이션 상황 및 브랜드 인식 자료에 관한 자료의 취합이 요구된다. 그 다음으로 취합된 정보를 평가 및 분석을 실시하는 단계이다.

(4) 내부 임직원 면담

내부 임직원의 현재 상황 인식을 파악하는 단계로서 현재 상황에 대한 문제점을 도출하는 단계이며, 해외시장에서 경쟁사의 활동에 대한 인식을 파악하는 단계이다. 이를 통해 현재 프로젝트에 대한 문제점의 존재 여부를 파악한다.

(5) 내부 업무 실태 파악

내부 업무 진행 상황과 내부 소통에 대한 현 상황 파악이 필요하다. 이는 내부 서류를 검토하는 단계도 포함한다. 일반적으로 외부의 대리점(에이전트)과의 커뮤니케이션 상황과 문제점을 도출하는 단계이다.

(6) 내부 업무 프로세스 확인

지사 또는 지역사업부 간 업무 프로세스상 문제점과 개선점을 파악해서 업무 조정해야 할 갈등요소가 있는지 검토하는 단계이다. 또한 고객이나 외부 대리점(에이전트) 등과의 업무 프로세스상 문제점과 개선점을 도출하는 단계이다.

(7) 보고서 작성 및 발표

전체 자료수집과 분석이 완료된 후 감사보고서를 작성하는 단계이다. 최종적으로 감사보고서는 감사 목적과 범위를 자세하게 설명하고 핵심 감사 결과를 밝히고 적합한 전략과 결론을 제시하는 것이다.

국제 마케팅 조직구조(매트릭스 조직) 사례 연구

글로벌 기업의 조직 구조와 형태는 17세기 유럽에서 식민지 영토 확장 및 시장 개척을 위해 왕으로부터 전권을 위임받아 운영되던 수탁회사에서 기원을 찾을 수 있다. 이들은 왕과 귀족으로부터 출자받아 선단을 구성하고, 저비용국가에서 제품을 구입하거나 생산해 보다 이익을 크게 남길 수 있는 국가에서 판매함으로써 크게 번창했다.

본부 조직이 여러 제품 및 지역 사업부를 통제하는 현대 글로벌 조직과 비슷한 모습은 20세기 초에 들어서야 본격적으로 나타났다. 이 시기 세계를 무대로 야심찬 성장 전략을 추진했던 제너럴모터스GM와 듀폰DuPont 같은 기업이 그 선두에 있었다.

지난 수십 년간 국내에서도 글로벌 기업으로서 갖춰야 할 바람직한 조직 구조와 형태에 대한 논의가 활발했다. 하지만 다양한 고민 속에서도 글로벌 조직이 추구하는 궁극적 가치가 하나 있다. '전체는 부분의 합 이상이어야 한다'는 점이다. 현지시장의 수요와 고객의 니즈를 충족시키는 동시에, 글로벌 조직으로서 보유한 공동의 자산과 자원을 최대한 효과적으로 활용할 수 있는 능력과 역량이 중요해졌다. 글로벌 선도 기업들이 제품, 지역, 기능 등을 동시에 고려하는 복잡한 형태의 매트릭스 조직을 채택, 운영하는 것도 이런 이유에서다.

1. 단순한 구조가 아닌 역량의 문제

글로벌 조직의 유형은 당연히 글로벌 사업 운영과 해외시장 진출 전략의 수준에 따라 달라질 것이다. 자국에서 생산한 제품을 해외시장에 수출하는 초기 단계에서는 주로 본사 조직에 해외사업부를 두거나 진출시장 현지에 영업사무소를 설립하는 방식으로 시작한다. 생산기지를 해외로 이전하고, 제품 및 지역 사업부를 통해 진출시장에 부합하는 영업, 마케팅 활동까지 직접 수행하는 단계에 이르면 본격적으로 글로벌 조직의 면모를 갖추게 된다. 이즈음 많은 기업이 고려하는 조직 형태가 매트릭스 조직이다. 글로벌 비즈니스 확대에 따라 관리해야 할 제품과 지역이 다양해지기 때문에 이 두 차원을 동시에 전략적으로 고려할 조직이 필요하게 되는 것이다.

매트릭스 조직의 가장 큰 특징은 '이중 보고체계'에서 찾아볼 수 있다. 예를 들어 제품과 지역을 두 축으로 하는 매트릭스 조직에서 해외 자회사의 제품 관리자는 제품사업부 책임자와 지역사업부 책임자 양쪽으로 동시에 보고해야 한다. 글로벌 기업 나이키Nike가 지역 및 제품을 주요 축으로 하는 매트릭스 조직을 운영하고 있는 것도 이 때문이다. 신발 의류 등 주요 제품은 기본 규격이 아시아, 북미 등 지역마다 다를 뿐 아니라 각 지역별 고객 취향도 다양하다. 따라서 나이키에서는 제품 관리자로 하여금 본부 차원에서 마련한 신제품 출시 계획을 보다 구체화하도록 한 뒤 지역 관리자가 각 지역 시장 상황을 고려해 일정한 변화를 줄 수 있도록 권한을 부여하고 있다.

글로벌 기업이 조직 관리의 복잡함과 어려움에도 매트릭스 조직을 선호하는 데는 여러 가지 이유가 있다. 무엇보다도 현지시장의 요구에 신속하고 효율적으로 대응, 비용을 상쇄하고도 남는 효과를 볼 수 있기 때문이다.

하지만 다중 보고체계의 매트릭스 조직을 운영하는 것은 결코 만만한 일이 아니다. 선도 기업들은 매트릭스 조직의 원활한 작동을 위해 협력적인 관리자를 선별하고 공동의 성과 목표를 부여하며, 지역과 제품 등 모든 차원에서의 실적을 두루 인정해주는 다차원적 경영 계획과 회계시스템을 운영하고 있다. 이와 함께 조직 구조뿐만 아니라 관리 프로세스와 인사정책, 나아가 조직 내 문화와 규범까지 빈틈없이 연계하고 있다. 글로벌 조직은 인력, 관리 프로세스, 조직 문화 등 모든 요소가 복합적으로 결합돼야 발휘될 수 있는 조직의 '총체적 역량'인 것이다.

2. 본부 조직을 통한 시너지 창출

글로벌 조직이 세계 곳곳에 뻗어나가 있다고 하더라도 현지 조직 각각이 자율적인 사업단위 수준에서 운영되는 데 그친다면 조직 공통의 자산과 자원을 효과적으로 활용함으로써 누릴 수 있는 글로벌 조직 특유의 시너지 효과를 기대하기 어려울 것이다.

글로벌 조직으로서 시너지를 창출하기 위해서는 본부 조직과 해외 자회사 간에 적절한 권한 관계를 설정할 필요가 있다. 그 형태는 본부 조직에 어느 정도로 권한이 집중되는지에 따라 크게 두 가지 모습으로 나타난다.

우선 진출시장별 특성을 크게 고려하지 않아도 되는 글로벌 제품을 생산, 판매하는 기업에는 본부 조직에 권한이 집중된 형태가 적합할 수 있다. 듀폰의 본부 조직은 해외 자회사의 전략 수립에 적극 참여하고, 해외 자회사 간 전략적 추진 과제가 원활하게 수행될 수 있도록 조정하는 역할까지 맡는다. 중앙집권적 형태의 장점은 빠른 의사 결정과 더불어 정책 및 프로세스의 전 세계적 일관성에 있다.

반면 보험업처럼 상품이 각 나라의 정책이나 규제 등의 영향에 크게 노출되므로 현지 특성을 중요하게 고려하지 않을 수 없는 금융업과 같은 분야의 기업들은 자회사에 더 많은 권한을 나눠준다. 현지 경영에 더욱 무게를 실어주는 분권형 조직이 적합하기 때문이다. 글로벌 회계·컨설팅 조직인 언스트앤영의 경우도 아시아·태평양, 일본, 미주, 유럽·중동·인도·아프리카 등 세계를 네 지역으로 나눠 지역본부를 운영한다.

지역본부는 글로벌 비즈니스 확대 초기에는 진출 지역의 이해 관계자들에게 현지 사업에 대한 의지를 전달하고 현지에서 비즈니스 기회를 탐색하는 사업가적 역할로 시작한다. 이후 현지 사업의 안정화 단계에서는 글로벌 조직 공통의 관리 기법을 도입하는 것은 물론 사업이나 경영 활동이 지역별로 중복되지 않고 시너지 효과를 낼 수 있도록 조정하는 역할을 맡는다. 독일에 본사를 둔 글로벌 화학기업 바스프가 아시아 시장 개발 단계에서 싱가포르와 홍콩에 각각 법인을 설립, 인사 및 전자상거래 업무를 나눠 책임지는 '전담조직'으로 활용한 것이 좋은 예다.

3. 갈수록 중요해지는 협력과 조정

제품·지역 동시에 관리…글로벌 기업 新무기 '매트릭스 조직'

오늘날 글로벌 조직의 가장 고도화된 형태는 각 현지 조직들이 전 세계에 걸쳐 적절히 분업을 이루는 가운데서도 하나의 몸처럼 움직일 수 있을 정도로 유기적으로 연계된 네트워크다. 글로벌 조직의 협력 및 조정 역할이 갈수록 중요해지고 있는 이유다.

이제는 전 네트워크에 걸쳐 혁신 프로그램이나 지적 재산의 공유까지 이뤄지고 있다. 과거 본부 통제가 강하던 시기에는 해외 자회사의 상품 개발 아이디어가 무시되기 쉬웠다.

글로벌 패스트푸드 체인 KFC의 일본 지사에서 경쟁사인 맥도날드가 치킨너겟 제품을 출시하기 한참 전에 비슷한 제품을 시도했지만, 본사의 반대로 중단된 사례가 있었다.

반면 3M은 제품 개발 기능이 없는 판매 중심의 현지 사업장에서도 제품 개조나 포장, 마케팅 등의 영역에서 혁신의 여지가 많다고 보고 현지에 보다 많은 자율권을 부여해 왔다.

하지만 전 세계로 뻗어나간 많은 현지 조직들로부터 협력을 유도하는 데 있어 본부 조직의 기능과 같은 공식적인 조정 메커니즘만으로는 조직 간 장벽을 극복하기 쉽지 않다. 따라서 선도 기업들은 조직 간 협력 강화를 위해 다음과 같은 방안을 활용하고 있다.

첫째, 가치관적 통합 측면에서 강력하고도 명확한 비전 등을 공유함으로써 일체감을 조성하고 구성원의 협력을 유도한다. 둘째, 현지 자회사에서 비슷한 업무를 담당하는 기능 관리자들이 지역 단위로 정기적으로 만나 정보와 지식을 공유하는 장을 마련해 주기도 한다. 다음으로, 공동의 협의나 의사 결정을 위해 지역 담당 중역이나 사업 담당 중역들이 정기적으로 회합하는 운영회를 가동한다.

또 유니레버의 사례와 같이 국제적 경력 경로를 설정, 조직 구성원을 세계 네트워크를 통해 교류하도록 장려하기도 한다.

—출처: 한국경제신문 2012년 4월 12일자 참조

제6부 국제 마케팅 조직과 감사 요약 정리

기업이 해외시장 진출 시 국제 마케팅을 위해 마케팅 조직을 구성한다. 현지 국가의 불확실성이 증대되는 상황에서 조직성과의 극대화를 위해 마케팅 조직을 자신의 실제 상황에 맞게 구성하는 것이다.

현지 진출국가에서 국내 조직과 동일한 방식으로 조직을 구성하는 것은 자칫 현지 사정과 맞지 않아 실패로 이어질 가능성이 높다. 그러므로 기업은 국제 마케팅 조직 유형을 잘 파악하여 적용할 필요가 있다.

첫째, 기능별 조직은 기업의 제품이 해외시장에 맞지 않은 경우에 적용된다. 즉 제품별로 관리할 정도로 제품수가 많지 않아 따로 조직을 구성할 필요가 없기 때문이다.

둘째, 국제시장 제품별 조직은 기능별 조직의 확장된 형태로 제품사업부가 독립채산제 형태로 존재한다. 각 사업부는 독립된 사업부로서 제품별로 관리 자가 있는 형태이다.

셋째, 국제사업부제 조직은 기업의 해외사업이 활발해지면서 전략사업단위로 운영된다. 해외 마케팅 분야를 해외사업부가 총괄하여 관리하는 형태이다.

넷째, 국제시장 지역별 조직은 지역별로 하나의 부서를 형성하고 하부조직으로 인사, 재무, 마케팅, 생산 등의 기능 조직을 가지는 형태이다.

다섯째, 매트릭스 조직은 지역, 제품, 기능의 3가지 요소가 결합된 조직이다. 조직구조를 다차원적으로 구성하여 효율성을 극대화하는 것으로 기업의 목표를 달성하고자 하는 것이다.

토의 문제

1. 국제 마케팅 조직의 개념은 무엇인가?

2. 국제 마케팅 조직의 유형은 어떤 것이 있는가?

3. 국제시장 조직구조를 결정하는 요인을 서술하라.

4. 국제 마케팅 감사의 개념을 설명하라.

5. 국제 마케팅 감사의 특징은 어떤 것이 있는가?

6. 국제 마케팅 감사의 절차를 설명하라.

디지털 마케팅 조직의 변화

시대의 흐름에 따라 매체는 발달해 왔고, 매체에 따라 광고 마케팅 회사는 적응해 왔다. 그러나 마케터들은 혼란스럽고 어려운 순간들을 많이 겪고 있다. 앞으로, '생존하는 스타트업 마케팅'이라는 전체적인 주제를 중심으로 테크놀러지가 어떻게 마케팅 업을 바꾸고 있는지에 대해 살펴보고자 한다. 또한, 각 회사에서는 어떤 마케팅 기능이 필요하고 그에 따라 어떤 직무와 기술이 필요한지 이야기하려 한다.

1. 디지털 마케팅 조직의 변화

필자가 일하는 곳은 핀테크Financial Technology 스타트업으로, 기술과 결합된 금융의 변화를 몸소 체험할 수 있는 곳이다. 일부 자회사는 빅데이터와 인공지능, 알고리즘 등의 첨단 기술을 기반으로 한 금융 서비스를 제공하지만, 정작 고객들은 이런 기술이 접목된 서비스를 이용하고 있다는 사실을 모르는 경우가 많다. 고객은 결제가 좀 더 편리해지거나 은행의 각종 설치 프로그램에서 해방됐다는 자유로움을 느낄 뿐이다.

이처럼 고객에게 더 편리한 환경을 제공하기 위해 마케팅 업계는 다양한 디지털 접점에서 만나는 고객마다 개인화된 메시지를 전달하기 위해 노력한다. 이런 상황에서 대기업 혹은 중견 기업의 마케팅과 스타트업 마케팅은 분명히 다르다. 필자가 속한 스타트업은 제한된 시간과 비용 안에서, 신규 고객 유치 속도는 기존 기업보다 훨씬 빨라야 하는 미션을 수행해야 한다. 따라서, 대기업 또는 중견 기업의 마케팅과는 분명히 다른 것이 스타트업 마케팅이다. 스타트업 마케터는 어떻게 고객을 바라보고 대해야 하는지에 대한 새로운 접근 방법이 필요하다.

2. 기술 발달에 따른 매체환경 변화

디지털 기술 중에서도 특히, 스마트폰과 소셜 네트워크가 마케터의 업무 환경을 크게 바꿔 놓았다. 가장 큰 변화는 광고 매체의 컨트롤이 가능해졌다는 것이다. 과거에는 매체 사업자가 많지 않았다. 초기에는 신문이 주요 매체였는데 문맹률이 높았던 시대에는 이조차도 모든 고객에게 도달할 수 없는 매체였다. 하지만, 산업혁명을 비롯한 역사적 전환점을 거쳐 문맹률이 급격히 낮아지면서 매체도 크게 발달했다. 더불어 대량 생산이 가능해짐에 따라 필연적으로 광고사업이 급속도로 성장하기에 이르렀다. 특히 광고에서 매체 컨트롤이 어떤 의미인지 알려면 광고마케팅 회사의 변천사를 살펴볼 필요가 있다. 1950년대 신문이 유일한 매채였던 시절에서부터 시작해 라디오와 잡지 같은 매체가 생기면서 광고회사 부서가 늘어난 것을 볼 수 있다. 1970년대부터 1990년대에는 TV의 대중화 등 매체 환경의 다변화로 인해 이벤트, 인터렉티브, DM, PR 등의 조직이 생겨났다. 2000년대에는 제작물을 전담하는 전문 프로덕션(TVC와 포토 에이전시, 녹음실 등을 포함)과 브랜드 컨설팅의 개념까지 더해져 현재의 종합 광고사 구조가 만들어졌다.

3. 미디어 렙사와 애드 네트워크

광고 회사의 구조와 조직 변화 일러스트를 통해 알 수 있는 것은 크게 세 가지다. 첫째, 광고 회사의 업무는 매체에 따라 변화되어 왔다는 것이다. 둘째, 상당히 큰 조직 규모를 갖춰야 한다는 것이다. 셋째, 인터넷과 IT 기술의 발달로 디지털 마케팅은 전문화와 고도화가 될 수밖에 없었다는 것이다. 매체의 수가 많아지고 기술이 발달하면서, 전문적으로 미디어의 효율을 분석하고 전략을 제안해 주는 미디어 렙사Media Representative가 만들어졌다. 광고주와 매체사 사이에 미디어 렙사가 등장하면서, 아래와 같은 업무 구조가 만들어지게 된다.

미디어 렙사는 애드 네트워크의 기술 발달과 함께 성장했다. 애드 네트워크란, 광고시장에서 광고를 파는 사람광고매체, Publishers의 판매 니즈와 광고를 원하는 사람광고주, Client or Agency 구매 욕구를 모아서 매개하는 광고거래시스템이다. 애드 네트워크의 주된 기술은 방문 고객의 데이트를 수집하고, 이를 바탕으로 고객을 타깃팅하는 것이다. 광고주의 캠페인 효율을 높여주고 매체사의 매출 이익을 높이는 데 기여한다.

4. 마케터들에게 페이스북과 구글

웹과 모바일 매체(서비스)는 IT 기술에 의해 계속 진화 중이다. 동시에, 디지털 환경 변화로 광고마케팅 회사의 인력 구성과 조직의 형태, 업무 또한 디지털 환경 변화에 맞춰 변하고 있다. 매체의 변화가 디지털 마케팅 업무를 변화시키고 있는 것이다.

과거에는 개인이 매체를 구매하거나 광고를 제작한다는 것은 상상할 수 없었다. 그러나 10여 년 전부터 검색엔진 '구글'과 소셜 네트워크 서비스 '페이스북'은 이를 가능하게 했고 심지어 광고 효율 분석 서비스까지 제공하기에 이르렀다. 이는 구글과 야후, 페이스북이 제공하는 무료 학습센터에서 온라인 광고 운영법을 배운 사람이 늘어나면서 비전공자들이 온라인 광고업계로 유입된 시기와 일치한다.

마케터들이 각 학습센터 서비스에 대해 주의할 점은 학습센터의 목적이다. 각 학습센터에서 제공되는 지식의 목표는 더 많은 사용자를 자신들의 플랫폼으로 유입하는 것이다. 구글과 페이스북의 광고 학습센터는 각 플랫폼에 적합한 광고를 제작할 수 있도록 해, 광고 툴을 사용할수록 플랫폼에 더 오래 머무르게 한다. 또한, 분석학습센터는 인터넷에서의 고객 접점(웹페이지, 모바일 페이지)을 구글 중심으로 제작하게 한다. 이들이 매체이면서도 플랫폼 사업자로서의 강력한 영향력을 유지하고 있는 이유를 여기서 찾을 수 있다.

그러나 이들은 광고 마케팅 전략과 마케팅 시장조사, 그리고 크리에이티브 전략 등의 학습은 제공하지 않는다. 따라서, 지난 10여 년간 알맹이가 빠진 기초 교육으로 무장된 광고 마케팅 전문가들이 업계에 유입됐고, 매체 세일즈 중심의 업계 지도가 만들어졌다. 광고 마케팅의 기본은 사라진 전략과 실행이 퍼진 것이다. 그러나 디지털 마케팅 기술들이 고도화되면서 마케팅 업무가 복잡해지자, 전문성이 요구되기 시작했다. 이로 인해, 기본이 부족한 마케터들은 시장에서 점차 사라지고 있다.

그럼에도 불구하고 여전히 구글과 페이스북은 업계 최고의 디지털 플랫폼 사업자임을 잊어서는 안 된다. 페이스북과 같은 매체는 트렌드와 광고 기술을 익히기에 더할 나위 없이 좋은 플랫폼이기 때문이다. 그들은 고객에게 검색과 소셜 네트워크 서비스를 제공하는 동시에, 가장 합리적으로 광고를 노출하기 위해 끊임없이 광고 기술을 실험하고 고도화하고 있다. 따라서 디지털 트렌드, 광고 마케팅의 이론을 다양한 마케팅 실험과 접목해 개인과 마케팅팀의 노하우를 축적해 가야 한다.

5. 마케팅 회사의 조직

디지털 감각을 키우기 위해 개인의 노력도 중요하다. 하지만 서비스의 고객이 늘고 매출이 증가하는 등의 성장에 따라 퍼포먼스 마케팅만으로는 한계가 있다. 따라서 장기적 관점에서 디지털 마케팅팀을 구성하고 유지하는 것이 중요하다. 서비스가 성장함에 따라 흔들리지 않고 유연하게 대처해 나갈 수 있기 때문이다. 광고 관리와 데이터 분석까지 복합적인 기능을 가지면서, 동시에 이상적인 전략을 실행하는 데 부족함이 없는 디지털 마케팅 조직이란 어떤 형태일까? 나이키 마케팅 에이전시로 유명한 'R/GA'사의 조직이 좋은 사례가 될 수 있다. 기획부에는 분석이 포함돼 있고, 제작부는 아트디렉팅, 비주얼&인터렉션으로 전문화됐고 테크놀러지가 새로운 영역으로 자리 잡았다.

R/GA의 조직 구성을 통해 그들이 얼마나 디지털 광고마케팅 회사로서 뛰어난 통합 역량을 갖추고 있는지 엿볼 수 있다. 먼저, 왼쪽과 오른쪽의 분류가 심상치 않다. 왼쪽은 특화된 산업과 기능을 기준으로 구분돼 있다. 오른편은 고객(광고주) 대응 사이드로 R/GA가 제공하는 주요 서비스다. 기존 광고 회사의 팀(부서)과는 다른 형태를 띤다. 먼저, 시장조사를 기반으로 하는 마케팅 기획을 하나로 통합했다. 또한, 매체를 단순히 지면 구매로 끝내지 않고 고객의 연결까지 염두에 둔 것을 알 수 있다. 이는, 페이스북의 알고리즘을 의식한 관계 추천의 위력을 반영한 것으로 보인다. 다음으로는, 시각 디자인을 독립된 서비스로 분류했으며 국내에서는 입지가 적어졌거나 없어졌다고 생각하는 카피라이터가 R/GA에서는 아직도 크게 자리하고 있다. 비주얼 디자인, 카피 라이팅과 더불어 인터렉션 디자인과 기술 등이 서비스의 한 축으로 다뤄지는 건 디지털 점접에서 무엇이 중요한지 간접적으로 보여준다.

인하우스 마케터에게 중요한 점은 마케팅 기획이다. 디지털 접점의 이해와 각 고객군이 어떤 패턴을 보이는지 실험 설계 및 결과를 분석해 최적화된 마케팅 프로그램을 기획할 수 있어야 한다. 빅데이터와 기술을 다루게 되면서 마케터의 업무 범위가 더욱 방대해졌다. 스마트폰과 IT 기술의 발달은 실시간 성과와 피드백을 검토할 수 있게 해준다. 기술과 크리에이티브 등에서 전방위적으로 업무의 구별이 흐려졌지만 전문성은 강화되고 있다. CTO, CDO, CMO, CIO, CHO 등의 특화된 리더의 호칭이 등장한 것이 그에 대한 방증이 아닐까? 디지털 접점의 다양화는 급변하는 상황 속에서 마케팅 기획과 광고 크리에이티브 등 많은 일을 짧은 시간에 해낼 것을 요구한다. 이렇듯 트렌드의 급변과 업무별 신기술 출현으로 한 사람이 모든 기획과 실행을 할 수는 없다. 때문에, 인하우스의 마케터는 위와 같은 조직 파트들을 카운터파트로 생각하고, 어떻게 마케팅 조직을 구성하면 좋을지 역으로 추측해볼 필요가 있다.

6. 인하우스 마케팅 조직 구성

신항로와 신대륙을 개척한 대항해 시대가 있었다. 대항해의 목적지와 임무가 정해지고 항해 준비를 하게 되는데 짧게는 몇 달, 길게는 수년이 걸렸다. 바다를 지배하는 자가 세계를 지배한다는 말답게 대항해를 위해 최신 과학 기술이 동원됐고, 긴 항해 동안 필요한 자원을 세심히 챙겼다. 특히 바다 위에서는 예측이나 통제 불가능한 상황이 발생할 것을 대비해, 경험이 많은 전문가와 기술자를 찾거나 훈련시켰다고 한다.

대항해와 같이, 누구를 배에 태울지 정하려면 목적지까지 얼마나 걸리고 왜 가야 하는지 정의하는 것이 필요하다. 그러고 나서 필요한 초기 인력들을 모아 목적지까지 빠르게 갈 방법을 찾고, 어떻게 해야 빠르고 피해 없이 갈 수 있는지 전략을 짜야 한다. 전략을 실행할 수 있는 전문 인력을 보충하는 일은 그 다음이다.

—출처: 2017년 8월 29일자 디지털인사이트 참조

부록

KCAB Practice Note on the Appointment of Arbitrators

중재인 선정에 관한 대한상사중재원 사무처리지침

게시일: 2018. 1. 1.

1. 적용 범위

1.1 본 사무처리지침은 대한상사중재원(이하 "중재원"이라 한다)
   2016 국제중재규칙(이하 "규칙"이라 한다)에 따른 중재사건에 적
   용된다.

1.2 본 사무처리지침은 규칙 별표3에 기재된 긴급중재인과 관련하여
   서는 적용되지 아니한다.

1.3 본 사무처리지침의 해석에 대해서는 중재원 사무국이 권한을 갖
   는다.

1.4 달리 규정되지 않는 한, 본 사무처리지침에 사용된 모든 용어는
   규칙에서 사용된 것과 동일하게 해석된다.

2. 중재인의 수 결정

2.1 중재인의 수는 다음과 같은 방식으로 결정된다.

2.2 당사자들은 중재판정부를 단독으로 또는 3인으로 구성할 것인지에 대하여 합의할 수 있다.

2.3 중재인의 수에 관하여 당사자간에 합의가 없는 경우, 사무국은 단독중재의 원칙을 규정한 규칙 제11조를 고려하여 중재인의 수를 결정한다. 이 경우, 사무국은 중재인의 수와 관련하여 당사자들에게 다음과 같이 의견을 구할 수 있다.

(A) 사무국은 중재 절차 개시통지시에 당사자들에게 중재인의 수에 관한 의견을 요청한다.

(B) 사무국은 양 당사자에게 30일 이내에 의견을 제출할 수 있는 기회를 부여한다.

(C) 당사자는 중재인의 수에 관한 의견 제출에 대하여 기한연장 신청을 할 수 있다. 이에 대하여, 사무국은 규칙 제9조 제2항에 따라 1회에 한하여 30일의 연장 기간을 허용할 수 있다.

2.4 사무국은 다음과 같은 사항을 고려하여 중재판정부를 단독으로 또는 3인으로 구성할 것인지 여부를 결정한다.

2.4.1 당사자의 의사;

2.4.2 분쟁금액이 30억 원을 초과하는지 여부;

2.4.3 분쟁의 복잡성;

2.4.4 다른 관련 요소들

3. 중재판정부 구성 방법

3.1 단독 중재인

3.1.1 제1단계: 본 사무처리지침 제2조에 명시된 절차에 따라 중재인의 수를 1인으로 결정하는 경우, 당사자들은 규칙 제12조 제1항에 따라 합의하여 단독 중재인을 지명해야 한다.

3.1.2 당사자들이 30일 이내에 단독중재인을 지명하지 못하는 경우, 사무국은 일방 당사자의 요청에 따라 1회에 한하여 30일의 연장 기간을 허용할 수 있다.

3.1.3 제2단계: 사무국이 정한 기한 내에 당사자들이 단독중재인을 지명하지 못한 경우, 사무국은 규칙 제12조 제1항 및 본 사무처리 지침 제5조에 따라 단독 중재인을 선정한다.

3.2 3인 중재판정부

3.2.1 제1단계: 본 사무처리지침 제2조에 명시된 절차에 따라 중재인의 수를 3인으로 결정한 경우, 당사자들은 규칙 제12조 제1항에 따라 (또는 각 당사자가 2인 이상인 경우 규칙 제12조 제3항에 따라) 각 1인의 중재인을 지명한다.

3.2.2 각 당사자가 30일 이내에 중재인을 지명하지 못하는 경우, 사무국은 각 당사자의 요청에 따라 1회에 한하여 30일의 연장 기간을 허용할 수 있다.

3.2.3 제2단계: 사무국이 정한 기한 내에 각 당사자가 각 1인의 중재인을 지명하지 못한 경우, 사무국은 본 사무처리지침 제5조에 따라 해당 당사자를 위하여 1인의 중재인을 선정한다.

3.2.4 제3단계: 당사자들에 의해 지명되고 사무국에 의해 확인 또는 선정된 2인의 중재인들은 합의하여 1인의 의장중재인을 지명

해야 한다.

3.2.5 제4단계: 당사자에 의해 지명되고 사무국에 의해 확인 또는 선정된 2인의 중재인들이 의장중재인을 지명하지 못한 경우, 사무국은 본 사무처리지침 제5조에 따라 의장중재인을 선정한다.

4. 당사자에 의한 중재인 지명 방법

4.1 당사자가 중재인을 지명하는 경우, 해당 당사자는 중재인의 성명, 주소, 현직, 연락처 및 기타 관련 세부사항을 기재한 중재인지명서(단독중재인의 경우 단독중재인지명합의서)를 사무국에 제출해야 한다.

4.2 당사자들 또는 중재인들이 중재인을 지명하였음에도 그 중재인이 수락을 거부하는 경우, 사무국은 1회에 한하여 당사자들 또는 중재인들에게 30일 이내에 새로운 중재인을 지명하도록 요청한다.

5. 사무국에 의한 중재인 선정 방법

5.1 사무국은 300명 이상의 국제중재전문가들로 구성된 중재인 명부를 보유한다.

5.2 사무국은 본 사무처리지침 3.1.3, 3.2.3 및 3.2.5에 따라 중재인을 선정하는 경우, 다음 사항을 고려한다.

5.2.1 선정예정 중재인의 경력, 일정, 국적 및 거주지;

5.2.2 규칙 제12조 제4항에 따라 단독중재인이나 3인 중재판정부의 의장중재인이 각 당사자와 다른 국적을 보유할 것을 요구하는

일방 당사자의 의사;

5.2.3 선정예정 중재인의 판정서 작성 및 원만한 절차진행 능력;

5.2.4 대한상사중재원 중재인 윤리강령;

5.3 사무국은 일방 당사자가 규칙 제12조 제4항에 따라 각 당사자들과 국적이 다른 중재인을 지명할 것을 요청하는 경우, 다른 당사자에게 이를 전달하고 그 수령일로부터 7일 이내에 의견을 진술할 수 있는 기회를 부여해야 한다.

6. 사무국에 의한 중재인 지명 확인 절차

6.1 사무국은 당사자들 또는 중재인들로부터 중재인지명서 또는 단독·의장중재인 지명합의서를 수령하면, 그 지명된 중재인에게 취임수락을 요청하고, 취임수락서, 공정성 및 독립성에 관한 진술서, 이력서를 제출할 것을 요청한다.

6.2 당사자에 의해 지명된 중재인이 적절하다고 판단하는 경우, 사무국은 당사자들 및 중재인들에게 지체없이 해당 중재인지명에 대한 확인통지를 한다. 이때, 사무국은 중재인의 취임수락서, 공정성 및 독립성에 관한 진술서 및 이력서를 첨부한다.

6.3 지명된 중재인이 중재인으로 활동하는 것이 명백하게 부적당하다고 판단하는 경우, 사무국은 당사자들 및 중재인들에게 수령일로부터 7일 이내에 해당 중재인지명에 관한 의견을 제출하도록 요청할 수 있다.

6.4 사무국은 중재인 지명 확인을 거부할 경우, 당사자들 및 중재인들에게 중재인 확인 거부통지를 해야 한다. 이 경우, 사무국은 1회에 한하여 그 중재인을 지명한 당사자(들) 또는 중재인들에게 수령일

로부터 30일 이내에 새로운 중재인을 지명하도록 요청한다.

7. 중재인의 의무

7.1 판정부가 구성되면, 중재판정부는 당사자들과 협의를 거쳐 다음
사항이 기재된 절차일정표를 작성하고, 당사자들과 사무국에 통
지해야 한다.

7.1.1 사건의 주요 절차적 이슈(쟁점사항)

7.1.2 심리횟수 및 예정일

7.1.3 증거제출, 증인신문, 현장검증, 전문가 보고서 등의 입증 방법
진행 일정

7.1.4 판정서 제출예정일

7.1.5 기타 절차 진행에 필요하다고 생각되는 사항

7.2 단독 또는 의장중재인은 심리기록부를 작성하고, 서명 또는 기명
날인하여 중재 판정서와 함께 사무국에 제출해야 한다. 다만, 다음
사항이 다른 서면에 의하여 파악되는 경우에는 심리기록부를 제
출할 필요가 없다.

7.2.1 심리 장소 및 일시

7.2.2 중재인, 당사자, 대리인, 증인 등 참석자 성명

7.2.3 사건과 관련하여 제출된 서류명 및 제출일자

7.2.4 기타 필요한 사항

KCAB Practice Note on Arbitration Costs

중재 비용에 관한 대한상사중재원 사무처리지침

게시일: 2018. 1. 1.

1. 적용 범위

1.1 본 사무처리지침은 대한상사중재원(이하 "중재원"이라 한다) 2016 국제중재규칙 (이하 "규칙"이라 한다) 제7장 및 별표 1과 2에 따라 중재 비용이 결정되는 중재사건에 적용된다.

1.2 본 사무처리지침의 해석에 대해서는 중재원 사무국이 권한을 갖는다.

1.3 달리 규정되지 않는 한, 본 사무처리지침에 사용된 모든 용어는 규칙에서 사용된 것과 동일하게 해석된다.

2. 중재 비용 납입의무

2.1 당사자들은 연대하여 규칙 제50조에 따른 신청요금, 관리요금,

중재인 수당 및 기타 경비로 구성되는 중재 비용을 납입할 책임이 있다. 각 요금에 대한 자세한 사항은 본 사무처리지침 제9조를 참조하도록 한다.

3. 중재 비용 납입시기

3.1 사무국은 규칙 제51조(중재 비용의 예납)에 따라 (신청요금을 제외한) 중재 비용을 충당하기 위하여, 당사자들에게 중재 비용 예납을 요청한다. 이러한 요청은 사무국이 당사자들에게 중재 절차 개시를 통지할 때 이루어진다.

3.2 중재 비용의 예납은 사무국이 정한 기간 내에 당사자들이 균분하여 부담하는 금액을 중재원 은행계좌로 송금하는 방식으로 이루어지며, 일반적으로 사무국의 중재 비용 예납요청을 수령한 날로부터 15일 이내에 중재원 은행계좌에 입금되어야 한다.

3.3 사무국은 중재 절차가 진행되는 동안 언제든지 당사자들에게 중재 비용에 대한 추가예납을 요청할 수 있다. 이러한 추가예납요청은 현실적으로 가장 빠른 시일 내에 이루어져야 한다. 반대신청이 있는 경우, 사무국은 해당 반대신청이 접수된 후 가능한 빠른 시일 내에 추가예납을 요청한다.

4. 일방 당사자가 중재 비용을 납입하지 않는 경우

4.1 사무국이 요청한 기간 내에 중재 비용이 전액 납입되지 않은 경우, 사무국은 일방 혹은 상대방 당사자가 부족한 금액을 납입할 수 있도록 당사자에게 통지한다. 신청인과 피신청인이 중재 비용 또

는 증감된 비용의 예납을 완료하지 않는 경우, 사무국은 단독으로 또는 중재판정부 구성 후에는 규칙 제51조 제5항에 따라 중재판정부와 협의 후에 중재 절차를 중지하거나 절차의 종료를 명할 수 있다.

4.2 당사자 중 일방이 사무국이 요청한 기간 내에 중재 비용을 예납하지 않는 경우, 사무국은 일반적으로 상대방 당사자에게 15일의 기한을 정하여 중재 비용의 대납을 요청할 수 있다. 중재 비용의 대납이 이루어지지 않은 경우, 사무국은 쌍방 당사자 모두에게 기한을 정하여 최종적으로 중재 비용에 대한 예납을 요청할 수 있다.

5. 중재 비용 예납 절차

5.1 중재 비용의 예납은 아래 중재원 사무국 계좌 중 하나의 계좌로 해당 금액을 송금함으로써 이루어진다.

 (A) 외화(미국달러(USD) 또는 유로화(EUR)만 가능): KEB 하나은행(SWIFT CODE: COEXKRSE, 서울 무역센터지점, 계좌번호: 172-JSD-1000069); 또는, (B) 원화(KRW): 우리은행(SWIFT CODE: HVBKKRSE, 서울 무역센터지점, 계좌번호: 424-05-001415)

5.2 국내에 영업소가 없는 해외 소재 당사자가 KEB 하나은행 계좌로 미국달러화(USD)나 유로화(EUR)로 외화 송금하는 경우, 부가가치세(VAT 10%)가 면제된다.

5.3 자세한 사항은 다음의 링크를 참조하도록 한다.

 http://www.kcab.or.kr/jsp/kcab_eng/arbitration/arbi_35_ex.jsp

6. 중재 비용의 (종국적) 부담

6.1 원칙적으로 중재 비용은 패소한 당사자의 부담으로 한다. 단, 규칙 제52조 제1항에 따라 중재판정부는 사건의 정황을 고려하여 적절 하다고 판단하는 경우, 그 비용을 당사자 사이에 분담시킬 수 있다.

7. 변호사 비용의 부담

7.1 규칙 제53조에 따라 중재 절차 진행 과정에서 당사자에게 발생한 변호사 비용 등 기타 필요비용은 중재판정부의 결정에 따라 분담 된다. 이 비용에는 변호사 비용, 전문가비용, 통역, 속기사 그리고 증인을 위한 비용 등이 포함된다.

8. 중재 절차 종결 후 예납금 처리

8.1 사무국은 규칙 제51조 제7항 및 제8항에 따라 예납금을 납입한 당사자에게 이자를 제외하고 그 잔액을 반환한다.

9. 중재 비용 세부내역

9.1 신청요금

　중재 비용에 관한 사무처리지침 4

　9.1.1 신청인은 규칙 별표1 제1조 제1항에 따라 중재신청서("신청 서")를 제출할 때 반환이 불가능한 신청요금 110만원(10% 부 가가치세 포함)을 납입하여야 한다. 이것은 반대신청의 경우

에도 마찬가지로 적용된다.

9.1.2 신청금액이 2억원 이하인 중재신청이나 반대신청의 경우에는 규칙 별표1 제1조 제1항에 따라 신청요금이 면제된다. 단, 중재신청이나 반대신청이 개별적으로 2억원을 초과하도록 변경된 경우에는 신청요금이 면제되지 아니한다.

9.1.3 신청인이 신청서를 제출할 때 신청요금을 납입하지 않은 경우, 사무국은 신청인에게 15일 이내에 신청요금을 납입할 것을 요청한다. 신청인이 이 기간 내에 신청요금을 납입하지 않는 경우, 사무국은 신청요금에 대한 최종 납입요청을 할 수 있다. 신청인이 최종 납입요청 기간 이내에도 신청요금을 납입하지 않는 경우, 사무국은 중재 절차를 종료하고 신청인에게 통보할 수 있다.

9.2 관리요금

9.2.1 당사자들은 규칙 별표1 제2조의 표에 따라 관리요금을 납입하여야 한다. 당사자들은 규칙 제50조 제2항에 따라 연대하여 이를 납입할 책임이 있다.

9.2.2 규칙 별표1 제2조 제3항에 따라 중재사건에 대한 종국판정이 내려지기 전에 당사자 간의 합의가 이루어지거나 중재신청이 철회되는 경우, 사무국은 내부 규정에 따라 관리요금의 일부를 반환할 수 있다.

9.3 중재인 수당의 결정

9.3.1 중재인 수당은 규칙 제50조와 별표2에 따라 사무국이 결정한다.

9.3.2 사무국은 중재인 수당을 잠정적으로 결정하는데, 이 금액은 규칙 별표1 제2조 제2항에 따라 결정되는 분쟁금액에 의거하여 규칙 별표2 제1조 제1항에 명시된 최소금액과 최대금액의

평균금액으로 결정된다. 사무국은 중재 절차 진행 중에 또는 종료시에 중재인 수당을 최종적으로 결정할 수 있다.

9.3.3 중재판정부가 3인의 중재인으로 구성되는 경우, 중재인들 사이에서 달리 합의되지 않는 한, 원칙적으로 중재인 수당 총액에서 의장중재인이 40%, 일반중재인들이 각각 30%씩 수당을 수령하게 된다.

9.4 중재인 수당의 지급

9.4.1 중재인은 중재 절차가 종결된 후 30일 이내에 중재인 수당에 대한 청구서를 사무국에 제출해야 한다.

9.4.2 사무국은 중재판정이 내려진 이후, 규칙 제51조에 따라 당사자가 납입한 중재 비용의 예납금에서 중재인 수당을 지급한다. 만일 비용이 충분하지 않다고 판단되면, 사무국은 당사자들에게 중재 비용의 추가예납을 요청한다.

9.4.3 중재 절차가 중재판정이 내려지기 전에 종료되거나 중재인이 교체되는 경우, 사무국은 적절하다고 판단되면 규칙 별표2 제1조 제3항에 따라 중재인 수당을 지급한다.

9.4.4 규칙 제15조에 따라 중재인이 교체되는 경우, 사무국은 사건의 상황을 고려하여 교체된 중재인과 새로 선정된 중재인에게 지급할 수당을 결정한다.

9.5 중재인의 경비

9.5.1 중재인이 중재 절차 진행과 관련하여 합당하게 지불한 경비는 규칙 제50조에 의거하여 상환된다.

9.5.2 중재인이 중재심리가 열리는 국가 외에 거주하는 경우, 사무국은 실제 심리 기간의 앞뒤 각 1일씩을 더한 기간 동안 1일당 미화 700달러를 지급한다. 이 금액에는 숙박비, 식비, 내국교

통비, 통신비, 중재인의 개인적 사유가 아닌 심리기일 변경으로 인한 취소비용 등이 포함된다.

9.5.3 중재인이 중재심리가 열리는 국가 외에 거주하는 경우, 중재인의 거주지로부터 심리장소까지의 왕복이동을 위한 항공료(비즈니스 클래스 기준), 선임, 철도임, 자동차임 등에 소요되는 합당한 경비는 실비로 추가 지급된다. 중재인이 심리목적으로 거주지로부터 이동할 경우의 여행경비는 중재인 거주지와 심리장소 간 왕복운임으로 제한된다.

9.5.4 중재심리가 열리는 국가에 거주하는 중재인에 대하여, 숙박비, 식비, 내국 교통비 등 국내에서 발생하는 경비는 사무국이 필요하다고 인정하는 경우 실비로 지급된다.

9.5.5 규칙 제15조에 따라 중재인이 교체되는 경우, 사무국은 교체된 중재인에게 지불해야 할 경비를 정할 수 있다.

9.5.6 위 9.5.1부터 9.5.5까지 규정된 중재인의 경비는 본 사무처리지침 제9조 제3항에 언급된 중재인 수당에 포함되지 아니한다.

10. 긴급 처분 신청 절차

10.1 긴급처분의 신청

10.1.1 규칙 제32조에 따라 보전 및 임시적 처분을 구하고자 하는 일방 당사자는 중재신청과 동시에 또는, 중재신청 이후 중재판정부가 구성되기 이전에 긴급중재인에 의한 보전처분 및 임시적 처분("긴급처분")을 사무국에 서면으로 신청할 수 있다.

10.2 긴급처분 중재 비용

10.2.1 신청인이 긴급처분 신청서를 제출하면서 규칙 별표1 제3조

에 따른 300만원의 관리요금과 별표2 제3조에서 정한 긴급중
재인 수당 1,500만원을 납입하지 않은 경우, 사무국은 통지의
수령일로부터 7일 이내에 이를 납입할 것을 신청인에게 요청
한다.

10.2.2 신청인이 사무국이 정한 기한 내에 긴급처분에 대한 중재
비용의 납입을 완료하지 않는 경우, 사무국은 다시 통지의 수
령일로부터 7일 이내에 납입을 완료할 것을 신청인에게 최종
요청할 수 있다. 신청인이 최종 요청을 수령한 뒤에도 비용을
납부하지 않으면, 긴급 처분 절차는 종료된다.

11. 신속 절차 사건의 중재 비용 세부내역

11.1 신속 절차 사건 관리요금 분쟁금액 관리요금

1억원 이하 분쟁금액 x 0.45% (최저 5만원)

1억원 초과 2억원 이하 450,000원 + (1억원 초과액의 0.3%)

11.1.1 분쟁금액 2억원 이하의 신속 절차 사건의 경우, 중재 비용은
아래 표에 따라 부과된다. 이 경우, 규칙 별표1 제2조에 규정된
관리요금은 적용되지 아니한다.

분쟁금액	관리요금
1억원 이하	분쟁금액 x 0.45%(최저 5만원)
1억원 초과 2억원 이하	450,000원 + (1억원 초과액의 0.3%)

11.2 신속 절차 사건의 중재인 수당

11.2.1 본 사무처리지침 9.3(중재인 수당의 결정)의 규정에도 불구
하고, 분쟁금액 2억원 이하의 신속 절차 사건의 중재인은 규칙

별표2 제1조 1항 중재인수당표의 최소금액을 중재인 수당으로 지급받는다.

12. 환율 적용 방법

12.1 분쟁금액 산정에 적용되는 환율은 중재신청서 접수일자에 한국은행이 고시하는 매매기준율 또는 재정환율로 한다.

Request for Arbitration

KCAB/IA Case No. _____

Premier Restaurants Co., Ltd.   (Claimant)
(Republic of Korea)

v.

Aztecs Co., Ltd. (Respondent)
(Mexico)

I. **INTRODUCTION**

By this Request for Arbitration, Premier Restaurants Co., Ltd. ("Premier Restaurants") commences arbitration against Aztecs Co., Ltd. ("Aztecs") under the International Arbitration Rules of the Korean Commercial Arbitration Board ("KCAB International Rules") in force as from 1 June 2016.

The dispute arises under a franchise agreement dated 22 March 2015 entered into between Premier Restaurants and Aztecs to grant Aztecs a license under the brand name "Koxico" to open and operate a branch restaurant in Mexico under a system which Premier Restaurants developed (the "Franchise Agreement").

As a Premier Restaurants franchisee, Aztecs expressly promised to not compete with the business of Premier Restaurants in accordance with the non-competition clause in the Franchise Agreement. However, Aztecs broke its promise and opened other competing Korean-Mexican fusion restaurants in Mexico, breaching the non-competition clause.

Premier Restaurants has therefore terminated the Franchise Agreement and brings this arbitration to compel Aztecs to pay damages and to perform its post-termination obligations.

II. **THE PARTIES**

A. **The Claimant**

The Claimant is a company incorporated under the laws of Korea. Its main business is centered on food & beverage industry by running restaurant chains under various brands in Korea as well as Mexico for more than 20 years. "Koxico" is a brand name of its Korean-Mexican fusion restaurant opened in 2002.

The Claimant's contact information is as follows:

Address: Premier Restaurants Co., Ltd.

Suite 1401, 150 Orange Road,

Gangnam-gu, Seoul 96205,

Republic of Korea

Representative: Mr. Tony Park, Representative Director

Telephone: +82-2-1234-5678

Facsimile: +82-2-4321-8765

Mr. James Atkatz, In-house Counsel of the Claimant, represents the Claimant in this arbitration. Communications to the Claimant should be directed to him at the following address:

Address: Premier Restaurants Co., Ltd.

Suite 1401, 150 Orange Road,

Gangnam-gu, Seoul 96205,

Republic of Korea

Attention: Mr. James Atkatz, In-house Counsel

Telephone: +82-2-0987-9876

Facsimile: +82-2-7890-6754

Email: jatkatz@prestaurants.co.kr

B. The Respondent

The Respondent is a food & beverage company incorporated under the laws of Mexico. It has been operating a branch restaurant of the Claimant's Korean-Mexican fusion restaurant "Koxico" in Mexico since 2014.

The Respondent's contact details are as follows:

Address: Aztecs Co., Ltd.

49thfloorWatermelonBuilding

Mexico City, Mexico

Representative: Mr. Cesar Montoya, CEO

Telephone: +902-899-9988

Email: cesarmontoya@aztecs.com

Collectively, the Claimant and the Respondent shall be referred to as the "Parties".

III. **PROCEDURAL MATTERS**

C. **Agreement to Resolve Disputes by KCAB Arbitration**

The Franchise Agreement includes an arbitration agreement in Article 20 of the Franchise Agreement, which provides:

All Disputes shall be finally settled by arbitration in Seoul in accordance with the International Arbitration Rules of the Korean Commercial Arbitration Board. The number of arbitrators shall be one. The seat, or legal place of arbitral proceedings shall be Seoul, Korea. The language to be used in the arbitral proceedings shall be English.

D. **Governing Law, Place of Arbitration and Language**

Article 19 of the Franchise Agreement provides for the substantive governing law as below:

This Agreement shall be governed by and construed in accordance with the laws of Korea.

Article 20 of the Franchise Agreement provides that the place of arbitration shall be Seoul, Korea and the language shall be English.

IV. NATURE AND CIRCUMSTANCES OF THE DISPUTE

E. Background of the Franchise Agreement

In 2015, Premier Restaurants decided to enter the Mexican market and searched for a local company to operate branch restaurants under the brand "Koxico". Mr. Cesar Montoya, the CEO of Aztecs, contacted The Premier Restaurants and after several months of negotiations, Premier Restaurants and Aztecs entered into the Franchise Agreement on 22 March 2015.

Aztecs has been operating a branch restaurant, "Koxico Restaurant, Mexico City" (the "Restaurant") since it opened on 4 January 2016. Due to the similarities between Korean food and Mexican food, and the favorable location, the Restaurant has become popular among Mexicans.

F. The Respondent's non-competition obligation under the Franchise Agreement

The term of the Franchise Agreement was 3 years. Article 5 of the Franchise Agreement provides for a non-competition clause binding on Aztecs both during and after the term of the Franchise Agreement, as set forth below (emphasis added):

ARTICLE 5. NON-COMPETITION BY FRANCHISEE

During the term of this Agreement, Franchisee shall not be involved in any way with any other business activity which will in any way compete with the business activities of Franchisor.

*During the term of this Agreement, **Franchisee or its subsidiaries, parent, affiliates, employees or agents shall not, either directly or indirectly, own, maintain, operate, engage in, be employed by, or have any interest in any other business as same as or similar to the Restaurant or the Business in Franchisee's local country.***

As set forth in Article 5, Aztecs promised "not to be involved in any way" with any other business activity competing against the "Koxico Restaurant, Mexico City", Aztecs promised not to "own, maintain, operate, engage in, be employed by, or have any interest in any other' restaurant similar to "Koxico Restaurant, Mexico City".

G. **The Respondent's breach of the non-competition clause**

Notwithstanding these explicit covenants, Mr. Cesar Montoya of Aztecs has opened and operated at least two other Korean-Mexican fusion restaurants, under the brand "Hangook Tacos Restaurants" in Mexico City, Mexico since January 2016, Mr. Montoya is registered as a legal representative of Hangook Tacos and he is the official director of the company.

Hangook Tacos Restaurants are located in the Mexico City Mall and the International Financial Plaza in Mexico City, which is in the franchisee's territory. Hangook Tacos Restaurants serve Korean-Mexican fusion cuisine, just like the Restaurant.

Aztec's actions clearly constitute a breach, of contract under Article 390 of the Korean Civil Act and Article 5 of the Franchise Agreement. After Premier Restaurants became aware of Aztec's unlawful conduct, Premier Restaurants made several demands that Aztecs cure its breach of contract, and granted Aztecs a period of two months. However, Aztecs has obstinately refused to cure the breach and comply with the non-competition covenant.

H. **Termination of the Franchise Agreement**

Article 15 of the Franchise Agreement provides as follows:

Events of Default by Franchisee. Franchisor, at its option and without prejudice to any and all remedies which it may otherwise have, either at law or equity, or under the terms of this Agreement, may forthwith terminate this Agreement, without regard to any notice and cure provisions hereof, upon the occurrence of any of the following events of default by Franchisee:
If Franchisee fails to comply with any covenants provided herein

Therefore, Premier Restaurants hereby terminates the Franchise Agreement and requests that Aztecs perform its post-termination, obligations under Article 10 of the Franchise Agreement. As Premier Restaurants hereby terminates the Franchise Agreement based on Aztec's breach of the Franchise Agreement, Aztec shall be liable for all and any losses, damages, expenses and fees as a result of such default under Article 10 of the Franchise Agreement.

V. **REQUESTED RELIEF**

For the foregoing reasons, the Claimant respectfully requests that the Arbitral Tribunal issue an award:

(i) Declaring that the Respondent breached its obligations under the Franchise Agreement and that the Franchise Agreement is terminated;

(ii) Ordering the Respondent to pay USD 110,000 to the Claimant.

(iii) Ordering the Respondent to pay the Claimant interest on any amounts awarded to Claimant at the rate of 15% per annum, from the day following the service of this Request for Arbitration until final payment of any awarded amount;

(iv) Ordering the Respondent to reimburse the Claimant for all costs the Claimant incurs in this arbitration including the fees and expenses of the arbitrators, the KCAB administrative expenses,

(v) Ordering further relief as the Arbitral Tribunal deems appropriate.

Date: 4 July 2016

Respectfully
submitted,

_____

Tony Park

Representative Director

Premier Restaurants Co., Ltd.

Gangnam-gu, Seoul 96205,
Republic of Korea

APPENDIX: EXHIBITS LIST

Exhibit C-1   A Franchise Agreement of 22 March 2015

Exhibit C-2-1   Pro Forma Invoice of 24 October 2015

Exhibit C-2-2   Pro Forma Invoice of 4 November 2015

Exhibit C-3   Confirmation of Receipt of Goods of 3 January 2016

Exhibit CL-1   Article 161 of Korean Civil Act

Exhibit CL-2   Judgment of Korean Supreme Court

Power of Attorney

Know by all men/women by these presents: That *Company Name*, duly organized and existing under the laws of *Company Country*, having its principal office at *Company Address*(hereinafter, the "Company") here by appoints *Attorney Name* whose offices are located at *Attorney Address*, as its true and lawful attorneys with full power and authority to do the following:

1. To commence, prosecute, dismiss, and discontinue arbitrations and/or court actions against *Counter Party Name* including pre-judgement attachment or injunction, application for auction sale and also for and in the Company's name and stead to appear, answer, and defend such actions;

2. To make settlement regarding the claims against *Counter Party Name*;

3. To receive any draft or warrant or other evidence of indebtedness that may be issued in settlement of such action, or any part thereof;

4. To pay and to be paid from the court any deposit money with interest;

5. To apply for the cancellation of security and to demand the exercise of rights against the deposit;

6. To do and perform all and every act and thing whatsoever

requisite and necessary to be done in and about such action as fully to all intents and purposes as the Company might or could do, and;

7. To constitute and appoint, in its place and stead, and its substitute, one attorney or more for the Company, with power of revocation.

The Company hereby ratifies and confirms as its own act and deed all that such attorneys may do or cause to be done by virtue of this instrument.

In witness whereof, *Company Name* has executed this power of attorney in its corporate name by its *Representative Name*, this *Date.*

Name: *Signature*
       Representative Name

       Company Name

참고문헌

1. 국내문헌

강민효(2021), "스마트 국제무역실무", 경진출판.

고민정·김용진(2017), "소비자 행동론(Consumer Behavior)", (주)생능.

김주헌(2016), "국제마케팅(international marketing)"(제5판), 文英社.

데이비드 로저스(2018), "디지털 트랜스포메이션 생존전략", 에이콘출판 주식회사.

도날드 밀러, J. J. 피터슨(2020), "온택트 마케팅", 비즈니스맵출판사.

린다 홀비치(2018), "애자일 조직(The agile organization)", 쿠퍼북스.

박주홍(2016), "글로벌 혁신경영", 유원북스.

이신모(2019), "(4차 산업혁명 시대의) 글로벌 마케팅", 두양사.

이장로·문희철·이춘수(2018), "국제마케팅", 무역경영사.

이철(2020), "글로벌 마케팅"(제3판), 학현사.

이학식(2019), "마케팅 조사", 집현재.

이학식·안광호·하영원(2009), "소비자행동: 마케팅전략적 접근"(제4판),

법문사.

이학식·안광호·하영원·석관호(2020), "소비자행동: 마케팅전략적 접근", 집현재.

장 노엘 캐퍼러(2018), "뉴 패러다임 브랜드 매니지먼트", 김앤김북스.

진저우잉(金周英)(2019), "글로벌 기술 혁신: 하드기술에서 소프트 기술로", 한울아카데미.

최진남·성선영(2019), "스마트 경영학(smart management)", 생능출판사.

2. 외국문헌

Alvin, C., Burns, Ann Veeck, Ronald, F.(2017), "*Marketing Research*", 8th edition, Pearson Education.

Cowan, S.(2020), "*International organizations*", Cognella academic publishing Ltd.

Fischer, P.(2020), "*Rise, challenges, and convergence of media, social media, technology, and the digital age*", Cognella academic publishing Ltd.

Graham, Mark(2019), "*Digital economies at global margins*", Cambridge: MIT Press.

Green, M. & Keegan, W.(2020), "*Global Marketing*", 10th edition, Pearson Education.

Harvey, J.(2019), "*Localizing global marketing strategies: emerging research and opportunities*", Hershey, PA: Business Science Reference.

Hibino, S.(2018), "*Toyota's global marketing strategy: innovation through breakthrough thinking and kaizen*", Boca Raton, FL: CRC Press.

Hill, C. W. L. & Hult, G.(2016), "*Global Business Today*", 9th Edition,

McGraw-Hill education.

Hunt, S. & Mello, J.(2016), *"Marketing"*, 1st edition, McGrow-Hill education Korea.

Keillor, Bruce David(2016), *"Understanding the global market: navigating the international business environment"*, Santa Barbara, Calif.: Praeger.

King, Kate(2019), *"Using artificial intelligence in marketing: how to harness AI and maintain the competitive edge"*, New York: Kogan Page Ltd.

Kumar, V.(2000), *"International marketing research"*, Prentice hall.

Manzolillo, J.(2020), *"Supply chain and logistics management impact on brand"*, Cognella academic publishing Ltd.

Mohtadi, S.(2020), *"New trade theories"*, Cognella academic publishing Ltd.

Navaretti, Giorgio Barba, Venables, Anthony J.(2020), *"Multinational Firms in the World Economy"*, Princeton, NJ: Princeton University Press.

Santos, J., Silva, O.(2019), *"Digital marketing strategies for tourism, hospitality, and airline industries"*, Hershey, PA: IGI Global.

Singh, N.(2012), *"Localization strategies for global e-business"*, Cambridge; New York: Cambridge University Press.

Wisner, J. D., Tan, K. and Leong, G.(2019), *"Principles of supply chain management: A balanced approach"*, Cengage Learning.

Wu. S. Pantosa, F. and Krey, N.(2020), *"Marketing opportunities and challenges in a changing global marketplace"*, Chams: Springer International Publishing.

Yan, Y. & Guan J.(2018), *"Social capital, exploitative and exploratory innovations: The mediating roles of ego-network dynamics"*, Technological forecasting & social change, Vol. 126, pp. 244~258.

찾아보기

지은이 **강민효**

현재 부산외국어대학교 아시아대학(인도지역통상)에서 강의를 하고 있으며, 국립부산대학교에서 국제통상석사와 박사를 받았으며 국립부경대학교에서 경영학사를 받았다. 또한 영국 University of Westminster에서 Diploma in Business English를 받았다.

경력으로 해외마케팅 및 해외영업을 독일기업(Continental Group)과 이태리기업(USCO Group) 등에서 약 20년간 경험을 바탕으로 현재 부경테크상사를 창업하여 e-business와 무역업을 운영하고 있다. 또한 미래경영경제연구원의 원장으로 연구에 전념하고 있다.

주요 저서로는 ≪스마트 국제무역실무≫가 있으며, 발표 논문으로는 〈A Study of the Effect of Taiwanese Manufacturing Companies' Organizational Characteristics as Antecedent on Activity and Performance of Supply Chain Management〉(2018), 〈A Study of the Effects of Relational Characteristics as an Antecedent to SCM Activity and Performance〉(2017), 〈공급사슬관리의 목표공유와 상호이익 공유가 SCM활동과 경영성과에 미치는 영향〉(2017) 등이 있다.

국제 마케팅

ⓒ 강민효, 2021

1판 1쇄 인쇄__2021년 11월 20일
1판 1쇄 발행__2021년 11월 30일

지은이__강민효
펴낸이__양정섭

펴낸곳__경진출판
　　　　등록__제2010-000004호
　　　　이메일__mykyungjin@daum.net
　　　　사업장주소__서울특별시 금천구 시흥대로 57길(시흥동) 영광빌딩 203호
　　　　전화__070-7550-7776　팩스__02-806-7282

값 16,000원
ISBN 978-89-5996-834-3 93320